Investieren in Immobilien für Dummies

Schummelseite

WARUM SOLLTEN SIE IN IMMOBILIEN INVESTIEREN?

- ✔ Immobilien sind Sachwerte und schützen Sie daher vor der Inflation.
- ✔ Sie brauchen »wenig« Eigenkapital.
- ✔ Ihr Nettovermögen steigt schneller.
- ✔ Sie kreieren einen zusätzlichen Einkommensstrom.
- ✔ Sie benutzen einen Hebel.
- ✔ Oft haben Immobilien hohe Optimierungspotenziale.
- ✔ Immobilien sind immer im Trend.
- ✔ Sie genießen echte Steuervorteile durch Immobilien.
- ✔ Sie haben das Steuer in der Hand.
- ✔ Es ist Ihr Team.

WO SIE EINKAUFSMÖGLICHKEITEN FINDEN

- ✔ Internetportale
- ✔ Steuerberater
- ✔ Hausverwaltung
- ✔ Immobilienmakler
- ✔ Verwertungsgesellschaften
- ✔ Eigene Internetseite
- ✔ Kleine Wohnungsgesellschaften
- ✔ Insolvenzverwalter
- ✔ Zwangsversteigerungen
- ✔ Kommerzielle Auktionen
- ✔ Zeitungsartikel
- ✔ Private Verkäufer

WER GEHÖRT IN IHR IMMOBILIENTEAM?

- ✔ Der Hausverwalter
- ✔ Der Immobilienmakler
- ✔ Der Gutachter
- ✔ Der Steuerberater
- ✔ Der Rechtsanwalt
- ✔ Der Alleskönner
- ✔ Das Handwerkerteam
- ✔ Die persönliche Assistenz

Investieren in Immobilien für Dummies

Schummelseite

WELCHE FEHLER SOLLTEN SIE VERMEIDEN?

- ✔ Kaufen Sie Immobilien nicht nur wegen der Steuer.
- ✔ Lassen Sie sich nicht von »Experten« bequatschen.
- ✔ Lassen Sie sich nicht unter Druck setzen.
- ✔ Rechnen Sie die Geldanlage in eine Immobilie sorgfältig durch.
- ✔ Besichtigen Sie die Immobilie.
- ✔ Bilden Sie Rücklagen.
- ✔ Verwenden Sie niemals Geld, das Sie zum Leben brauchen.
- ✔ Handeln Sie nicht, ohne das große Ganze der Immobilienanlage im Blick zu haben.
- ✔ Wenn Sie Hilfe brauchen, suchen Sie sich welche!
- ✔ Machen Sie nicht zu viel auf einmal.

WIE KÖNNEN SIE IHR NETZWERK AUFBAUEN?

- ✔ Erzählen Sie Ihren Bekannten von Ihrem Vorhaben.
- ✔ Gehen Sie auf Immobilienkongresse.
- ✔ Verteilen Sie Ihre Visitenkarten bei jeder Gelegenheit.
- ✔ Besuchen Sie Immobilienstammtische.
- ✔ Besuchen Sie Messen.
- ✔ Gehen Sie zur Eigentümerversammlung.
- ✔ Gründen Sie einen eigenen Stammtisch.
- ✔ Werden Sie sozial.
- ✔ Führen Sie Interviews.
- ✔ Melden Sie sich regelmäßig bei Ihrem Netzwerk.

Investieren in Immobilien für Dummies

Björn Kirchhoff

Investieren in Immobilien für dummies®

2., aktualisierte Auflage
Fachkorrektur durch Dipl.-Volkswirt Bernd Johann

Investieren in Immobilien für Dummies

Bibliografische Information der Deutschen Nationalbibliothek
Die Deutsche Nationalbibliothek verzeichnet diese Publikation in der Deutschen Nationalbibliografie; detaillierte bibliografische Daten sind im Internet über http://dnb.d-nb.de abrufbar.

2. Auflage 2024

© 2024 Wiley-VCH GmbH, Boschstraße 12, 69469 Weinheim, Germany

Wiley, the Wiley logo, Für Dummies, the Dummies Man logo, and related trademarks and trade dress are trademarks or registered trademarks of John Wiley & Sons, Inc. and/or its affiliates, in the United States and other countries. Used by permission.

Wiley, die Bezeichnung »Für Dummies«, das Dummies-Mann-Logo und darauf bezogene Gestaltungen sind Marken oder eingetragene Marken von John Wiley & Sons, Inc., USA, Deutschland und in anderen Ländern.

Das vorliegende Werk wurde sorgfältig erarbeitet. Dennoch übernehmen Autoren und Verlag für die Richtigkeit von Angaben, Hinweisen und Ratschlägen sowie eventuelle Druckfehler keine Haftung.

Print ISBN: 978-3-527-72051-4
ePub ISBN: 978-3-527-84170-7

Coverfoto: © necozawa / stock.adobe.com
Projektmanagement und Lektorat: boos for books,
Evelyn Boos-Körner, 86938 Schondorf am Ammersee
Satz: Straive, Chennai, India
Druck und Bindung:

Bevollmächtigte des Herstellers gemäß EU-Produktsicherheitsverordnung ist die Wiley-VCH GmbH, Boschstr. 12, 69469 Weinheim, Deutschland, E-Mail: Product_Safety@wiley.com.

Über den Autor

Björn Kirchhoff, geboren 1990 in Hamburg, ist Investor und Blogger. Um Menschen zu helfen, aus dem Hamsterrad auszusteigen und mehr Zeit für die Familie zu haben, hat der gelernte Bankkaufmann seinen Blog immobilienkoala.de ins Leben gerufen. Dort klärt er über die zahlreichen Themen auf, die es im Bereich des Immobilieninvestments gibt, und hilft dem Leser auf seinem Weg zum eigenen Investment.

Auf einen Blick

Über den Autor 7
Einleitung 21

Teil I: In Immobilien investieren 25
Kapitel 1: Was für ein Investment in Immobilien spricht 27
Kapitel 2: Warum Immobilien so lukrativ sind 37

Teil II: Auf die Plätze, fertig, Immobilienkauf! 51
Kapitel 3: Das direkte Investment in Immobilien 53
Kapitel 4: Das Suchprofil 77
Kapitel 5: Einkaufsmöglichkeiten finden 89
Kapitel 6: Sauber kalkulieren, sicher investieren 95
Kapitel 7: Kurz vorm Immobilienkauf 115
Kapitel 8: Das Immobilienteam 133
Kapitel 9: Den richtigen Mieter finden 143
Kapitel 10: Vertraglich alles unter Dach und Fach 155
Kapitel 11: Die Pflege der Immobilie 165

Teil III: Fonds und Co.: Indirekt in Immobilien investieren ... 175
Kapitel 12: Immobilienfonds: Was das ist und warum sich ein Investment lohnt ... 177
Kapitel 13: Immobilienfonds kaufen 185
Kapitel 14: REIT-ETFs verstehen 193
Kapitel 15: REIT-ETFs erwerben 201

Teil IV: Crowdinvesting 211
Kapitel 16: Gemeinsam erfolgreich: Crowdinvesting 213
Kapitel 17: Beim Crowdinvesting mitmachen 221

Teil V: Top Ten 227
Kapitel 18: Zehn große Vorteile von Immobilieninvestments 229
Kapitel 19: Zehn Fehler, die Sie nicht machen sollten 237
Kapitel 20: Zehn Fragen, die oft aufkommen 251
Kapitel 21: Zehn Ideen, um Ihr Immobiliennetzwerk aufzubauen 263
Kapitel 22: Zehn Tipps zur Kaufpreisverhandlung 275

Stichwortverzeichnis **285**

Inhaltsverzeichnis

Über den Autor 7
Einleitung 21
    Wie Sie dieses Buch verwenden können 21
    Törichte Annahmen über den Leser 22
    Wie dieses Buch aufgebaut ist 22
        Teil I: In Immobilien investieren 22
        Teil II: Auf die Plätze, fertig, Immobilienkauf! 23
        Teil III: Fonds und Co.: Indirekt in Immobilien investieren 23
        Teil IV: Crowdinvesting 23
        Teil V: Top Ten 24
    Symbole, die in diesem Buch verwendet werden 24
    Wie es weitergeht 24

TEIL I
IN IMMOBILIEN INVESTIEREN 25

Kapitel 1
Was für ein Investment in Immobilien spricht 27
    Cleveres Investment, egal wie die Zinsen stehen 27
        Immobilien, egal in welcher Zinsphase 27
        Einmal Steueroptimierung bitte! 28
        Investieren in Immobilien = passives Einkommen aufbauen 28
    Passives Einkommen und seine Vorteile 28
        Passives Einkommen versus aktives Einkommen 28
        Vorteile des passiven Einkommens 30
    Direkt oder indirekt, das ist hier die Frage! 32
        Direktes Investment 32
        Indirektes Investment 34

Kapitel 2
Warum Immobilien so lukrativ sind 37
    Den Bedarf an Wohnraum wird es immer geben 37
        Wohnraum bietet Sicherheit 37
        Sie können Ihrer Individualität freien Lauf lassen 38
        Es ist ein Grundbedürfnis 38
    Einmal den Renditehebel, bitte! 39
        Unterscheidung Ausgaben und Investitionen 39
        Die Bösen: Konsumschulden 40
        Die Guten: Investitionsschulden 41
        Investmentschulden: Die vier Vorteile 43

Steuerliche Vorteile nutzen 46
    Der steuerfreie Gewinn 46
    Gebäudeverfall: Einmal abschreiben, bitte! 47
    Renovierungsarbeiten: Abschreibung zum Zweiten 47
    Gewinnreduzierende Zinsen 48
Aufbau eines monatlichen Einkommens aus Immobilien 48
    Monatliche Mietzahlungen 48
    Muss es bei einer Immobilie bleiben? 48
    Vorteile eines zusätzlichen monatlichen Einkommens 49

TEIL II
AUF DIE PLÄTZE, FERTIG, IMMOBILIENKAUF! 51

Kapitel 3
Das direkte Investment in Immobilien 53

Wohnimmobilien: Platz zum Leben 53
    Eigentumswohnung: Klein, aber mein 54
    Wenn es etwas größer sein soll: Das Mehrfamilienhaus 56
    Einfamilienhaus: Mein kleines Häuschen 57
Gewerbeimmobilien: Büroräume und Co. 58
Eigennutzung oder Vermietung, das ist hier die Frage 59
    Eigennutzung: wirklich ein Investment? 59
    Vermietung 62
Der Kredithebel 66
    Mit wenig Kapital viel bewegen 66
    Jemand anderen für Sie Vermögen aufbauen lassen 67
    Die Inflation zu Ihrem Freund machen 69
    Steuern sparen 70
Monatliches Einkommen aufbauen 70
    Höhere Einnahmen als Ausgaben 71
    An das Unerwartete denken 71
    Die Steuern nicht vergessen 72
Buy & Hold versus Fix & Flip 72
    Buy & Hold 72
    Fix-&-Flip-Strategie 73

Kapitel 4
Das Suchprofil 77

Suchprofil und Standort berücksichtigen 77
    Die Immobilienarten 78
    Die Immobiliengröße: Schuhkarton oder Villa? 78
    Ihr Zielmieter: An wen Sie vermieten möchten 78
    Ihr Standort: Lage, Lage, Lage 80
    Der Zustand Ihrer Immobilie 81
Ein Beispiel zum Suchprofil 82

Ausgangssituation	82
Ganz mein Typ: Der Immobilientyp	82
Ein Zielmieter muss her!	83
Es kommt auf die Größe an	84
Lage, Lage, Lage: Der Investmentstandort	85
Der Zustand der Immobilie	86
Fertig! Zusammenfassung des Suchprofils	86
Checkliste für Ihr Suchprofil	87

Kapitel 5
Einkaufsmöglichkeiten finden 89

Internetportale	90
Steuerberater	90
Hausverwaltung	90
Der Immobilienmakler	91
Verwertungsabteilungen von Banken und Verwertungsgesellschaften	91
Ihre eigene Website	91
Wohnungsbaugesellschaften	92
Insolvenzverwalter	92
Zwangsversteigerungen	92
Kommerzielle Auktionen	93
Zeitungsanzeigen	93
Private Verkäufer	93
Ihr Netzwerk	93

Kapitel 6
Sauber kalkulieren, sicher investieren 95

Die Renditezahlen	95
Bruttomietrendite	95
Nettomietrendite	96
Eigenkapitalrendite	97
Objektrendite	97
Die Objektkalkulation	98
Die Beispielimmobilie	99
Die Investmentspalte: Alles, was das Investment betrifft	99
Die Finanzierungsspalte: Alles zu Krediten und Eigenkapital	104
Die Vermietungsspalte: Ob es sich lohnt oder nicht, erfahren Sie hier	105
Gesamte Investmenttabelle	111
Renditerechnung	112

Kapitel 7
Kurz vorm Immobilienkauf 115

Kein Investment ohne Besuch: Die Besichtigung	115
Die Checkliste	116
Beispiel für eine Besichtigung	118
Unterlagen anfordern	125

Das Exposé 126
Der Grundriss 127
Die letzten zwei Hausgeldabrechnungen für Wohnung und Stellplatz ... 127
Teilungserklärung mit Gemeinschaftsordnung 127
Grundbuchdaten oder sogar Grundbuchauszug von Wohnung und Stellplatz 128
Alle bisherigen Schreiben zu einer Mieterhöhung (wenn es welche gibt) ... 128
Wie sich für eine Immobilie entscheiden? 128
Fragen Sie Ihr Suchprofil 128
Fragen Sie Ihren Zielmieter 129
Gehen Sie die Besichtigung nochmals durch 130
Schauen Sie sich Ihre Kalkulation an 130
Machen Sie ein unverschämtes Angebot 130
Hören Sie auf Ihr Bauchgefühl 131
Checkliste 131

Kapitel 8
Das Immobilienteam 133
Ihre Teammitglieder 133
Der Hausverwalter 134
Der Steuerberater 135
Der Immobilienmakler 135
Der Gutachter 135
Der Rechtsanwalt 136
Der Alleskönner 136
Das Handwerkerteam 137
Die persönliche Assistenz 137
Checkliste Immobilienteam 138
Wie Sie die Mitglieder finden 139
Starten Sie bei sich selbst 139
Fragen Sie, ob derjenige schon in Immobilien investiert hat ... 140
Bleiben Sie niemals bei einem Angebot 140
Fragen Sie nicht nur die großen Betriebe 140
Fragen Sie andere Investoren 141
Erzählen Sie jedem davon 141

Kapitel 9
Den richtigen Mieter finden 143
Sie suchen den Mieter selbst 143
Vorteile der Selbstvermietung 144
Nachteile der Selbstvermietung 144
Möglichkeiten der Selbstvermietung 144
Die wichtigsten Schritte zur Selbstvermietung 146
Sie lassen den Mieter suchen 150
Vorteile vom Vermietenlassen 150
Nachteile vom Vermietenlassen 150
Makler oder Hausverwaltung, das ist hier die Frage 150

　　　　Die wichtigsten Schritte zur Vermietung 152
　　　　Vor- und Nachteile beider Varianten im Vergleich 153

Kapitel 10
Vertraglich alles unter Dach und Fach 155
　　Die Finanzierung – der wichtige Zweitvertrag 155
　　　　Wichtige Bestandteile Ihrer Baufinanzierung 155
　　　　Finanzierungsmöglichkeiten 157
　　　　Wo können Sie eine Finanzierung aufnehmen? 159
　　　　Bleiben Sie nicht bei einem Angebot 160
　　Der Kaufvertrag 161
　　　　Eine gute Vorbereitung: Das A und O 161
　　　　Wichtige Punkte im Kaufvertrag 161
　　　　Den Kauf per Kaufvertrag vollziehen 163

Kapitel 11
Die Pflege der Immobilie 165
　　Die Zufriedenheit des Mieters im Blick 166
　　　　Mieter finden 166
　　　　Belange des Mieters klären 166
　　Miete anpassen 167
　　　　Wann und wie oft Mieterhöhungen erlaubt sind 167
　　　　Das Ausmaß der Mieterhöhung 168
　　　　Mieterhöhung: Die richtige Formulierung im Schreiben an den Mieter . . . 169
　　　　Zustimmung des Mieters 169
　　　　Immobilie in Schuss halten 170
　　　　Immobilie optimieren: Wohnqualität verbessern 170
　　Nebenkostenabrechnung 171
　　　　Kosten, die Sie abrechnen dürfen 171
　　　　Kosten, die Sie selbst tragen müssen 172
　　　　Fristen, die Sie beachten müssen 172
　　Finanzen im Blick haben 173

TEIL III
FONDS UND CO.: INDIREKT IN IMMOBILIEN INVESTIEREN 175

Kapitel 12
Immobilienfonds: Was das ist und warum sich ein
Investment lohnt 177
　　Was ein Immobilienfonds ist 177
　　　　Geschlossene und offene Fonds 178
　　　　Gesetzliche Vorschriften zur Entnahme 179
　　Vor- und Nachteile von Immobilienfonds 180
　　　　Vorteile: Was für Immobilienfonds spricht 180
　　　　Nachteile: Die Kehrseite der Medaille 181

Kapitel 13
Immobilienfonds kaufen 185
Kriterien für die Fondsauswahl 185
Fragen, die Sie sich stellen sollten 186
    Selber suchen oder den Bankberater fragen? 186
    Offener oder geschlossener Fonds? 187
    Ausrichtung des Fonds 188
    Bisherige Entwicklung 188
    Preis 188
    Umgang mit Erträgen 188
    Steuerbefreiung der Erträge 189
Vier Schritte zum Fondskauf 189
    Betrag festlegen 189
    Fonds auswählen 190
    Depotbank auswählen 191
    Order erteilen, Sparplan einrichten 191

Kapitel 14
REIT-ETFs verstehen 193
Was REIT-ETFs sind 193
Mindestens 90 % Gewinnausschüttung 194
    Fast 100 % Ertragsausschüttung 195
    Notierung am organisierten Markt 195
    Investment überwiegend in Immobilien und Grundstücken 195
    Keine Investition in Wohnimmobilien 195
    Streubesitz mindestens 15 % 195
    Verschuldungsgrad maximal 55 % des Gesellschaftsvermögens 195
    Kein aktiver Handel mit Immobilien 196
Vorteile von REITs 196
    Niedrige Korrelation mit dem Aktienmarkt 196
    Hohe Ausschüttungsquote 197
    Inflationsschutz 197
    Hohe Streuung 197
    In Immobilien investieren mit kleinen Summen 197
    Hohe Flexibilität 198
    Aufbau eines passiven Einkommens 198
    Günstige Kostenstruktur 198
Nachteile von REITs 198
    Kursschwankung 199
    Steuerlicher Nachteil 199
    Finanzierungsrisiko 199
Keine reinen REIT-ETFs in Deutschland 199
    Die Besteuerung 200
    Die Voraussetzungen für den REIT-Status 200

Kapitel 15
REIT-ETFs erwerben 201
Kriterien für die Auswahl von REIT-ETFs 201
    Ist der REIT-ETF groß und alt genug? 202
    Ausschüttend oder reinvestierend? 203
    Wer ist der Ersteller oder Emittent? 203
    Ist der REIT-ETF sparplanfähig? 203
    Wie sieht es mit den Kosten aus? 204
    Wie gestaltet sich die Replikationsmethode? 204
    Inländische oder ausländische REIT-ETFs? 205
Schritte zum REIT-ETF-Kauf 206
    Festlegen, welchen Betrag Sie anlegen möchten 206
    REIT-ETF auswählen 206
    Depotbank auswählen 208
    Order aufgeben oder Sparplan einrichten 208

TEIL IV
CROWDINVESTING 211

Kapitel 16
Gemeinsam erfolgreich: Crowdinvesting 213
Was Crowdinvesting ist 213
    Vom Crowdfunding zum Crowdinvesting 213
    Unterschied Crowdinvesting und Crowdfunding 214
    Was Sie sich unter dem Crowdinvesting in Immobilien vorstellen können 214
Sicher ist sicher: Die Absicherung 215
    Das Nachrangdarlehen 216
    Besichertes Bankdarlehen 216
Vorteile des Crowdinvesting 217
    Schon ab kleinem Geld möglich 217
    Risikobegrenzung 217
    Keine Diskussion mit der Bank 217
Nachteile des Crowdinvesting 218
    Kein vorzeitiger Rückkauf möglich 218
    Kein Mitspracherecht 218
    Oft ist der Gewinn gedeckelt 218

Kapitel 17
Beim Crowdinvesting mitmachen 221
Fragen, die Sie sich vorher stellen sollten 221
    Wer ist der Projektleiter? 221
    Wie viel Eigenkapital wird gegeben? 222
    Wie ist Ihre Anlage abgesichert? 222
    Gibt es einen Sekundärmarkt? 223
    Sag mir quando, sag mir wann: Zinserträge 223

Fünf Schritte zum Investment 224
    Betrag festlegen, der investiert werden soll 224
    Plattform aussuchen 224
    Projekte begutachten 225
    Für ein Projekt entscheiden 225
    Geld investieren 226

TEIL V
TOP TEN 227

Kapitel 18
Zehn große Vorteile von Immobilieninvestments 229

Immobilien sind Sachwerte und schützen Sie daher vor der Inflation 229
Sie brauchen »wenig« Eigenkapital 230
Ihr Nettovermögen steigt schneller 231
Sie kreieren einen zusätzlichen Einkommensstrom 232
Sie benutzen einen Hebel 232
Oft haben Immobilien hohe Optimierungspotenziale 233
Immobilien sind immer im Trend 234
Echte Steuervorteile durch Immobilien 234
Sie haben das Steuer in der Hand 235
Es ist Ihr Team 235

Kapitel 19
Zehn Fehler, die Sie nicht machen sollten 237

Kaufen Sie Immobilien nicht nur wegen der Steuer 237
Lassen Sie sich nicht von »Experten« bequatschen 239
Lassen Sie sich nicht unter Druck setzen 239
Rechnen Sie die Geldanlage in eine Immobilie sorgfältig durch 240
Besichtigen Sie die Immobilie 241
Bilden Sie Rücklagen 242
Verwenden Sie niemals Geld, das Sie zum Leben brauchen 242
Handeln Sie nicht, ohne das große Ganze der Immobilienanlage im Blick zu haben 243
Wenn Sie Hilfe brauchen, suchen Sie sich welche! 244
    Manchmal ist selber machen teurer 244
    Hilfe erspart Ihnen Zeit 246
    Ihre Nerven werden es Ihnen danken 247
Machen Sie nicht zu viel auf einmal 248
    Wie in der Schule 248
    Wie Sie sich auf eine Sache konzentrieren 249

Kapitel 20
Zehn Fragen, die oft aufkommen 251

Müssen Sie Millionär sein, um in Immobilien zu investieren? 251
Wollen Sie ständig die Klos reparieren? 252

Wie vermeiden Sie, dass ein Mietnomade Ihre Wohnung mietet? 252
Womit sollten Sie starten – Eigentumswohnungen oder Mehrfamilienhaus? ... 254
Wie finden Sie interessante Objekte? 255
Wie viel Eigenkapital brauchen Sie? 256
    Risikoprofil 256
    Aktuelle Vermögenslage 256
    Gewünschter Zinssatz bei der Bank 256
Ist die Lage wirklich so entscheidend? 257
Was ist mit der Streuung des Kapitals? 257
Lohnt es sich überhaupt noch, in Immobilien zu investieren? 258
Wie viele Immobilien brauchen Sie, um reich zu werden? 259
    Beantworten Sie die grundsätzlichen Fragen 259
    Jetzt kommen die Immobilien 261
    Nun fügen wir alles zusammen 261

Kapitel 21
Zehn Ideen, um Ihr Immobiliennetzwerk aufzubauen 263
Erzählen Sie Ihren Bekannten davon 263
Gehen Sie auf Immobilienkongresse 264
Verteilen Sie Ihre Visitenkarten bei jeder Gelegenheit 264
    Was auf die Karte sollte 265
    Bei jeder Gelegenheit 266
Besuchen Sie Immobilienstammtische 266
Besuchen Sie Messen 267
Gehen Sie zur Eigentümerversammlung 267
Gründen Sie einen eigenen Stammtisch 268
Werden Sie sozial 270
Führen Sie Interviews 271
    Vorbereitung ist das A und O 271
    Wie Sie vorgehen sollten 271
Melden Sie sich regelmäßig 273

Kapitel 22
Zehn Tipps zur Kaufpreisverhandlung 275
Nicht mit der Tür ins Haus fallen 275
Es gibt auch andere Immobilien 276
Ihr Limit festlegen 277
Den Verkäufer kennenlernen 278
    Warum möchte er verkaufen? 278
    Hat der Verkäufer Zeitdruck? 279
    Gibt es Probleme mit der Immobilie? 279
Als Problemlöser handeln 280
Ein faires Angebot machen 281
Das Angebot erklären können 281
Das erste Angebot machen 281

    Auch ohne Kaufpreisreduzierung verhandeln 282
        Der Verkäufer zahlt die Nebenkosten 282
        Der Verkäufer räumt auf 283
        Der Makler kommt Ihnen entgegen 283
    Keine Reduzierung um jeden Preis 284

Stichwortverzeichnis **285**

Einleitung

In Zeiten, in denen Zinsen Mangelware sind und die Aktienmärkte machen, was sie wollen, gibt es zwei Möglichkeiten (Nun gut, auch noch ein paar mehr, aber da Sie *Investieren in Immobilien für Dummies* in der Hand halten, haben Sie die anderen vermutlich schon verworfen.):

1. Den Kopf in den Sand stecken und hoffen, dass alles besser wird, oder
2. den sicheren Hafen des Betongoldes anfahren und auf diesem Wege sein Geld vermehren.

Wenn Sie zur zweiten Kategorie gehören, ist *Investieren in Immobilien für Dummies* das Richtige für Sie. Vielleicht fragen Sie sich:

- Wie starte ich mit Immobilien?
- Welche Möglichkeiten habe ich, in Immobilien zu investieren?
- Was ist passives Einkommen und kann ich mir mit Immobilien ein passives Einkommen aufbauen?
- Muss es das direkte Investment sein?

Diese Fragen werde ich Ihnen in diesem Buch beantworten. Denn nur, wenn Sie die wichtigsten Informationen besitzen, können Sie die für Sie richtige Entscheidung treffen. Außerdem finden Sie in diesem Buch:

- viel Wissenswertes über das Investieren in Immobilien,
- eine leicht verständliche Erklärung des Investierens ohne Fachchinesisch, dafür aber mit vielen verständlichen Beispielen,
- viele kleine Tipps und Tricks, die Ihnen beim Einstieg helfen sollen.

Ich möchte Ihnen mit *Investieren in Immobilien für Dummies* den Einstieg in die Immobilienwelt erleichtern. Es ist gar nicht so kompliziert, wie Sie vielleicht meinen, und auch für Sie machbar.

Wie Sie dieses Buch verwenden können

Sie können *Investieren in Immobilien für Dummies* Kapitel für Kapitel lesen und durcharbeiten. Sie können aber auch, wenn Sie nur eine bestimmte Frage haben, wie:

- Was ist ein REIT-ETF?
- Wie kaufe ich einen Fonds?
- Wie kalkuliere ich die Immobilie?

über das Inhaltsverzeichnis die entsprechende Stelle im Buch heraussuchen, aufschlagen und direkt in dieses Thema springen. Die Kapitel sind so geschrieben, dass Sie diese unabhängig voneinander lesen und verstehen können. Sie brauchen somit nicht die angegebene Reihenfolge einzuhalten und können das Buch gut als Nachschlagewerk verwenden.

Sollten Sie nur schnell etwas nachschauen wollen, kann sich das »Spicken« auf der Schummelseite bezahlt machen. Wenn es dann doch um die tiefergehenden Fragen geht, sollten Sie in die entsprechenden Kapitel eintauchen.

Viele der Checklisten aus diesem Buch bieten wir Ihnen unter www.downloads.fuer-dummies.de als Download an. So können Sie sie auf Ihre eigenen Bedürfnisse zuschneiden, Listenpunkte ergänzen, Inhalte einfügen oder was immer Ihnen sonst hilft.

Törichte Annahmen über den Leser

Wenn Sie vorhaben, dieses Buch zu lesen, dann sind Sie wahrscheinlich

- jemand, der schon länger mit dem Gedanken spielt, in Immobilien zu investieren, aber noch nicht so recht weiß, wo er starten soll
- jemand, der das Thema Immobilieninvestments schon interessant findet, aber nicht weiß, welche Möglichkeiten er hat
- ein Investor, der seine Investments mit Immobilien weiter streuen möchte

Ich gehe davon aus, dass Sie keine Hilfe beim Organisieren Ihrer Finanzen brauchen und Interesse für die Materie der Immobilie mitbringen.

Wie dieses Buch aufgebaut ist

Investieren in Immobilien für Dummies führt Sie durch die verschiedenen Möglichkeiten, in Immobilien zu investieren.

Teil I: In Immobilien investieren

Dieser Teil enthält einen guten Überblick über das Thema Immobilieninvestments und erläutert, was ein passives Einkommen ist. Dieser Teil soll Ihnen in zwei Kapiteln darstellen:

- Warum das Investieren in Immobilien so lukrativ ist
- Was genau passives Einkommen ist und welche Vorteile es für Sie hat
- Welche Möglichkeiten Sie haben, in Immobilien zu investieren

- ✔ Was gute und was schlechte Schulden sind
- ✔ Welche steuerlichen Vorteile Sie mit Immobilien haben

Teil II: Auf die Plätze, fertig, Immobilienkauf!

Im zweiten Teil geht es um das direkte Investieren in Immobilien. Sie bekommen hier das nötige Wissen, um eine Immobilie zu suchen und zu kaufen. Dieses Wissen wird Ihnen in neun Kapiteln vermittelt. Unter anderem erfahren Sie hier:

- ✔ Was genau mit dem direkten Investment gemeint ist
- ✔ Wie Sie die Rendite berechnen
- ✔ Was ein Suchprofil ist und wie Sie eins erstellen
- ✔ Welche Einkaufsquellen Sie für Immobilien haben
- ✔ Wer in Ihr Immobilienteam gehört

Teil III: Fonds und Co.: Indirekt in Immobilien investieren

Der dritte Teil des Buches kümmert sich um das indirekte Investieren in Immobilien. Vier Kapitel zeigen Ihnen, was Sie wissen müssen. Dabei erfahren Sie:

- ✔ Was ein Immobilienfonds ist
- ✔ Wie Sie in einen Immobilienfonds investieren können
- ✔ Was ein REIT und ein REIT-ETF ist
- ✔ Wie Sie in REIT-ETFs investieren

Teil IV: Crowdinvesting

Im vierten Teil des Buches schauen wir uns das Thema Crowdinvesting an. Es ist eine neuere Art, in Immobilien zu investieren. In zwei Kapiteln erfahren Sie:

- ✔ Was Crowdinvesting ist
- ✔ Wo es seinen Ursprung hat
- ✔ Welche Vor- und Nachteile es hat
- ✔ Wie Sie in die Projekte investieren

Teil V: Top Ten

Der fünfte und letzte Teil dieses Buches beschäftigt sich mit verschiedenen Tipps und Tricks. Hier erfahren Sie:

- ✔ Die wichtigsten Vorteile, die für das Investieren in Immobilien sprechen
- ✔ Die häufigsten Fehler von Anfängern
- ✔ Die Fragen, die am häufigsten gestellt werden
- ✔ Tipps, wie Sie Ihr Netzwerk aufbauen können
- ✔ Tipps für die Kaufpreisverhandlung

Symbole, die in diesem Buch verwendet werden

Wie in allen ... *für Dummies*-Büchern gibt es auch in diesem eine Reihe von Symbolen. Worauf sie hinweisen, sehen Sie hier:

Am Zeigefinger erkennen Sie Informationen und Tipps, die beim Investieren in Immobilien besonders wichtig sind.

Das Beispiel-Symbol leitet ein Beispiel ein, das zum Thema passt.

Das Achtung-Symbol weist auf Informationen hin, die Sie unbedingt beachten sollten.

Das Definitions-Symbol erklärt Ihnen Begriffe, die vorher noch nicht aufgetaucht sind.

Wenn Sie dieses Symbol sehen, finden Sie die Checkliste, die Übersicht et cetera als Download unter www.downloads.fuer-dummies.de.

Wie es weitergeht

Los geht's! Ich wünsche Ihnen viel Spaß und Erfolg bei der Lektüre, ganz egal, ob Sie dieses Buch von hinten bis vorne durchlesen oder gezielt in das Thema springen, zu dem Sie sich zuerst schlaumachen möchten.-

Teil I
In Immobilien investieren

> **IN DIESEM TEIL...**
>
> Warum sind Immobilien so interessant und gibt es nur das direkte Investieren in Immobilien? In diesem Teil erfahren Sie dazu mehr und bekommen einen kleinen Überblick.

> **IN DIESEM KAPITEL**
>
> Was passives Einkommen ist und welche Vorteile es hat
>
> Warum Sie sich entscheiden müssen, ob Sie direkt oder indirekt investieren

Kapitel 1
Was für ein Investment in Immobilien spricht

Was spricht eigentlich für Immobilien als Investment? Es gibt ja auch Aktien, Gold oder das gute alte Sparbuch. Wer braucht denn diese alten, arbeitsaufwendigen Immobilien? Seien Sie gespannt, was für Immobilien spricht.

Cleveres Investment, egal wie die Zinsen stehen

Was bekommen Sie aktuell an Zinsen auf Ihrem Sparkonto? 0,01 %? 0,02 %? Oder doch die gängigen 0 %? Aktuell (Stand Ende 2023) gibt es auf den meisten Sparkonten 0,5 %. Nach Abzug der Inflationsrate wird Ihr Geld also immer weniger!

Sie zahlen sozusagen Strafe fürs Geldparken. Aber was bleibt dann noch für eine Alternative?

Aktien? Sie sind auf lange Sicht sehr rentabel, aber leider so schwankungsanfällig. Und nach dem Börsencrash 2008 weiß keiner mehr, ob er den Aktien so zu 100 % vertrauen kann. So suchen Sie nach einem sicheren Hafen für Ihr Geld.

Sie haben bestimmt schon vom Betongold gehört und wollen nun herausfinden, ob es etwas für Sie ist und ob es sich wirklich lohnt. Gute Frage. Lassen Sie uns mal einige Punkte durchgehen.

Immobilien, egal in welcher Zinsphase

Für Immobilien bekommen Sie keine richtige Verzinsung. Es steht also in keinem Vertrag festgeschrieben, dass Sie jährlich x % für das angelegte Geld erhalten. Es ist ein Spiel von Angebot und Nachfrage. Haben Sie eine interessante Immobilie gefunden und konnten diese gewinnbringend vermieten, bekommen Sie eine gute Verzinsung in Form der Miete. Sollten

Sie eine Immobilie in einer sehr schlechten Lage gekauft haben und keinen Mieter finden, zahlen Sie drauf. Das ist das Risiko, das Sie bei Immobilien eingehen.

Aber zurück zu den Zinsen. Auch Immobilien bleiben von der Niedrigzinsphase nicht ganz verschont. Aber die Niedrigzinsphase begünstigt den Kauf einer Immobilie. Denn Niedrigzins heißt nicht nur, dass Sie wenig Zinsen bekommen, wenn Sie Ihr Geld anlegen. Es bedeutet auch, dass Sie wenig Zinsen zahlen, wenn Sie sich Geld leihen. Das heißt, die Zinsen für Kredite werden ebenfalls niedriger. Sie können sich also günstiges Geld für Ihre Immobilie holen. Mehr zu diesem interessanten Punkt finden Sie in Kapitel 3.

Einmal Steueroptimierung bitte!

Ein weiterer Vorteil von Immobilien ist ihre steuerliche Behandlung. Sie können eine Immobilie, die Sie zehn Jahre lang in Ihrem privaten Bestand gehalten haben, steuerfrei verkaufen. Der komplette Gewinn bleibt also bei Ihnen hängen.

Die Zinsen, die Sie jeden Monat für den Kredit bezahlen, können Sie von Ihren Brutto-Einnahmen absetzen, was wiederum zu mehr Netto-Einnahmen führen kann.

Investieren in Immobilien = passives Einkommen aufbauen

Wenn Sie Immobilien besitzen und vermieten, erhalten Sie von Ihrem Mieter monatlich Miete. Als schlauer Anleger kaufen Sie natürlich nur Immobilien, die sich selbst tragen, das heißt, bei denen die Miete höher ist als das, was Sie an Kosten für die Immobilie haben. So können Sie sich nach und nach ein stetiges passives Extra-Einkommen aufbauen. Ganz ohne Stress. Sie können also ab sofort die Lorbeeren Ihrer Anlage genießen und nicht erst in 30 Jahren, wenn Sie in Rente gehen.

Sie wissen nicht, was passives Einkommen ist? Kein Problem, ich erkläre es Ihnen.

Passives Einkommen und seine Vorteile

Das passive Einkommen wird gerne als heiliger Gral dargestellt. Sie müssen einmal etwas machen und dann haben Sie ein Leben lang ausgesorgt. Das Geld fließt ohne weiteres Zutun in Ihre Tasche. Aber ist dem wirklich so? Kann Ihnen ein passives Einkommen das ermöglichen? Schauen wir uns das mal an.

Passives Einkommen versus aktives Einkommen

Zuerst aber einmal zur Definition: Was soll ein passives Einkommen überhaupt sein? Ein aktives Einkommen bringt zum Beispiel Ihr Angestelltenjob. Sie gehen jeden Tag zur Arbeit und erhalten am Ende des Monats eine Gehaltszahlung. Sie müssen also aktiv etwas für Ihr Geld tun.

Beim passiven Einkommen lösen Sie Ihr aktives Arbeiten vom Geldfluss. Oft lesen Sie im Internet, dass Sie dann gar nichts mehr tun müssen. Leider ist dem nicht ganz so.

Daher möchte ich Ihnen meine Definition vom passiven Einkommen einmal aufzeigen:

> Das Einkommen ist unabhängig von Ihrer aktuellen Arbeitskraft (Auch wenn Sie aufhören zu arbeiten, fließt das Geld weiter.).
>
> Die Arbeit, die Sie in das Einkommen hineinstecken, wird mit der Zeit immer weniger.

✔ Am Anfang müssen Sie noch sehr viel Arbeit reinstecken, um überhaupt Einnahmen zu verzeichnen. Aber das können Sie nach und nach herunterfahren.

✔ Sie können die Höhe des Einkommens zu einem bestimmten Grad steuern.

Passives Einkommen bedeutet also nicht, gar nicht mehr dafür zu arbeiten, sondern immer weniger Arbeit in das gleiche (oder sogar mehr) Einkommen hineinzustecken.

Sobald ein Einkommen diese Punkte erfüllt, ist es passiv. Lassen Sie uns das einmal für die Immobilien prüfen:

Unabhängig von Ihrer aktuellen Arbeitskraft

Wenn Sie eine Immobilie kaufen und vermieten, wird die Miete monatlich gezahlt. Ob Sie da an Ihrem Schreibtisch sitzen, krank im Bett liegen oder auf der Sonnenliege Ihren Caipirinha trinken, interessiert die Mietzahlung relativ wenig.

Das Geld kommt auch, wenn Sie nicht aktiv daran arbeiten.

Im Laufe der Zeit immer weniger Arbeit

Am Anfang macht so eine Immobilie enorm viel Arbeit. Sie müssen:

✔ Sich über den Standort klar werden

✔ Aktiv nach einer Immobilie suchen

✔ Den richtigen Mieter finden

✔ Einen rechtssicheren Mietvertrag aufsetzen

✔ Und vieles mehr

Haben Sie das aber erst einmal alles gemacht, wird die Arbeit mit der Immobilie meist schon weniger.

Dann müssen Sie nur noch:

- ✔ Monatlich den Mieteingang kontrollieren
- ✔ Einmal im Jahr die Nebenkostenabrechnung machen
- ✔ Die Immobilie in Schuss halten
- ✔ Anfragen der Mieter bearbeiten

Und viele dieser Arbeiten können Sie sogar an eine Mietverwaltung auslagern, sodass Ihre Arbeit an der Immobilie noch geringer wird.

Die Höhe des Einkommens können Sie selbst bestimmen

Die Miete steht im Mietvertrag. Da können Sie nicht viel machen. Mieterhöhungen sind gesetzlich streng geregelt. Es ist schwierig, auf die Höhe Einfluss zu nehmen. Aber nicht unmöglich. Es gibt noch die Möglichkeit, eine weitere Immobilie zu erwerben. Dadurch steigt natürlich auch das Einkommen wieder. Also auch dieser Punkt ist erfüllt.

Vorteile des passiven Einkommens

Nun wissen Sie, was ein passives Einkommen ist und dass die Immobilie auf alle Fälle dazugehört.

Aber welche Vorteile hat so ein passives Einkommen?

Da gibt es mehrere Punkte:

- ✔ Unabhängigkeit vom Arbeitsplatz
- ✔ Mehr Zeit
- ✔ Ortsunabhängigkeit
- ✔ Risikoreduzierung

Schauen wir uns doch die Vorteile einmal im Detail an.

Unabhängigkeit vom Arbeitsplatz

Stellen Sie sich vor, Sie liegen morgens im Bett, es ist 6 Uhr in der Früh, und Sie müssen gleich aufstehen, um zu Ihrer Arbeit zu fahren. Der Wecker klingelt schon zum dritten Mal, aber Sie haben einfach keine Lust. Nur leider müssen Sie aufstehen, schließlich brauchen Sie ja das Geld. Wie sollen sonst das Haus und der nächste Urlaub finanziert werden? Also schmeißen Sie die Decke zur Seite und machen sich fertig. Wäre es nicht ein schönes Gefühl, zu wissen, dass Sie einfach liegen bleiben können? Dann werden Sie halt gekündigt, aber Sie kommen nicht in irgendwelche Existenzängste. Es fließt weiterhin Geld auf Ihr Konto. Das kann Ihnen ein zusätzliches passives Einkommen ermöglichen.

Sie müssen ja gar nicht gleich kündigen – vielleicht lieben Sie Ihren Job, aber möchten etwas kürzertreten. Auch das ist mit einem passiven Einkommen möglich.

Mehr Zeit

Jeden Tag von 9 bis 17 Uhr bei der Arbeit zu sitzen oder sogar länger, ist schon lästig. Acht Stunden am Tag, fünf Tage die Woche. Das macht 40 Stunden, die Sie nicht frei gestalten können.

Wie wäre es, wenn Sie montags komplett frei hätten? Stellen Sie sich vor, Sie schnappen sich Ihre Kinder und gehen in den Zoo. Keine lange Schlange vor der Ticketkasse. Sie können die Elefanten aus der ersten Reihe sehen, ohne einen Ellbogen in der Rippe zu haben. Ja, das kann ein passives Einkommen möglich machen.

Ortsunabhängigkeit

Nur zu Hause zu sein, ist nichts für Sie? Sie möchten von überall auf der Welt Ihr Geld verdienen können? Auch hier kann das passive Einkommen helfen. Für die Immobiliensuche brauchen Sie nur einen Laptop und ein Smartphone. Für die Besichtigungen gibt es mittlerweile spezielle Firmen, die das übernehmen, und auch die Verwaltung können Sie abgeben. So können Sie von überall auf der Welt Ihr Einkommen weiter aufbauen.

Risikoreduzierung

Alle reden stets von der Sicherheit. »Wenn Sie einen Angestelltenjob haben, ist es das Sicherste, was Ihnen passieren kann.«

Ich muss über diese Aussage immer schmunzeln. Warum? Stellen Sie sich bitte einmal einen Tisch vor. Sehen Sie ihn? Eine schöne, glatte Tischplatte. Können Sie mir sagen, wie viele Beine Ihr Tisch hat? Drei? Vier? Oder haben Sie sogar einen mit acht? Ich bin mir aber ziemlich sicher, dass Sie keinen Tisch mit nur einem Bein haben. Warum denn nur? Ein Tisch mit nur einem Bein fällt dauernd um. Jetzt stellen Sie sich bitte als Tisch vor und jedes Einkommen ist ein Bein. Damit hätten Sie als Tisch nur ein großes Bein. Nämlich Ihren Angestelltenjob. Was passiert, wenn dieser wegbricht? Das Unternehmen meldet beispielsweise Insolvenz an oder Sie verstehen sich nicht mehr mit der Geschäftsleitung. Dann fallen Sie um. Hier kann ein passives Einkommen als Sicherheitspolster dienen. Ihnen wächst ein weiteres Bein und Sie stehen stabiler da.

 Man sagt immer so schön, dass Millionäre bis zu sieben Einkommensquellen (Beine) haben. Auch wenn siebenbeinige Tische eher selten sind, warum nicht?

Direkt oder indirekt, das ist hier die Frage!

Jetzt gibt es nicht nur eine Möglichkeit, in Immobilien zu investieren. Insgesamt haben Sie vier Möglichkeiten, Ihr Geld in Immobilien anzulegen.

1. Das direkte Investment
2. Immobilienfonds
3. REIT-ETFs
4. Crowdinvesting

Dabei lassen sich diese vier Möglichkeiten nochmals unterteilen in direkte und indirekte Investments.

Direktes Investment

Mit dem direkten Investment ist der erste der vier Punkte gemeint, nämlich ganz einfach, dass Sie Ihr Geld direkt in eine Immobilie investieren.

Sprich, Sie kaufen ein Haus, eine Wohnung oder ein Hotel. Es ist keine Stelle dazwischengeschaltet. Das hat für Sie einige Vorteile, aber auch einige Nachteile.

Vorteile des direkten Investments

Zunächst die Vorteile:

- **Keine Gebühren für den Mittelsmann**

    Dadurch, dass Sie direkt in eine Immobilie investieren, umgehen Sie unnötige Extrastellen, zum Beispiel eine Fondsgesellschaft. Dadurch lassen sich die Gebühren für Gehälter und andere Fixkosten sparen. Das wirkt sich natürlich positiv auf Ihre Rendite aus.

- **Höhere Rendite**

    Durch das Einsparen der Gebühren können Sie Ihre Rendite bereits erhöhen. Aber auch sonst ist die Rendite bei direkten Investments grundsätzlich höher. Das liegt oft daran, dass Sie selber Ihre Investments heraussuchen und damit verantwortlich dafür sind.

- **Sie haben das Steuer in der Hand.**

    Da kein anderer dazwischengeschaltet ist, können Sie sagen, wo es langgeht.

    Sie möchten von Wohnungen auf Häuser umsteigen? Kein Problem. Sie möchten das 1950er-Haus nun in einen neuen 2025er-Look verpacken? Auch hier sagt keiner etwas. Sie haben hier den freien Spielraum.

✔ **Sie bestimmen, mit wem Sie zusammenarbeiten.**

Bei Immobilien fällt immer etwas an. Ein Fenster muss ausgetauscht werden. Die Fassade muss gestrichen werden. Der Gemeinschaftsflur muss gekehrt werden. Ein neuer Hausmeister muss gesucht werden. Ein Bad erneuert werden. Es fällt immer etwas an. Hier können Sie sagen, mit wem Sie zusammenarbeiten wollen. Handwerker A ist Ihnen zu langsam? Okay, dann muss es Handwerker B richten. Sie sagen, wo es langgeht.

Die Kehrseite der Medaille: Nachteile

Den ganzen schönen Vorteilen stehen aber auch Nachteile gegenüber:

✔ Sie sind in der Verantwortung

✔ Höherer Aufwand

✔ Höherer Einkaufspreis

Nehmen wir diese Nachteile genauer unter die Lupe.

Sie sind in der Verantwortung

Für Ihre Immobilie haben Sie das Zepter in der Hand. Sie sagen, was gemacht und was gelassen wird. Dafür müssen Sie aber auch für alles geradestehen, was die Immobilie betrifft. Ein kurzes Beispiel hierfür:

Sie sind stolzer Besitzer eines Mehrfamilienhauses. Es besteht aus vier Wohneinheiten und ist gut in Schuss. Mit den Mietern haben Sie vereinbart, dass diese sich um den Winterdienst kümmern. Sprich, die Mieter räumen den Schnee weg. Eines Morgens sind alle vier Mieter in Eile und vergessen das Räumen des Gehweges. An diesem Tag läuft Oma Hilde über den Bürgersteig, rutscht aus und bricht sich das Bein.

Dann sind Sie als Hauseigentümer dafür verantwortlich und sind haftbar.

Sie genießen alle Rechte, die mit der Immobilie zu tun haben, aber Sie haben auch alle Pflichten. Bedenken Sie das.

Höherer Aufwand

Da Sie direkt investieren und niemand zwischengeschaltet ist, müssen Sie auch alles klären. Das bedeutet im ersten Anlauf immer mehr Aufwand. Arbeiten, die für Sie anfallen, sind zum Beispiel:

✔ Gartenpflege

✔ Hausmeistertätigkeiten

✔ Koordination der Handwerker

✔ Überprüfung der Mieteinnahmen

✔ Korrespondenz mit den Mietern

Höherer Einkaufspreis

Sie kaufen beim direkten Investment immer eine ganze Immobilie. Nicht irgendwelche Anteile. Daher ist der Einkaufspreis deutlich höher, als wenn Sie zum Beispiel nur einen Fondsanteil kaufen. Das liegt einfach daran, dass Sie keinen Anteil an einem großen Topf kaufen, sondern den Topf an sich.

Sie kaufen einen ganzen Fonduetopf und picken sich nicht nur mit Ihrer Gabel Teile heraus. Also zahlen Sie auch mehr.

Das Risiko steigt

Wenn die Rendite steigt, dann steigt auch das Risiko. Sie haben bestimmt schon das berühmte Anlegerdreieck gesehen. Wenn nicht, hier die kurze Erläuterung. Das Dreieck hat die Seiten:

1. Rendite

2. Risiko

3. Anlagehorizont

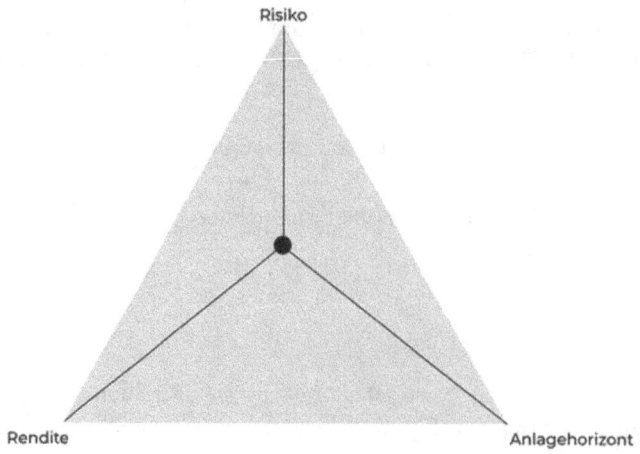

Abbildung 1.1: Das Anlegerdreieck

Und die Aussage des Dreiecks lautet, dass Sie kein Investment finden werden, das eine super Rendite bringt, kein Risiko hat und dazu noch täglich verfügbar ist. Sie müssen Abstriche machen: Entweder Sie haben eine gute Rendite und kommen nicht ans Geld heran. Dann ist das Risiko aber auch meist deutlich niedriger. Oder Sie wollen eine gute Rendite und gegebenenfalls schnell ans Geld. Dann steigt aber auch das Risiko. Sie haben die Wahl.

 Beim direkten Investieren steigt das Risiko. Denn Sie haben niemanden, dem Sie die Schuld in die Schuhe schieben können. Sie sind verantwortlich für alles, und wenn was schiefläuft, dann geht das auf Ihre Kappe. Machen Sie sich das bewusst.

Indirektes Investment

Neben dem direkten Investment gibt es natürlich auch das indirekte Investment. Hierunter fallen die Möglichkeiten

- Immobilienfonds
- REIT-ETF
- Crowdinvesting

Beim indirekten Investment investieren Sie zwar auch in Immobilien, aber nicht direkt. Sie investieren über einen Mittelsmann. Oft kaufen Sie dann gar keine richtige Immobilie, sondern nur Anteile an einem großen Topf, der insgesamt in Immobilien investiert. Das hat natürlich auch wieder Vor- und Nachteile.

Vorteile des indirekten Investments

Dies sind die Vorteile, wenn Sie indirekt in Immobilien investieren:

- **Günstiger Einkaufspreis**

    Da Sie keine ganze Immobilie kaufen, sondern nur einen Anteil, müssen Sie nicht so tief in die Tasche greifen. Oft sind Sie schon ab Summen von 50,- Euro dabei.

- **Geringeres Risiko**

    Sie investieren weniger Geld in die Anlage und Sie haben jemanden, der sich um alles kümmert. Dann haben Sie nur einen Anteil gekauft. Dadurch sinkt natürlich Ihr gesamtes Risiko an der Anlage.

- **Kleinerer Verwaltungsaufwand**

    Sie kümmern sich nicht selber um das Investment, das übernimmt eine Firma mit Management für Sie. Dadurch müssen Sie sich mit dem Investment kaum noch beschäftigen.

Nachteile des indirekten Investments

Doch wie so oft im Leben hat alles seine zwei Seiten. Lassen Sie uns zu den Nachteilen kommen:

✔ **Höhere laufende Kosten**

Da eine professionelle Firma sich um alles kümmert, müssen Sie mit höheren laufenden Kosten rechnen, als wenn Sie alles selbst übernehmen würden. Denn die Mitarbeiter der Firma wollen natürlich auch ihr Gehalt haben.

✔ **Sie sind nur Beifahrer**

Da eine Firma alles für Sie übernimmt, haben Sie keinen Einfluss aufs Geschehen. Wenn etwas schiefgeht, können Sie nichts machen.

Beim indirekten Investment können Sie nur tatenlos zusehen, wenn etwas gehörig den Bach runtergeht. Prüfen Sie also genau, wo Sie Ihr Geld anlegen wollen.

✔ **Oft eine niedrigere Rendite**

Aufgrund der höheren Kosten und durch die große Verteilung des Vermögens sind die Renditen von indirekten Investments oft viel niedriger als die des direkten Investments.

Das hängt an folgenden Faktoren:

- höhere laufende Kosten
- niedriger Einkaufspreis
- Sie verwalten es nicht selber

Sie sehen, sowohl das direkte als auch das indirekte Investment hat jeweils Vor- und Nachteile. Jetzt ist nur die Frage: Was ist für Sie interessant?

> **IN DIESEM KAPITEL**
>
> Jeder möchte wohnen
>
> Gute und schlechte Schulden
>
> Kleine Steuerkunde
>
> Ein passives Einkommen für Sie

Kapitel 2
Warum Immobilien so lukrativ sind

Betongold. Nichts wird so in den Himmel gelobt wie das matt glänzende Gold von Immobilien. Nur warum sind Immobilien so lukrativ? Was macht sie so interessant? Genau darum wird es in diesem Kapitel gehen. Viel Spaß.

Den Bedarf an Wohnraum wird es immer geben

Können Sie sich vorstellen, unter freiem Himmel zu schlafen? Kein Dach über dem Kopf, kein eigenes Badezimmer, keine festen Räume. Nur Sie und die Natur. Klingt das nicht traumhaft? Wenn Sie wie 95 % der Bevölkerung denken, werden Sie jetzt mit dem Kopf schütteln und mich für verrückt erklären. Was ich auch gut verstehen kann. Auch wenn es mal für eine Nacht ganz romantisch sein kann, unter freiem Himmel zu schlafen, auf Dauer wollen das die wenigsten. Jeder Mensch braucht seine eigenen vier Wände. Aber warum ist das so? Hier sind ein paar Punkte, die das bestärken:

Wohnraum bietet Sicherheit

Stellen Sie sich bitte folgendes Szenario vor: Sie leben vor 40.000 Jahren. Es gibt noch keine richtigen Häuser und der Mensch ist gerade in der Entwicklung. Sie leben mit Ihrer kleinen Familie in der Steppe. Plötzlich taucht ein Säbelzahntiger auf. Wer hat mehr Glück – der Mensch, der offen auf der Steppe steht, oder der, der sich in einer Höhle versteckt hat? Richtig, es ist der in der Höhle. Früher mussten wir uns vor wilden Raubtieren und der

Witterung verstecken. Heute gibt es zwar keine Raubtiere mehr, vor denen wir uns verstecken müssten, aber unser Zuhause gibt uns trotzdem eine gewisse Sicherheit.

Hier ein paar Beispiele:

- ✔ Sie haben ein Dach über dem Kopf, wenn es regnet.
- ✔ Sie brauchen keine Angst zu haben, nachts von einem Auto überfahren zu werden.
- ✔ Es kommt doch mal ein Raubtier vorbei, dann sind Sie in Ihrem Zuhause sicher.
- ✔ Vor übermäßiger Sonneneinstrahlung sind Sie auch geschützt.
- ✔ Sie können bestimmen, wer Ihr Zuhause betritt.

Das sind nur ein paar Beispiele, in welchem Rahmen Ihnen Ihr Zuhause Sicherheit spendet.

Sie können Ihrer Individualität freien Lauf lassen

Wie haben Sie Ihr Zuhause gestaltet?

- ✔ Haben Sie irgendwo Gemälde hängen?
- ✔ Gibt es ein Möbelstück, an dem Sie besonders hängen?
- ✔ Haben Sie alles in Rosa gestrichen?

Wir sind alle Individuen und so ist es nur verständlich, dass wir auch unterschiedliche Geschmäcker haben. Das bringen wir auch in unseren vier Wänden zum Ausdruck. Einigen ist das enorm wichtig, denn so zeigen sie, wer sie sind oder was sie alles haben.

Es ist ein Grundbedürfnis

Kennen Sie die Bedürfnispyramide nach Maslow? Sie besagt, dass der Mensch verschiedene Bedürfnisse besitzt.

Diese lassen sich in fünf Stufen einteilen:

1. Physiologische Bedürfnisse
2. Sicherheitsbedürfnisse
3. Soziale Bedürfnisse
4. Individualbedürfnisse
5. Selbstverwirklichung

Die erste Stufe bedient die Grundbedürfnisse wie Essen, Schlafen und so weiter. Die zweite Ebene betrifft schon die Themen Arbeiten und Wohnen. Damit sehen Sie, dass das Bedürfnis nach einem Zuhause und somit nach Sicherheit sehr groß ist. Jeder Mensch möchte irgendwo einen Ort haben, an dem er sicher und geborgen ist.

Einen sicheren Wohnort zu haben, ist ein Grundbedürfnis jedes Menschen. Daher wird es immer Wohnraum geben, der vermietet wird.

Einmal den Renditehebel, bitte!

Vom Grundbedürfnis des Wohnens kommen wir nun zu der Rendite von Immobilien.

Wie kann es sein, dass Immobilien so hervorragende Renditen erwirtschaften, obwohl die Zinslage so schlecht aussieht? Das kann doch nicht angehen. Es gibt ein Geheimnis. Etwas, was nur mit Immobilien und als Renditehebel funktioniert. Es nennt sich *Leverage-Effekt*. Bei diesem Effekt wird Ihre Rendite mittels Schulden gehebelt und somit enorm gesteigert. Wie das konkret funktioniert, erkläre ich Ihnen gleich. Lassen Sie uns erst mal mit Schulden beginnen.

Ich höre Sie schon aufschreien:

»Ich mache keine Schulden, Schulden sind etwas Schlechtes, das haben meine Eltern mir immer eingetrichtert!«

Und diese Aussage kann ich verstehen. Ich stimme dem sogar zu – mit Ausnahmen. Sie müssen nämlich bei Schulden unterscheiden – zwischen guten und schlechten Schulden.

Es gibt nicht nur eine Art von Schulden, sondern Konsum- und Investitionsschulden.

Unterscheidung Ausgaben und Investitionen

Bevor wir nun die beiden Schuldenarten betrachten, ist es wichtig, den Unterschied zwischen einer Investition und einer Ausgabe (Konsum) zu kennen. Hier gibt es eine ganz einfache Regel:

Wenn Sie Geld in etwas reinstecken

- ✔ und es Ihnen weiterhin Geld aus der Tasche zieht, dann ist es eine *Ausgabe* (Konsum)
- ✔ und es Ihnen Geld in die Tasche bringt, dann ist es eine *Investition*.

Eine Investition lässt Ihr Portemonnaie immer weiterwachsen.

Die Bösen: Konsumschulden

Ist Ihnen schon mal der Begriff *schlechte Schulden* begegnet? Damit sind oft Konsumschulden gemeint. Ihre Eltern oder die Medien meinen meistens genau diese Schulden, wenn sie Sie warnen. Weil Ihnen aber niemand den Unterschied erklärt, wird Ihnen vermittelt, dass alle Schulden schlecht sind. Das stimmt aber nicht und deshalb erkläre ich Ihnen jetzt den Unterschied zwischen schlechten und guten Schulden.

Beispiele für Konsumkredite (schlechte Kredite) sind, wenn Sie Schulden machen für:

- ✔ den Urlaub
- ✔ den neuen Fernseher
- ✔ das schicke neue Smartphone
- ✔ das neue Auto
- ✔ Oder auch:
- ✔ Überziehungskredite
- ✔ Kreditkartenschulden

Der alte Audi

Seit Jahren macht Ihr alter Audi Probleme. Sie sind gefühlt nur noch in der Werkstatt und das schon fast ewig. Nun ist es aber so weit. Der Meister der Werkstatt teilt Ihnen mit, dass nichts mehr zu machen ist. Sie brauchen ein neues Auto. Nun haben Sie sich jahrelang mit dieser Schrottkiste geärgert. Jetzt soll es endlich wieder ein Neuwagen sein. Seit Jahren träumen Sie schon von einem BMW. Es muss nicht das neueste Modell sein, aber ein Neuwagen soll es sein und schwarz soll er sein. Also gehen Sie zum Autohaus Ihres Vertrauens, und es trifft Sie der Schlag. So ein Auto kostet ja fast so viel wie eine kleine Wohnung. Der nette Verkäufer lächelt Sie an und erklärt ganz nebenbei, dass Sie den Kaufpreis nicht in einer Summe bezahlen müssen. Sie können auch gerne einen Kredit aufnehmen und diesen dann Monat für Monat zurückzahlen.

Und das zu einem super Zinssatz. Wie hört sich das an? Bevor Sie groß nachdenken, haben Sie den Vertrag schon unterzeichnet. Jetzt sind Sie stolzer Besitzer eines neuen BMW UND eines teuren Konsumentenkreditvertrages.

Aber warum sind Konsumschulden schlecht? Was ist, bitteschön, verwerflich daran, sich auch mal etwas zu gönnen? Am Gönnen ist grundsätzlich nichts Verwerfliches.

Es bestehen aber zwei Probleme bei Konsumschulden.

1. Es gibt keinen Gegenwert.
2. Sie laufen Gefahr, in eine Schuldenspirale zu geraten.

Schauen wir uns beide Probleme einmal an.

Kein Gegenwert bei Konsumschulden

Oft werden mit Konsumschulden Dinge gekauft, die keinen oder einen nur fallenden Gegenwert haben. Meistens wird Ihnen bei diesen Gegenständen viel Geld aus der Tasche gezogen, aber einen richtigen Gegenwert haben Sie danach nicht. Ein gutes Beispiel dafür ist das Auto. Um sich den schicken Neuwagen kaufen zu können, müssen Sie Schulden aufnehmen. Nun fahren Sie nach dem Kauf vom Hof und schon ist Ihr Wagen nicht mehr so viel wert wie am Anfang. Dazu haben Sie für das Auto auch noch monatliche Kosten wie Benzin, Steuern, Versicherungen, Raten für Ihren Kredit, und es werden irgendwann auch Reparaturen fällig. Für Konsumschulden ist das ein klassisches Beispiel. Es zieht Ihnen jeden Monat Geld aus der Tasche.

Die Kreditspirale

Der Kreditvertrag schränkt Sie ein, greift Ihre Bonität an und bringt Sie in Gefahr, in eine Schuldenspirale hineinzugeraten. Denn wer einmal einen Kreditvertrag abgeschlossen hat und merkt, wie bequem das ist, der macht es gerne wieder. So nehmen Sie Kredite für Dinge auf, bei denen Sie sonst immer strikt Nein gesagt haben. Und hier wird es gefährlich. Aber inwieweit schränkt ein Kredit Sie ein?

Für einen Kredit zahlen Sie eine monatliche Rate an die Bank. Diese Rate wird sofort von Ihrem Bankkonto eingezogen und verringert somit Ihr monatliches Resteinkommen für alle anderen Besorgungen des täglichen Lebens. Dann reicht das Geld vielleicht nicht mehr bis zum Ende des Monats und Sie müssen einen neuen Kredit aufnehmen. Dadurch reicht das Geld viel früher nicht mehr und der nächste Kredit kommt. Dieses Spiel kann immer so weitergehen, bis die Bank irgendwann Stopp sagt.

Dann gibt es keine Kredite mehr und es muss im schlimmsten Fall Privatinsolvenz angemeldet werden. So endet Ihre Investitionskarriere, bevor sie begonnen hat.

 Konsumschulden können schnell in eine negative Konsumschuldenspriale führen.

Die Guten: Investitionsschulden

Nun kommen wir zu den guten Schulden, den Investitionsschulden. Klassische Beispiele von Investmentschulden sind:

- ✔ Unternehmensgründung
- ✔ Bildungsschulden

✔ Unternehmensbeteiligungen

✔ die vermietete Immobilie

Bei Investmentschulden nehmen Sie Schulden auf, um beispielsweise eine Immobilie zu kaufen und danach zu vermieten. Sie wollen also eine Investition tätigen. Wenn Sie investieren, hat der Gegenstand, den Sie erwerben möchten, immer einen entsprechenden Gegenwert. Entweder er bleibt gleich oder er kann sogar steigen.

Da wir uns in diesem Buch mit dem Investieren in Immobilien beschäftigen, nehmen wir als Beispiel die vermietete Immobilie. Um eine Immobilie zu kaufen, nehmen Sie einen Kredit auf. Die Immobilie wird dann vermietet. Sie zieht Ihnen (wie das Auto) erst mal jeden Monat Geld aus der Tasche (Versorgungskosten, Grundsteuer, Versicherung und so weiter). Anders als beim Auto bringt Ihnen Ihre Immobilie aber auch immer Geld ein, nämlich die monatliche Miete. Die Kunst beim Investieren besteht nun darin, sicherzustellen, dass Ihre Mieteinnahmen höher sind als Ihre Ausgaben. Dadurch können Sie dann jeden Monat einen Gewinn verzeichnen. Eigentlich einfach, oder?

Beispiel: Eine Zweizimmerwohnung

Sie finden eine schöne Zweizimmerwohnung. Sie hat einen Kaufpreis von 200.000,- Euro und bringt Ihnen Mieteinnahmen von 12.000,- Euro pro Jahr. Sie bringen selbst Eigenkapital in Höhe von 40.000,- Euro mit und müssten für den Kredit Zins- und Tilgung von 6 % zahlen. Einfachheitshalber lassen wir die Nebenkosten einmal beiseite.

Dann würden die Daten nun wie folgt aussehen:

1. Kaufpreis: 200.000,- Euro
2. Eigenkapital: 40.000,- Euro
3. Kreditbedarf: 160.000,- Euro
4. Zins und Tilgung: 9.600,- Euro / p.a. (6 %)
5. Mieteinnahmen: 12.000,- Euro

Gemäß dieser Rechnung würde nach Zins und Tilgung noch ein Brutto-Cashflow von 2.400,- Euro bleiben. Von diesem gehen dann noch die normalen Kosten ab, die Sie als Vermieter haben, zum Beispiel das nicht umlagefähige Hausgeld, die Verwaltung des Hauses, Rücklagen für Reparaturen und Instandhaltung und Rücklagen für einen eventuellen Mietausfall.

Mit *freiem Cashflow* ist der Geldbetrag gemeint, der nach Abzug aller Kosten übrig bleibt.

Investmentschulden: Die vier Vorteile

Ihnen ist jetzt bewusst, was gute und was schlechte Schulden sind, und Sie können beide voneinander unterscheiden. Aber haben die guten Schulden noch andere Vorteile, außer den höheren Gewinn? Für Ihre Verschuldung möchten Sie natürlich mehr haben als »nur« einen kleinen Gewinn. Diese Frage wird Ihnen in diesem Abschnitt näher beantwortet.

Dafür lassen sich insgesamt vier Vorteile von Investmentschulden für Sie zusammenfassen:

1. Sie haben einen höheren Gewinn.
2. Ihre Schulden werden bezahlt, aber nicht von Ihnen.
3. Der Wert Ihrer Immobilie steigt.
4. Sie profitieren vom Leverage-Effekt.

Sie haben einen höheren Gewinn

Dieser Punkt ist nichts Neues. Da Sie darauf achten, mehr Miete einzunehmen, als Sie Ausgaben haben, bleibt Ihnen am Ende des Monats ein Plus. Das ist Ihr zusätzliches Einkommen und Ihr Gewinn. Ganz einfach.

Jemand anderes bezahlt Ihre Schulden

»Aber wer denn sonst?«, fragen Sie sich jetzt vermutlich? Ganz einfach – Ihr Mieter! Als angehender Immobilieninvestor werden Sie diesen Effekt häufig erleben. Sie haben eine Miete als Einnahme, die höher ist als Ihre gesamten Ausgaben.

Die Miete deckt damit den Kapitaldienst (sprich Zins und Tilgung für das Darlehen). Ihr Mieter zahlt also Ihre Schulden bei der Bank ab und Sie haben trotzdem Ihren Gewinn.

Wenn das kein schöner Pluspunkt für Sie ist, weiß ich es auch nicht. Ihr Nettovermögen steigt und Sie haben mehr Geld im Monat.

Der Immobilienwert steigt

Bei Immobilien ist ein zusätzlicher Pluspunkt, dass der Wert Ihrer Immobilie steigen kann. Das kann zum Beispiel passieren, wenn Sie Ihre Immobilie aufgewertet haben oder die Marktpreise allgemein ansteigen.

Die Reise kann aber auch andersherum gehen. Der Wert Ihrer Immobilie sinkt. Allerdings passiert das meistens nicht so schnell. Somit bleibt Ihnen oft genug Zeit, auf den Wertverlust zu reagieren. Außerdem müssen Sie Ihre Immobilie auch nicht immer sofort verkaufen, nur weil der Wert sinkt.

Sie profitieren vom Leverage-Effekt

Nun werden Sie sich sicher fragen, »Der Was-Effekt?« – der Leverage-Effekt. Er beschreibt, einfach gesagt, die Wirkung, die Schulden (meistens werden Sie auch als Fremdkapital bezeichnet) auf Ihre Eigenkapitalrendite haben.

Sie können sich den Effekt wie einen Hebel vorstellen. Dadurch ist es Ihnen möglich, Ihre Eigenkapitalrendite enorm zu steigern.

Ein Beispiel für den Leverage-Effekt

Sie erwerben ein Haus mit folgenden Daten:

✔ Kaufpreis: 300.000,- Euro

✔ Netto-Miete: 20.000,- Euro

Sie zahlen den vollen Kaufpreis der Immobilie. Wie sieht nun Ihre Eigenkapitalrendite aus? Ihre Eigenkapitalrendite für Immobilien berechnet sich wie folgt:

Netto-Miete × 100 / Kaufpreis = Eigenkapitalrendite

Das bedeutet bei unserem Beispiel in Zahlen:

20.000 × 100 / 300.000 = 6,66 %

6,66 % Rendite – Das hört sich doch gut an oder was sagen Sie?

Aber: »Stopp!«

Eben meinte ich doch, wir können die Rendite mithilfe des Leverage-Effekts erhöhen? Das werden wir nun machen. Dafür müssen wir unser Beispiel um ein paar Daten erweitern:

Vom Kaufpreis für die Immobilie bezahlen Sie selbst jetzt nur 20 %, also 60.000,- Euro. Um die restlichen 80 % des Kaufpreises zu begleichen, nehmen Sie einen Kredit auf. Hierfür zahlen Sie einen Kapitaldienst von 6 % (4 % Zinsen und 2 % Tilgung).

Damit haben wir nun folgende Zahlen:

✔ Kaufpreis: 300.000,- Euro

✔ Netto-Miete: 20.000,- Euro

✔ Darlehensbetrag (80 %): 240.000,- Euro

✔ Kapitaldienst (6 %): 14.400,- Euro

✔ Eigenkapital (20 %): 60.000,- Euro

Damit die Renditeberechnung die neuen Zahlen aufnehmen kann, müssen wir diese auch ein wenig anpassen. Sie lautet nun:

(Netto-Miete − Kapitaldienst) × 100 / Eigenkapital = Rendite

In Zahlen bedeutet das für Ihr Investment:

(20.000 − 14.400) × 100 / 60.000 = 9,33 %.

Sie sehen richtig. Ihre Rendite ist gestiegen und zwar von »kleinen« 6 % auf 9,33 %. Dafür mussten Sie noch nicht mal den vollen Kaufpreis bezahlen.

Was man aber zu diesem Hebel noch sagen muss: Er funktioniert in beide Richtungen. Sprich, bei einem guten Investment kann der Effekt Ihre Rendite enorm steigern. Der Effekt kann Ihre Rendite aber auch enorm in den Keller ziehen und finanzielle Schwierigkeiten verursachen. Also verwenden Sie ihn mit Bedacht.

Sie kaufen eine Eigentumswohnung zum Kaufpreis von 100.000,- Euro. Sie bringen 10 % Eigenkapital ein und benötigen so 90.000,- Euro als Darlehen. Für dieses Darlehen müssen Sie einen Kapitaldienst von 4 %, also 3.600,- Euro, zahlen. Als Miete bekommen Sie 5.500,- Euro im Jahr.

Damit würde Ihre Eigenkapitalrendite wie folgt aussehen:

(5.500,- Euro − 3.600,- Euro) × 100 / 10.000,- Euro = 19 %

Den Darlehensvertrag haben Sie auf zehn Jahre abgeschlossen und wollen den Vertrag nun nach zehn Jahren verlängern. Leider sind die Zinsen enorm gestiegen. Der Kapitaldienst von 4 % ist in weiter Ferne. Plötzlich müssen Sie einen Kapitaldienst von 10 % leisten und der Berater sagt Ihnen noch, dass das ein sehr guter Deal sei. Da Sie Ihr Darlehen während der Laufzeit immer schön getilgt haben, bleibt noch ein Kredit von 72.000,- Euro. Damit würden Sie eine Rate von 7.200,- Euro im Jahr zahlen müssen.

Ihre Eigenkapitalrendite sieht nun wie folgt aus:

(5.500,- Euro − 7.200,- Euro) × 100 / 7.200,- Euro = − 23,61 %

Durch das schlechtere Darlehen hat sich Ihre Rendite drastisch verschlechtert. Verwenden Sie den Renditehebel immer mit Vorsicht und behalten Sie die Zinsentwicklung im Auge.

Steuerliche Vorteile nutzen

Sie haben es bestimmt schon von vielen Anlageberatern gehört. Die Immobilie als Steuersparmodell. Ein weiterer Vorteil von Immobilien? Ja und nein.

Denn: Wenn Sie nur darauf aus sind, Steuern zu sparen, dann ist der Vorteil oft ein gewaltiger Nachteil. Die steuerliche Begünstigung sollte nur die Kirsche auf der Sahne des Eisbechers sein – nicht der Eisbecher selbst.

Steuervorteile alleine bringen rein gar nichts! Das Investment muss sich ohne die Steuervorteile bereits rechnen. Sie müssen bei der Steuer nämlich immer drei Sachen bedenken:

1. Die Steuer wird Ihnen erst im nächsten Jahr gutgeschrieben
2. Sie erhalten bei der Steuer nur eine Gutschrift, wenn Sie eine Ausgabe tätigen
3. Einige steuerliche Vorteile greifen erst beim Verkauf der Immobilie

Aber welche Vorteile haben Sie als Immobilieninvestor überhaupt?

Das wären:

1. der steuerfreie Gewinn
2. Gebäudeverfall abschreiben
3. Renovierungsarbeiten abschreiben
4. gewinnreduzierende Zinsen

Schauen wir uns die Vorteile doch mal im Detail an:

Ich bin kein Steuerberater, daher werde ich dieses Thema sehr allgemein behandeln. Dieses Kapitel soll Ihnen nur einen Überblick geben, welche Möglichkeiten bestehen. Für weitere Details kontaktieren Sie bitte Ihren Steuerberater.

Der steuerfreie Gewinn

Einer der beliebtesten Vorteile von Immobilieninvestitionen. Sie können Ihre Immobilie verkaufen und müssen dafür keine Steuern auf den Gewinn zahlen. Klingt das nicht traumhaft und zu schön, um wahr zu sein? Das ist es auch, und trotzdem ist es wahr. Sie können Ihre Immobilie steuerfrei verkaufen, allerdings gibt es dafür eine Bedingung: Sie müssen diese Immobilie zehn Jahre lang gehalten haben. Dann endet die Spekulationsfrist.

Sprich, Sie kaufen eine Immobilie und halten diese zehn Jahre. Wenn Sie Ihr Objekt dann verkaufen, können Sie den Gewinn, den Sie erwirtschaften, komplett behalten. Allerdings gibt es hier noch etwas zu beachten:

Sie dürfen innerhalb von fünf Jahren nicht mehr als drei Immobilien verkaufen. Mehr Geschäfte fallen in den gewerblichen Immobilienhandel, und Sie würden damit Ihre steuerlichen Vorteile als Privatperson verlieren.

Sobald Sie also mehr als drei Immobilien in fünf Jahren verkaufen, gelten Sie automatisch als gewerblicher Immobilienhändler. Durch diesen Status verändert sich ebenso automatisch die steuerliche Betrachtung Ihrer Immobilien. Von diesem Zeitpunkt an verlieren Sie die steuerlichen Vorteile eines privaten Immobilieninvestors, da Sie nun als gewerblicher Händler gelten.

Bedenken Sie, dass alle gewerblichen Aktivitäten den Status als privaten Investor zunichtemachen und die steuerlichen Vorteile wegfallen.

Gebäudeverfall: einmal abschreiben bitte!

Ein weiterer Steuervorteil ist, dass Sie den Gebäudeverfall abschreiben lassen können. Sprich, Sie können 3 % jedes Jahr steuerlich ansetzen und gegen den Gewinn aufrechnen.

Der Kaufpreis beinhaltet immer den Gebäude- und den Grundstücksanteil. Wichtig ist, dass Sie die Abschreibung nur auf den Gebäudeanteil beziehen. Sonst wird die Abschreibung nicht anerkannt.

In einigen Kaufverträgen sind der Gebäude- und der Grundstücksanteil bereits einzeln benannt. Sollte das bei Ihnen nicht der Fall sein, bietet das Bundesfinanzministerium Hilfe auf seiner Internetseite an. Oder fragen Sie Ihren Steuerberater, der kann Ihnen ebenfalls weiterhelfen.

Sie kaufen ein Mehrfamilienhaus für 500.000,- Euro. Hier teilen sich der Gebäude- und der Grundstücksanteil wie folgt auf:

✔ 300.000,- Euro für das Gebäude

✔ 200.000,- Euro für das Grundstück

Auf die 300.000,- Euro können Sie jetzt die Abschreibung mit jährlich 3 % ansetzen.

300.000,- Euro × 3 % = 9.000,- Euro

Sie können also jedes Jahr 9.000,- Euro abschreiben.

Renovierungsarbeiten: Abschreibung zum Zweiten

Es gibt aber noch eine zweite Abschreibungsmöglichkeit: Diese Abschreibung schränkt Sie am Anfang zwar etwas ein, hilft Ihnen aber dafür im Nachhinein weiter. Es ist die 15-%-Regel für Renovierungsarbeiten innerhalb der ersten drei Jahre nach Erwerb der Immobilie.

Sie besagt, dass Sie innerhalb der ersten drei Jahre, in denen Sie die Immobilie besitzen, nicht mehr als 15 % an Renovierungskosten sofort abschreiben können. Sonst zählen die Renovierungen nicht mehr als sofort abschreibbarer Aufwand, sondern werden zu den

Anschaffungskosten addiert und über die Jahre abgeschrieben. Steuerlich gesehen sollten Sie sich also in den ersten drei Jahren bei größeren Renovierungsarbeiten möglichst zurückhalten. Wenn das immer so einfach möglich wäre. Sie wollen ja keine Bruchbude vermieten.

Gewinnreduzierende Zinsen

Zu guter Letzt ein weiterer, sehr beliebter Steuervorteil:

Die gewinnreduzierenden Zinsen. Sie dürfen die Zinsen, die Sie für Ihr Darlehen bei der Bank zahlen, steuerlich absetzen. Die gezahlten Zinsen reduzieren somit Ihre Steuerlast.

Aufbau eines monatlichen Einkommens aus Immobilien

Kennen Sie den Stress zur Erzielung Ihres Einkommens? Jeden Tag müssen Sie aufstehen und zur Arbeit gehen, damit am Monatsende wieder Ihr Gehalt aufs Konto kommt. Jeden Tag, ob es regnet oder schneit, ob Sie wollen oder nicht. Gibt es nicht eine Alternative? Ja, die gibt es – Immobilien. Denn diese ermöglichen es Ihnen, neben Ihrem Haupteinkommen eine weitere Einkommensquelle zu schaffen.

Aber wie ist das möglich?

Monatliche Mietzahlungen

Haben Sie schon einmal zur Miete gewohnt oder tun Sie das immer noch? Bei den meisten Mietern ist eine monatliche Mietzahlung vereinbart. Sprich, jeden Monat fließt das Geld auf das Konto des Vermieters. Wenn Sie nun so geschickt investieren, dass die Einnahmen die Ausgaben übertreffen, dann haben Sie sich einen monatlichen Geldzufluss aufgebaut. Der wird am Anfang nicht weltbewegend sein, aber vergessen Sie nicht: »Kleinvieh macht auch Mist.«

 Sie finden eine schnuckelige kleine Einzimmerwohnung. Mit ein wenig Aufwand können Sie diese wieder wunderbar vermieten. Die Wohnung hat Sie 70.000,- Euro gekostet und bringt Ihnen eine Miete von 3.800,- Euro im Jahr. Dagegen haben Sie Kosten für die Immobilie und das Darlehen in Höhe von 3.200,- Euro.

3.800,- Euro − 3.200,- Euro = 600,- Euro

In diesem Beispiel bleiben Ihnen ganze 50,- Euro im Monat (600/12).

Muss es bei einer Immobilie bleiben?

Sie bekommen nun Ihre 50,- Euro jeden Monat. Herzlichen Glückwunsch. Aber wer sagt denn, dass nach einer Immobilie Schluss sein muss? Warum nicht noch eine zweite oder dritte Immobilie kaufen?

Dann sind es eventuell nicht mehr 50,- Euro, sondern schon 150,- Euro oder vielleicht sogar 200,- Euro? So können Sie sich sukzessive ein monatliches passives Einkommen aufbauen. Ja, Sie müssen für dieses Einkommen trotzdem noch etwas arbeiten. Aber es ist nicht so viel wie für Ihr Haupteinkommen, und sollte es Sie absolut stören, können Sie die Verwaltung ja abgeben. Das senkt zwar Ihre Rendite, aber auch die Zeit, die Sie in Ihre Immobilie stecken.

Sie sollten zuerst mit einer Immobilie starten und ausprobieren, ob Ihr System funktioniert. Denn sollte sich ein Fehler in Ihr System eingeschlichen haben, kann es sehr teuer werden, diesen zu bereinigen.

Mehr Immobilien bedeuten neben einem höheren Kapitalbedarf oft auch mehr Arbeit. Aber diese können Sie an eine Mietverwaltung abgeben. Bitte beachten Sie nur, dass die Verwaltung auch Geld kostet und sich das Investment trotzdem rechnen muss.

Vorteile eines zusätzlichen monatlichen Einkommens

Aber was hat das monatliche Einkommen aus Immobilien für Vorteile für Sie?

Es bietet folgende Vorteile:

1. Verbesserung Ihrer Lebensqualität
2. Ansparen für Ihre Träume
3. Mehr Geld zum Investieren
4. Stück für Stück finanzielle Unabhängigkeit von Ihrem beruflichen Einkommen

Schauen wir uns doch die Vorteile einmal an:

Bessere Lebensqualität

Mit dem zusätzlichen Geld, das Ihre Immobilien abwerfen, können Sie sich etwas mehr leisten. Bio-Lebensmittel zum Beispiel. Oder was Ihnen sonst guttut und Ihre Lebensqualität erhöht. Ab und zu ein wenig Luxus. Einfach, weil das Geld jetzt da ist.

Ansparen für Ihre Träume

Haben Sie auch unerfüllte Träume? Eine Weltreise oder ein tolles Haus? Mit einem zusätzlichen Einkommen können Sie sich diese Träume zwar nicht sofort erfüllen. Aber Sie kommen immer einen Schritt näher ran.

Sie müssen am Anfang Geld und Arbeit in die Erstellung des Einkommens stecken. Nach einer kurzen Anlaufphase können Sie diese Arbeit aber reduzieren und das Geld fließt weiterhin. Dieses zusätzliche Einkommen können Sie dann jeden Monat sparen und sich so schneller Ihre Träume erfüllen.

Mehr Geld zum Investieren

Ein weiterer Vorteil eines zusätzlichen Einkommens? Sie können das Geld wieder investieren und daraus weitere Einnahmen generieren. So etwas wie ein Einkommens-Perpetuum-mobile, das immer weiter für Sie arbeitet.

Sie geben nur den Startschuss und es baut sich immer weiter auf.

Stück für Stück finanzielle Unabhängigkeit vom beruflichen Einkommen

Haben Sie sich auch schon mal gedacht, dass es schön wäre, nicht jeden Tag arbeiten zu müssen? Finanziell unabhängig zu sein vom Job?

Um ein so hohes passives Einkommen zu haben, dass Sie nicht mehr arbeiten müssen, braucht es ein sehr großes Immobilieninvestment. Und ganz sicher werden Sie nicht gleich beim ersten Immobilienkauf Ihren Job kündigen können, aber es ist ein enorm befreiendes Gefühl, wenn Sie Stück für Stück freier werden. Jeder Euro, den Sie mit Immobilien verdienen, schenkt Ihnen ein Stück Freiheit und Sicherheit und macht Sie weniger abhängig von Ihrem Gehalt. Auch wenn Sie Ihren Job gar nicht kündigen wollen, ist es ein gutes Gefühl, zumindest die Möglichkeit zu haben.

Teil II
Auf die Plätze, fertig, Immobilienkauf!

IN DIESEM TEIL...

Worauf es nun beim Kauf einer Immobilie ankommt, wie Sie die Rendite Ihrer Immobilie berechnen und allgemein wie der Vorgang aussieht, erfahren Sie in diesem Teil.

IN DIESEM KAPITEL

Was ein direktes Investment ist

Der Unterschied von Eigennutzung und Vermietung

Warum der Kredithebel so wichtig ist

Kapitel 3
Das direkte Investment in Immobilien

Nun haben Sie schon vieles über die einzelnen Investmentmöglichkeiten gelernt. Jetzt folgt die Kür. Wir springen in das direkte Investment und schauen es uns etwas genauer an.

Was ist eigentlich gemeint mit direkten Investments? Ihr erster Gedanke wird bestimmt die nette kleine Eigentumswohnung sein oder das Mehrfamilienhaus. Aber ist das alles? Nein!

Beim direkten Investieren in Immobilien gibt es verschiedene Bereiche. Grob gesagt, gibt es zwei große Bereiche.

- ✔ Wohnimmobilien
- ✔ Gewerbeimmobilien

Aber was unterscheidet diese beiden Bereiche voneinander?

Wohnimmobilien: Platz zum Leben

Wenn Sie in Wohnimmobilien investieren, schaffen Sie für jemanden Platz zum Leben. Das können bei einer selbst genutzten Wohnimmobilie Sie selbst sein oder Ihr Mieter, wenn Sie die Immobilie vermieten möchten. Für Wohnimmobilien sind gute Beispiele:

- ✔ Eigentumswohnungen
- ✔ Mehrfamilienhäuser
- ✔ Einfamilienhäuser

- ✔ Zweifamilienhäuser
- ✔ Umgenutzte Gewerbeimmobilien

Banken beleihen diese Art von Immobilien meistens sehr hoch (durchschnittlich mit 80–90 %). Die Mietersuche gestaltet sich bei Wohnimmobilien in der Regel einfacher und ohne nennenswerte Probleme. Schließlich braucht jeder einen Platz zum Leben. Somit tun Sie auch gleich etwas Gutes für andere Menschen.

Die meisten Immobilieninvestoren beginnen mit Wohnimmobilien, weil es einfacher ist. Bei Gewerbeimmobilien ist oft ein tiefgreifenderes Spezialwissen erforderlich.

Werfen wir mal einen genaueren Blick auf die einzelnen Wohnimmobilien:

Eigentumswohnung: klein, aber mein

Wenn Sie in einem Haus eine einzelne Wohnung besitzen, dann bezeichnet man das als eine Eigentumswohnung. Ein Haus mit mehreren Eigentumswohnungen wäre ein Mehrfamilienhaus, dazu später mehr. Normalerweise haben nur die einzelnen Häuser ein Grundbuch. Damit die Eigentumswohnungen aber auch einzeln verkauft werden können, bekommen Sie im Rahmen der Aufteilung des Mehrfamilienhauses ein eigenes Grundbuchblatt. Es enthält die gleichen Daten wie bei einem Einfamilienhaus. Zusätzlich wird noch Ihr Miteigentumsanteil am gesamten Haus aufgeführt.

Bei der Eigentumswohnung gibt es eine wichtige Unterscheidung, die Sie kennen müssen:

- ✔ **Sondereigentum:**
  - Ihre Wohnung
  - Ein eigener Stellplatz
  - Keller- oder Dachbodenräume
- ✔ **Gemeinschaftseigentum**
  - Grundstück
  - Treppenhaus
  - Außenfassade
  - Gemeinsamer Heizungskeller
  - und so weiter

In der Teilungserklärung wird definiert, was genau Sonder- und was Gemeinschaftseigentum ist.

Die Teilungserklärung

Die Teilungserklärung wird im Wohnungseigentumsgesetz geregelt. Dabei erklärt der Grundstückseigentümer gegenüber dem Grundbuchamt, dass das Eigentum an dem Grundstück in verschiedene Miteigentumsanteile aufgeteilt wird.

Ist ja logisch: Wenn es in einem Mehrfamilienhaus mehrere Eigentümer gibt, dann gehört jedem zunächst einmal seine Wohnung selbst. Dieses Eigentum an der eigenen Wohnung nennt man *Sondereigentum* (§ 1 Abs. 2 und 3 WEG).

Neben der eigenen Wohnung gehört jedem Eigentümer auch ein Teil des Grundstücks und des Gebäudes. Und es gibt Gebäudeteile, die alle Eigentümer nutzen, zum Beispiel das Treppenhaus. Das ist das *Gemeinschaftseigentum*.

In der Teilungserklärung wird festgelegt, welche Gebäudeteile Sondereigentum und welche Gemeinschaftseigentum sind (vgl. § 5 Abs. 1 bis 3 WEG). Außerdem können Sondernutzungerechte, zum Beispiel Stellplätze, geregelt werden.

Alle Wohnungseigentümer erklären also gemeinsam, was Sondereigentum und was Gemeinschaftseigentum ist. Das wird so ins Grundbuch eingetragen und bleibt beim Verkauf der Wohnung weiterhin bestehen.

Es ist Pflicht, dass einmal im Jahr eine Eigentümerversammlung stattfindet. Alle Eigentümer (oder deren Vertreter) treffen sich an diesem Tag, um über Belange und Zukunft des Hauses zu sprechen.

Diese Versammlung dient der allgemeinen Verwaltung des Gemeinschaftseigentums. Die Wohneigentümergemeinschaft (kurz WEG) bespricht hier:

- ✔ Größere Sanierungen, wie zum Beispiel die Erneuerung der Fassade
- ✔ Hat der WEG-Verwalter seine Arbeit gut gemacht und soll weiterhin Verwalter bleiben?
- ✔ Erstellung eines Wirtschaftsplans für das kommende Jahr

Wollen Sie Ihre Wohnung, sprich Ihr Sondereigentum, von einem Verwalter verwalten lassen, so können Sie den WEG-Verwalter fragen, ob dieser das für Sie machen würde. Oder aber Sie beauftragen einen eigenen Verwalter für diese Aufgabe.

Vorteile einer Eigentumswohnung

Was spricht für den Erwerb einer Eigentumswohnung?

- ✔ Sie kostet weniger als ein Mehrfamilienhaus.
- ✔ Das Risiko wird auf mehrere Eigentümer verteilt und ist daher geringer.

- ✔ Sie können Klumpenrisiken vermeiden, indem Sie an mehreren Standorten Wohnungen kaufen. Da der Kaufpreis einer Eigentumswohnung in der Regel niedriger ist als der eines ganzen Hauses, können Sie sich eventuell mehrere Eigentumswohnungen in unterschiedlichen Lagen leisten und so Ihr Risiko streuen.

- ✔ Das Leerstandrisiko ist meistens geringer als bei ganzen Häusern.

Nachteile der Eigentumswohnung

Und was ist der Nachteil?

- ✔ Die Rendite ist meistens niedriger.

- ✔ Sie müssen sich immer mit den Miteigentümern abstimmen und können nicht selbst über das komplette Haus bestimmen.

- ✔ Wenn die Eigentümergemeinschaft sagt, dass etwas gemacht werden muss, dann sind Sie mitverpflichtet.

- ✔ Sie müssen Verwaltergebühren zahlen, eventuell sogar zweimal: Für das Gemeinschaftseigentum in jedem Fall, eventuell auch noch für Ihr Sondereigentum.

Wenn es etwas größer sein soll: Das Mehrfamilienhaus

Bei vielen Investoren ist das Mehrfamilienhaus sehr beliebt, denn es verspricht Ihnen eine hohe Rendite. Eigentumswohnungen sind immer Teil eines Mehrfamilienhauses. Wenn Sie nun in ein Mehrfamilienhaus investieren, haben Sie somit gleich mehrere Wohnungen zur Vermietung. Das bedeutet für Sie, dass Sie sich nicht um die Eigentümerversammlung kümmern müssen und Sie die komplette Verantwortung für das Haus haben. Das kann sowohl ein Vorteil als auch ein Nachteil sein. Außerdem müssen Sie sich nicht entscheiden, ob Sie einen oder zwei Verwalter einsetzen wollen. Da der WEG-Verwalter wegfällt, benötigen Sie nur einen.

Als alleiniger Eigentümer müssen Sie aber auch alle Reparaturkosten selber bezahlen. Dadurch entstehen natürlich deutlich höhere Kosten und Ihre Rücklage muss daher höher ausfallen. Die Rendite, die Sie erwarten können, ist meistens jedoch höher als bei einer Eigentumswohnung, da Sie gleich mehrere Wohnungen vermieten.

Einige Reparaturkosten, sogenannte *Wartungskosten*, können auf den Mieter umgelegt werden. Welche Kosten das genau sind, können Sie in der Betriebskostenverordnung nachlesen. Ein Bespiel wären Kosten zur Wartung eines Aufzuges.

Vorteile des Mehrfamilienhauses

Die Vorteile im Überblick:

- ✔ Die Rendite ist meist höher.

- ✔ Sie haben die vollkommene Kontrolle über das Haus.

✔ Sie müssen nur einen Verwalter beschäftigen.

✔ Eine Eigentümergemeinschaft gibt es nicht. Somit entfällt auch die Eigentümerversammlung.

✔ Wenn ein Mieter mal nicht zahlt, sind Sie nicht sofort in Not. Die anderen Mieten federn das ab.

Nachteile des Mehrfamilienhauses

Was sind die Nachteile?

✔ Sie alleine tragen das Risiko für das gesamte Haus.

✔ Bei mehreren Mietern steigt die Wahrscheinlichkeit, dass einer mal keine Miete zahlt.

✔ Der Kaufpreis ist viel höher als bei einer Eigentumswohnung.

✔ Der Verwaltungsaufwand ist höher.

✔ Die Reparaturkosten sind höher.

Unter Immobilieninvestoren gibt es eine große Uneinigkeit. Sollen Anfänger mit Eigentumswohnungen oder Mehrfamilienhäusern starten? Meiner Meinung nach sollten Sie sich mit Ihrem Investment wohlfühlen. Wenn Ihnen ein Mehrfamilienhaus mehr zusagt, schlagen Sie dort zu. Wenn es eine Eigentumswohnung ist, dann eben dort. Allerdings möchte ich hier eine Einschränkung einfügen: Wenn Sie in ein Mehrfamilienhaus investieren, müssen Sie bedenken, dass Sie viel mehr Eigenkapital aufbringen und auch viel mehr bei der Auswahl der Immobilie beachten müssen. Daher überlegen Sie es sich gut, wie Sie starten wollen. Oft ist es am besten, klein anzufangen und dann nach und nach zu wachsen.

Einfamilienhaus: Mein kleines Häuschen

Die Eigentumswohnung und das Mehrfamilienhaus sind Klassiker für die Vermietung von Wohnimmobilien. Neben diesen Klassikern gibt es aber auch noch das Einfamilienhaus. Es ist die »Luxusvariante« der Eigentumswohnung.

Meistens sind Eigentumswohnungen relativ klein. Das Einfamilienhaus ist das genaue Gegenteil. Hier haben Sie meistens mehr Platz, einen Garten und oft noch dazu mehrere Etagen (was Vor- und Nachteil sein kann).

Trotzdem werden Einfamilienhäuser seltener für Immobilieninvestments verwendet, weil die Nachfrage oft zu niedrig ist, der Kaufpreis dagegen häufig recht hoch.

Gewerbeimmobilien: Büroräume und Co.

Bei Gewerbeimmobilien investieren Sie in gewerblich nutzbare Immobilien.

Beispiele für Gewerbeimmobilien sind:

- Bars, Clubs und Restaurants
- Büroräume für Notare, Makler, Anwälte
- Lagerhallen oder Lagerflächen
- Praxisräume für Ärzte
- Räume für den Einzelhandel

Die Rendite ist bei dieser Form der Immobilienanlage oft höher, dafür ist sie aber auch mit einem höheren Risiko behaftet. Die Mietverträge bei einer Gewerbeimmobilie sind meist auf einen langen Zeitraum ausgerichtet. Das bringt Planungssicherheit und ist an sich eine gute Sache.

Was aber passiert, wenn der Mieter insolvent wird? Dann ist die schöne Planungssicherheit dahin.

Zusätzlich sind Gewerbeimmobilien sehr individuell und oft auch speziell auf den aktuellen Mieter zugeschnitten. Denken Sie zum Beispiel mal an Arztpraxen. Diese sehen fast immer anders aus. Sollte nun der Arzt insolvent werden oder der Mietvertrag auslaufen und ein Mieterwechsel anstehen, müssen Sie eventuell das ganze Objekt verändern. Diese Änderung verursacht wiederum hohe Kosten.

Sie vermieten eine Fläche als Arztpraxis an einen Zahnarzt. Es gibt dort den üblichen Zahnarztstuhl, welcher im Boden verschraubt wurde, und zwei Behandlungszimmer sowie einen kleinen Empfang und einen Wartebereich. Der Mietvertrag läuft aus und der Zahnarzt möchte die Praxis nicht behalten. Also begeben Sie sich auf die Suche nach einem neuen Mieter. Da Sie vorher einen Zahnarzt hatten, wollen Sie am liebsten wieder einen. Doch kein einziger Zahnarzt bewirbt sich auf die Immobilie. Es gibt nur einen einzigen Bewerber, und dieser möchte in der Immobilie Büroräume haben. Das würde für Sie bedeuten, dass Sie den Grundriss neu planen müssen:

- Die alte Raumaufteilung muss überdacht werden.
- Neue Wände müssen gezogen werden.
- Eventuell müssen alte Wände rausgerissen werden.
- Es muss bei den neuen Wänden an die Stromversorgung gedacht werden.

Das ist wieder mit Kosten verbunden, die Sie nicht bedacht haben. Aber es findet sich auch ein paar Wochen später kein Zahnarzt als Mieter. Also müssen Sie in den sauren Apfel beißen und die Umbaumaßnahmen vornehmen.

Eigennutzung oder Vermietung, das ist hier die Frage

Bei Wohnimmobilien gibt es eine große Unterscheidung:

- Wollen Sie die Immobilie selber bewohnen?
- Oder wollen Sie sie vermieten?

Wo liegt hier eigentlich der Unterschied? Lassen Sie uns dieser Frage mal näher auf den Grund gehen.

Eigennutzung: Wirklich ein Investment?

Stellen Sie sich vor, Sie sitzen am frühen Morgen auf Ihrer Terrasse. Im Gartenteich schwimmen zwei muntere Goldfische. Die Luft ist noch kühl und frisch. Sie sehen keinen Menschen weit und breit und genießen die Ruhe in Ihrem Garten.

Ist das nicht eine schöne Vorstellung? So sehen es viele, wenn sie über das Thema Immobilienkauf nachdenken. Eine Immobilie zur Eigennutzung, wohlgemerkt. Sie kaufen sich also eine Immobilie, um sie selber zu bewohnen. Ist das aber ein »richtiges« Investment? Hier scheiden sich die Geister. Viele Immobilieninvestoren sagen, dass das kein Investment sein kann, weil der Renditeaspekt fehlt. Dagegen sagen viele Bank- und Anlageberater und auch viele Selbstnutzer, dass es ein Investment ist, weil der Wert der Immobilie dennoch steigt. Was ist nun richtig? Lassen Sie uns das Ganze mal genauer beleuchten.

Ist eine Ausgabe ohne Einnahmen ein Investment?

Nun kommt aber die Definition einer Investition ins Spiel. Demzufolge ist eine Ausgabe, die Sie tätigen und die Ihnen lediglich Geld aus der Tasche zieht, nur eine Ausgabe und keine Investition.

Für Ihre selbst genutzte Immobilie müssen Sie folgende Ausgaben tätigen:

- Grundsteuer
- Müllabfuhr
- Energieversorgung
- Darlehensrate an die Bank
- Versicherungen

Und welche Einnahmen haben Sie durch Ihre selbst genutzte Immobilie? Keine.

Sie haben bei der selbst genutzten Immobilie keine Einnahmen. Also ist diese nach der Definition kein Investment.

Ganz so einfach ist es aber doch nicht. Schauen wir einmal weiter.

Ist eine gesparte Miete eine Einnahme?

Viele Selbstnutzer und Anlageberater bringen nun die eingesparte Miete ins Gespräch. Die selbst genutzte Immobilie bringt zwar keine Einnahmen, sie erspart dem Besitzer allerdings die Mietausgaben.

Aber sparen Sie durch den Erwerb Ihres Eigenheims wirklich Geld? Oft ist es so, dass durch den Kauf keine Kosten eingespart, sondern nur anders verteilt werden.

 Susanne und Michael zahlen eine Miete von 800,- Euro. Nun wollen sie gerne ein Haus kaufen. Damit sie sich das leisten können, benötigen die beiden einen Kredit. Ihr Bankberater und Baufinanzierungsspezialist macht den beiden folgenden Vorschlag:

Sie nehmen die 800,- Euro Mietzahlung und verwenden diese als Darlehensrate. Somit haben die beiden keine Extrakosten und ihr Haus ist am Ende abbezahlt.

Susanne und Michael sind begeistert und schlagen bei einem netten kleinen Haus zu. Nach zehn Jahren kommt aber für sie der Supergau: Das Dach muss neu gemacht werden. Kosten von 10.000,- Euro fallen an. Das Geld haben die beiden nicht. Nun muss der Kredit wieder aufgestockt werden. Da die Zinsen aber gestiegen sind, müssen sie nun nicht mehr 800,- Euro zahlen, sondern 900,- Euro.

Beim Kauf einer Immobilie zur Selbstnutzung fällt zwar Ihre Miete weg, aber es kommen dann neue Kosten auf Sie zu:

✔ Kapitaldienst an die Bank (Zins und Tilgung fürs Darlehen)

✔ Gebäudeversicherung

✔ Rücklagen für Reparaturen und Sanierungen

✔ Müllabfuhr

✔ Grundsteuer

✔ Eventuelle Kosten für die Pflege von Gärten

 Viele dieser Kosten werden auch bei einer Mietwohnung auf Sie als Mieter umgelegt. Allerdings müssen Sie diese Kosten dann nur für Ihre Wohnung zahlen und nicht für das ganze Haus. Sollten Sie sich von einer Wohnung auf ein Haus vergrößern, steigen diese Kosten natürlich.

Sollten Sie Geld sparen, können Sie das natürlich gerne als »Einnahme« ansehen. Dann wäre die selbst genutzte Immobilie im entfernten Sinne ein Investment.

Steigt der Wert denn wirklich immer?

Jetzt schauen wir uns einmal das Lieblingsargument der Selbstnutzer an. »Aber meine Immobilie steigt doch im Wert, dadurch ist sie automatisch ein Investment.« Ist das wirklich so? Wird der Wert der Immobilie immer steigen? Hierfür ein kurzes Beispiel:

Hans und sein Traumhaus

Hans hat nach langer Suche sein Traumhaus gefunden. Es liegt in einem kleinen 500 Seelen Dörfchen in der Randlage. Bis zum nächsten Nachbarn sind es 15 Minuten Fußmarsch und auch sonst hat er einfach seine Ruhe. Hier möchte er sich niederlassen. Sollte er irgendwann doch wieder in die Stadt ziehen, kann er sein Haus verkaufen, es steigt ja sowieso im Wert. Nach einem Jahr bemerkt Hans, dass ein Wasserrohr in der Küche leckt. Kein Problem, denkt er sich, und repariert es notdürftig.

Die Jahre vergehen und Hans repariert immer wieder notdürftig die Alterskrankheiten seines Hauses. Aber nach zehn Jahren hat er keine Lust mehr. Da er so weit rausgezogen ist, besucht ihn keiner mehr. Zu seinen Nachbarn ist es ihm aber auch zu weit. Er möchte wieder in die Stadt ziehen. Also holt er sich einen Immobilienmakler, der sein Haus schätzen lassen soll. Nach einer Woche bekommt Hans einen Brief vom Makler und er fällt aus allen Wolken. Sein Haus soll ganze 100.000,- Euro wert sein, und das, obwohl er vor zehn Jahren 180.000,- Euro bezahlt hat. Er ruft sofort den Makler an und fragt nach, wie das sein kann. Dieser nennt ihm kurz und knapp folgende Gründe:

✔ Das Haus liegt an einem Ort, an den die wenigsten Menschen hinziehen würden.

✔ Es ist in einem renovierungsbedürftigen Zustand.

Puh, so hatte Hans sich das nicht vorgestellt.

Es wird immer gesagt, dass der Wert der Immobilie steigt. Das ist aber keinesfalls immer so. Ob der Wert einer Immobilie steigt, hängt von einer ganzen Reihe von Faktoren ab.

Die wichtigsten sind:

✔ Die Lage der Immobilie

✔ Der Zustand der Immobilie

Möchten Sie sich ein Haus kaufen, das mitten in der Stadt liegt? Überall sind lärmende Autos, jeder kann Ihnen in den Garten schauen, und frische Luft können Sie vergessen. Also für mich hört sich das nicht traumhaft an. Aber in den Städten steigen die Preise am meisten.

Und haben Sie Lust, jeden Schaden an Ihrer Immobilie immer durch einen Handwerker professionell beseitigen zu lassen? Das wäre mir zu viel.

Der Wert einer Immobilie steigt nicht immer. Viele Faktoren spielen in die Wertentwicklung mit ein, vor allem die Lage und der Zustand der Immobilie.

Natürlich gelten diese Bedingungen für einen Wertzuwachs genauso bei einer vermieteten Immobilie. Daher sollten Sie nicht nur auf die Wertsteigerung spekulieren.

Wie aus der selbst genutzten Immobilie doch ein Investment wird

Ist die selbst genutzte Immobilie also definitiv kein Investment? Doch. Es gibt einen Weg, wie Sie aus der selbst genutzten Immobilie ein Investment machen können. Indem Sie die Möglichkeiten nutzen, die Ihnen die gesetzlichen Regelungen bieten.

- Als privater Investor können Sie eine Immobilie nach zehn Jahren steuerfrei verkaufen.
- Wenn Sie in der besagten Immobilie drei Jahre lang selbst gewohnt haben, können Sie die Wohnung sogar bereits nach den drei Jahren steuerfrei verkaufen.

  So könnten Sie beispielsweise eine renovierungsbedürftige Eigentumswohnung erwerben, sie über drei Jahre sanieren und renovieren und sie dann gewinnbringend verkaufen.

Durch diesen gewinnbringenden Verkauf können Sie aus einer selbst genutzten Immobilie ein Investment machen. Allerdings weiß ich nicht, ob Sie gerne drei Jahre in einer renovierungsbedürftigen Wohnung oder einem solchen Haus leben möchten.

Eigennutzung ohne den Plan, damit Rendite zu erzielen

Oft wählen die Menschen eine selbst genutzte Immobilie gar nicht, um damit Geld zu verdienen. Es geht ihnen mehr um das Gefühl, das die Immobilie ihnen gibt. Das ist auch vollkommen in Ordnung. Dieser Abschnitt sollte Ihnen vor allem dazu dienen, aus Sicht eines Investors auf die selbst genutzte Immobilie zu schauen.

Vermietung

Statt der Eigennutzung können Sie natürlich auch eine Immobilie kaufen, um sie zu vermieten und damit einen guten Gewinn zu erwirtschaften. Anders als bei der Eigennutzung, geht es Ihnen hier um die Rendite. Folglich liegt hier ein Investment vor, denn Sie möchten ja Geld verdienen. Aber wo liegen genau die Unterschiede? Die Vermietung unterscheidet sich von der Eigennutzung in folgenden Punkten:

1. Die Immobilie wird vermietet.

2. Ein höherer Kredit macht Sinn.

3. Sie wollen eine Einnahmequelle aufbauen.

4. Es bleibt meist nicht bei einer Immobilie.

Lassen Sie uns die Punkte einmal einzeln beleuchten:

Die Immobilie wird nicht selbst bewohnt

Anders als bei der Eigennutzung, wird die Immobilie bei der Vermietung nicht selbst bewohnt, sondern an eine dritte Person vermietet. Das hat fundamentale Auswirkungen, zum Beispiel auf die Auswahl der Immobilie.

Um dieses zu verdeutlichen, ein kurzes Beispiel:

Nicht jeder hat den gleichen Geschmack

Sie haben sich entschlossen, sich wohnraummäßig zu vergrößern. Von Ihrer Eigentumswohnung möchten Sie nun gerne in ein Haus ziehen. Da Sie aber an der Wohnung hängen, wollen Sie diese vermieten und nicht verkaufen. Leider stoßen Sie bei der Vermietung auf extreme Probleme. Niemand möchte Ihre schicke Wohnung anmieten, obwohl sie für Sie doch ein Traum ist:

- ✔ Vier Zimmer, wobei eines ein Durchgangszimmer ist
- ✔ Ein Bad in rosarot mit blauer Toilettenschüssel, ohne Fenster
- ✔ Eine Küche in Eiche rustikal mit schwarzem Marmorboden
- ✔ Ein antiker Kachelofen mit Jägermustern drauf

Sie können gar nicht verstehen, warum niemand diesen Traum mieten möchte. Sie sind sogar mit dem Mietpreis runtergegangen. Plötzlich fasst sich der Makler Ihres Vertrauens ein Herz und sagt Ihnen ins Gesicht, dass nur ein sehr geringer Teil der Bevölkerung diesen Einrichtungsstil will. Viele Menschen möchten ein weißes Badezimmer, eine freundliche helle Küche und am liebsten keine Durchgangszimmer. Oft sind vier Zimmer auch zu viel, denn der Trend geht hin zu kleinen Zwei- bis-Dreizimmerwohnungen. Also das komplette Gegenteil von Ihrer Wohnung.

Lassen Sie das einmal sacken.

Während es bei der selbst genutzten Immobilie anderen Menschen egal sein kann,

- ✔ wie Sie diese eingerichtet haben,
- ✔ ob Sie sich um die Immobilie kümmern,
- ✔ wo die Immobilie liegt,

sind das bei der Vermietung wichtige Punkte! Denn Sie müssen die Immobilie an andere Personen vermieten. Und dass diese den gleichen Geschmack haben wie Sie, ist sehr unwahrscheinlich.

Da Sie die Wohnung an andere vermieten, sollte die Einrichtung so neutral wie möglich sein, damit der Mieter Spielraum für seine Individualität hat.

Möglichst hoher Kredit?

Da Sie bei der selbst genutzten Immobilie keine Einnahmen generieren und alle Kosten aus der eigenen Tasche zahlen, wollen Sie natürlich einen möglichst niedrigen Kredit aufnehmen. Denn das bedeutet, dass Sie eine niedrigere Rate an die Bank zahlen müssen.

Was bei der Selbstnutzung logisch ist, wird bei der Vermietung auf den Kopf gestellt. Hier möchten Sie nämlich einen möglichst hohen Kredit aufnehmen. Viele Investoren sagen sogar, am liebsten 100 % des Kaufpreises, denn so steigt Ihre Rendite (siehe Kapitel 2 unter »Einmal den Renditehebel, bitte!«) und Sie müssen weniger Eigenkapital einbringen. Damit können Sie größere Sprünge machen, als wenn Sie für jede Immobilie immer 100 % des Kaufpreises selbst bezahlen.

Auch wenn diese Aussage verlockend klingt, möchte ich Sie bitten, hier vorsichtig zu sein. Ja, durch einen hohen Kredithebel steigt Ihre Rendite, aber:

Ihre monatliche Belastung steigt ebenfalls.

Bei einem schlechten Deal oder einer Zinsänderung kann Sie das in Schwierigkeiten bringen

Aus diesem Grund ist meine Empfehlung immer: Finanzierung bei einem Investmentobjekt ja, aber immer auf die Renditeberechnung schauen. Es sollte immer genügend Puffer da sein, um Unerwartetes zu begleichen.

Es soll eine Einnahmequelle aufgebaut werden

Während es bei der Selbstnutzung darum geht, einen Ort zum Leben zu haben, der Ihnen Sicherheit bietet, geht es bei der Vermietung darum, eine Einnahmequelle aufzubauen. Sie kaufen eine Immobilie nicht zum Spaß oder weil sie Ihnen so gut gefällt, sondern um damit Geld zu verdienen, und das von Tag eins an. Das müssen Sie sich von Anfang an klarmachen und auch entsprechend handeln. Es nützt Ihnen rein gar nichts, wenn Sie eine schöne Wohnung kaufen, diese sich aber nicht trägt. Sie sind der einzige Leidtragende! Dafür ein Beispiel:

Das hässliche Entlein kann ein Schwan sein

Sie finden zwei Wohnungen. Die eine wurde gerade frisch renoviert und sieht super aus.

- ✔ luxuriöses Badezimmer
- ✔ eine traumhafte Küche
- ✔ anthrazitgraue Fliesen
- ✔ das Neueste, was die Technik so hergibt

Dafür ist der Kaufpreis enorm hoch. Die zweite Wohnung ist genauso alt, aber hier ist einiges zu renovieren.

- ✔ Die Wände müssten gestrichen werden.
- ✔ Es muss ein neuer Fußboden rein.
- ✔ Eine neue Küche wäre auch nicht schlecht.
- ✔ Ansonsten ist die Wohnung in einem soliden Grundzustand.

Vom ersten Eindruck: Welche der beiden Wohnungen würden Sie bevorzugen? Höchstwahrscheinlich die erste. Nun aber zu den Zahlen. Bei der ersten Wohnung zahlen Sie einen enorm hohen Kaufpreis. Selbst wenn es Ihnen gelingt, die Wohnung zum maximal möglichen Mietpreis zu vermieten, kann es sein, dass Sie jeden Monat 20 Euro Verlust machen. Die zweite Wohnung bekommen Sie aber unter Umständen zu einem deutlich niedrigeren Preis. Und trotz Renovierungskosten und deutlich niedrigerer Miete machen Sie eventuell einen Gewinn von 20 Euro. Nun nochmals die Frage: Welche Wohnung nehmen Sie? Sie sehen, manchmal trügt der Schein. Rechnen Sie genau, bevor Sie sich entscheiden.

Es kommt nicht immer auf die Ausstattung an. Es muss nicht alles neu und schick sein. Oft können die Wohnungen, die etwas weniger schick sind, mit ein wenig Aufwand so aufgepäppelt werden, dass sie mit den neuen Wohnungen mithalten können. Oder auch einfach so einen guten Gewinn abwerfen.

Es bleibt nicht bei einer Immobilie.

Investoren sind meist Wiederholungstäter. Wenn es einmal gut geklappt hat, warum das Ganze dann nicht einfach wiederholen? Sagen Sie Nein, wenn sich Ihnen eine gute Chance bietet und Sie wissen, dass Sie damit mehr Geld verdienen können? Ich nicht. Hier ist ein weiterer großer Unterschied zur Selbstnutzung. Denn bei dieser können Sie sich meist nur eine Wohnung leisten und wohnen in der Regel auch nur in einer Immobilie.

Der Kredithebel

Eben haben wir den Kredithebel kurz erwähnt. Hier gehen wir ausführlicher auf ihn ein, weil er so wichtig ist. Was genau der Kredithebel ist und was gute und schlechte Schulden sind, finden Sie in Kapitel 2 unter dem Punkt »Einmal den Kredithebel, bitte«. Schauen Sie dort nach, wenn Sie es genau wissen möchten. An dieser Stelle möchte ich aber nochmals wiederholen, warum der Kredithebel so enorm wichtig für Sie als Investor ist. Durch den Kredithebel werden nämlich vier Fliegen mit einer Klappe geschlagen:

1. Sie können mit wenig Kapital viel bewegen.
2. Jemand anderes baut für Sie Ihr Vermögen auf.
3. Sie machen sich die Inflation zu Ihrem Freund.
4. Steuern können Sie auch noch sparen.

Gehen wir die Punkte einmal Schritt für Schritt durch.

Mit wenig Kapital viel bewegen

Wir alle haben doch für unseren Vermögensaufbau nicht genügend Geld. Und Immobilien sind extrem teuer. Bei einer kleinen Eigentumswohnung können Sie gut und gerne mit 50.000,- Euro aufwärts rechnen. Woher sollen Sie so viel Geld nehmen? Die Frage ist so einfach, dass sie keiner aussprechen mag:

Sie leihen sich das Geld bei der Bank. Das ist ein schöner Vorteil von Immobilien. Es ist eine der wenigen Anlageklassen, die Sie beleihen können.

Den Kredithebel nutzen

Vor sich sehen Sie eine wunderschöne Zweizimmerwohnung. Sie sind gerade bei der Besichtigung und haben ein gutes Gefühl. Diese Wohnung wird es. Auch die Kalkulation zeigt: Sie bekommen jeden Monat 100,- Euro freien Cashflow raus. Wow. Ein gutes Investment. Am Abend erzählen Sie Ihren Freunden von dem kommenden Deal und diese schauen Sie erschrocken an:

»Hast du im Lotto gewonnen oder woher stammen die 100.000,- Euro?«, fragt einer Ihrer Freunde. Sie wundern sich über diese Aussage, denn für Sie ist ja klar: Die Wohnung wird über einen Kredit gekauft, damit Sie den Kredithebel verwenden können. Also erklären Sie Ihren Freunden, dass Sie »nur« 10.000,- Euro brauchen, um die 100.000,- Euro zu finanzieren und die Wohnung zu kaufen. Skeptisch, aber interessiert hängen Ihre Freunde Ihnen nun an den Lippen.

Sie brauchen also nur ein wenig Startkapital und den Rest holen Sie sich druckfrisch von der Bank.

 Oft müssen Sie dank des Kredithebels nur 10–15 % der Gesamtinvestition an Eigenkapital mitbringen.

Jemand anderen für Sie Vermögen aufbauen lassen

Stellen Sie sich folgende Situation einmal vor:

Sie sitzen beim Angeln, Ihr Handy ist abgeschaltet und Sie können sich vollkommen mit einem Kaltgetränk entspannen.

Und obwohl Sie faul beim Angeln sitzen, baut sich Ihr Vermögen weiter auf. Und das Beste dabei: Jemand anderes baut es für Sie auf! Ist das nicht zu schön, um wahr zu sein? Aber es geht!

OPM: Anderer Leute Geld einsetzen

Der Kredithebel macht diese Situation möglich. Oft heißt es im Immobiliensektor: Arbeite mit OPM (Other People's Money, zu Deutsch: anderer Leute Geld). Damit ist gemeint, dass Sie einen Kredit aufnehmen sollen. Ganz wichtig: Da Sie ein schlauer Investor sind, kaufen Sie natürlich nur Immobilien, die sich selber tragen können und einen Gewinn abwerfen. So können Sie die Kosten für das Darlehen abbezahlen.

Diese Rückzahlung des Kreditbetrages ist für Sie gleichzeitig ein Vermögensaufbau. Denn Sie befreien sich Stück für Stück von dem Darlehen der Bank und bauen dafür Ihr eigenes Vermögen auf.

Kauf einer 100.000-Euro-Immobilie mit 10.000 Euro Eigenkapital

Sie kaufen eine Immobilie mit den folgenden Daten:

✔ Kaufpreis 100.000,- Euro

✔ Nebenkosten 10.000,- Euro

✔ Anfänglicher Tilgungssatz 2 %

✔ Zinssatz 2 %

✔ Eigenkapital 10.000,- Euro

Wir gehen in diesem Beispiel davon aus, dass die Miete alle Kosten deckt. Somit würde sich folgende Rechnung ergeben:

100.000,- Euro × 2 % = 2.000,- Euro pro Jahr

> Sie zahlen jedes Jahr 2.000,- Euro an die Bank zurück. Damit haben Sie nach dem ersten Jahr nicht mehr 100.000,- Euro Kredit bei der Bank, sondern nur noch 98.000,- Euro und nach zehn Jahren wären das nur noch 80.000,- Euro. In diesen zehn Jahren haben Sie 20.000,- Euro an Vermögen aufgebaut, denn diese Summe müssen Sie nicht mehr an die Bank zurückzahlen. Wenn Sie also die Immobilie nach zehn Jahren zum gleichen Preis verkaufen (also 100.000,- Euro) dann haben Sie 20.000,- Euro Gewinn, da Sie nur 80.000,- Euro an Kredit zurückzahlen müssen.

Aus Vereinfachungsgründen habe ich die Annuität, sprich die jährliche Anhebung des Tilgungssatzes, außer Acht gelassen. Das Beispiel soll Ihnen als Veranschaulichung dienen.

Und dabei haben Sie nicht einen Cent von Ihrem sauer verdienten Geld eingesetzt. Diese 20.000,- Euro aus dem Beispiel hat allein Ihr Mieter angespart. Jetzt könnte einer noch bemängeln, dass in den zehn Jahren auch 20.000,- Euro an Zinsen angefallen sind. Somit wäre Ihr Gewinn bei 0,- Euro. Allerdings müssen Sie hier bedenken, dass Ihr Mieter diese 20.000,- Euro Zinsen über die Miete ebenfalls gezahlt hat. An sich haben Sie somit 40.000,- Euro Gewinn gemacht, allerdings mussten Sie die 20.000,- Euro Zinsen an die Bank zurückzahlen. Somit können Sie die Zinsen als »Kosten« sehen, die Ihren Gewinn geschmälert haben.

Kurzer Exkurs zum Annuitätendarlehen

Ihnen ist bestimmt der Begriff »anfänglicher Tilgungssatz« aufgefallen. Dieser hängt mit der Beschaffenheit von Annuitätendarlehen zusammen. Es gibt zwar verschiedene Produkte, um Kredite für Ihre Immobilie aufzunehmen, aber das Annuitätendarlehen ist der absolute Klassiker und wird bei 90 % der Finanzierungen verwendet.

Bei dieser Art von Kredit wird von Anfang an eine feste Rate festgelegt. Das gibt Ihnen den gewaltigen Vorteil, dass Sie Planungssicherheit haben. Diese Rate wird anhand des anfänglichen Tilgungssatzes und des Zinssatzes berechnet.

Der anfängliche Tilgungssatz

Anfänglicher Tilgungssatz heißt es, da diese Prozentzahl nur bei der ersten Zahlung berücksichtigt wird. Danach passt diese sich an und Sie tilgen mehr. Klingt kompliziert? Am besten veranschaulicht sich dieses Thema mit einem Beispiel.

Rechenbeispiel mit anfänglichem Tilgungssatz

Wir nehmen folgende Daten an:

- Finanzierungssumme 60.000,- Euro
- Anfänglicher Tilgungssatz 2 %
- Zinssatz 2 %
- Monatliche Rate 200,- Euro

Die monatliche Rate setzt sich aus den 2 % Zinsen und 2 % anfängliche Tilgung zusammen, also jeweils 100,- Euro. Nach der ersten monatlichen Rate sehen die Daten wie folgt aus:

- Finanzierungssumme 59.900,- Euro
- Tilgungssatz 2,01 %
- Zinssatz 2 %
- Monatliche Rate 200,- Euro

Wieso ist der Tilgungssatz nun um 0,01 % gestiegen? Das hängt mit dem Zinssatz zusammen. Dieser berechnet sich immer an der noch übrigen Finanzierungssumme. Hier wären das 59.900,- Euro. Bei einem Zinssatz von 2 % kommt eine monatliche Rate von 99,83 Euro heraus. Es wurde eine monatliche Gesamtrate von 200,- Euro vereinbart. Wenn Sie von den 200,- Euro die 99,83 Euro abziehen, bleiben noch 100,17 Euro übrig. Unser Tilgungssatz ist also um 0,17 Euro gestiegen und genau das sind die 0,01 %, die Sie nun mehr tilgen.

Deswegen heißt die anfängliche Tilgung so.

Die Inflation zu Ihrem Freund machen

Die Inflation – der Feind eines jeden fleißigen Sparers. Denn sie entzieht unserem schön gesparten Geld die Kaufkraft. Durch sie kostet die Kugel Eis in fünf Jahren nicht mehr 1,- Euro, sondern ganze 2,- Euro. Aber können Sie die Inflation nicht für sich arbeiten lassen? Ja, das können Sie durch einen Investitionskredit für Immobilien oder ein Unternehmen.

Immobilien sind Sachwerte

Unternehmen und Immobilien sind Sachwerte. Sprich, es steht ein wirklicher Wert dahinter. Die Inflation entwertet aber nur Geldwerte. Dadurch werden Sachwerte nur gering von der Inflation beeinflusst, ihr Wert bleibt meist stabil.

Kredite sind Geldwerte

Im Gegensatz zu Immobilien handelt es sich bei einem Kredit um einen Geldwert. Es wird vermutet, dass Ihre Immobilie einen bestimmten Wert hat. Hierfür bekommen Sie auch den Kredit. Es steht also kein konkreter Sachwert dahinter. Da es sich um einen Geldwert handelt, greift die Inflation den Kredit an und entzieht ihm seine Kaufkraft. Dadurch ist der Kredit nicht mehr so viel wert. Ähnlich ist es beim Sparkonto und dem Guthaben darauf. Das bedeutet für Sie: Sie haben auf der einen Seite einen Sachwert, dessen Wert konstant bleibt (oder sogar steigt), und einen Geldwert, der durch die Inflation sinkt. Wenn Sie zum Beispiel die Immobilie später einmal verkaufen wollen, dann ist der Preis, den Sie verlangen können, durch die Inflation oft höher als das Darlehen, das Sie aufgenommen haben.

Steuern sparen

Immobilien sind steuerbegünstigt. Wenn Sie Immobilien kaufen und dabei richtig vorgehen, können Sie zum Beispiel beim Verkauf Steuern sparen. Dadurch bleibt Ihnen der ganze Gewinn. Hier noch einmal kurz die steuerlichen Einsparmöglichkeiten (mehr zum Thema Steuern finden Sie in Kapitel 2):

- ✔ Steuerfreier Verkauf nach zehn Jahren (bei Privatpersonen)
- ✔ Abschreibung des Gebäudeanteils über die Jahre
- ✔ Abschreibung der Zinsen für das Darlehen
- ✔ Abschreibung von Handwerkerrechnungen und so weiter

 Auch wenn ich mich wiederholen sollte, noch folgender Hinweis: Der Kredithebel kann kein schlechtes Investment in ein gutes verwandeln! Er dient lediglich dazu, eine gute Rendite in eine sehr gute Rendite zu verwandeln. Der Hebel kann aber ein schlechtes Investment in eine Katastrophe verwandeln, also setzen Sie ihn bitte immer mit Bedacht ein.

Monatliches Einkommen aufbauen

Wenn Sie in Immobilien investieren, machen Sie das in der Regel nicht zur Selbstnutzung (siehe dafür weiter vorne in diesem Kapitel unter »Eigennutzung oder Vermietung, das ist hier die Frage«), sondern Sie möchten diese vermieten. In Deutschland ist es üblich, dass die Miete monatlich gezahlt wird. Wenn Sie bei der Vermietung also alles richtig gemacht haben, bekommen Sie, sobald der Mieter drinnen ist, jeden Monat die Miete auf Ihrem Konto gutgeschrieben. Egal, ob Sie dafür gerade arbeiten oder im Urlaub am Strand liegen. Das ist ein gewaltiger Vorteil des direkten Investierens in Immobilien. Sie bauen sich Stück für Stück eine weitere Einnahmequelle auf, die parallel zu Ihrem Haupteinkommen fließt.

Wussten Sie, dass Millionäre durchschnittlich sieben Einkommensquellen haben? Warum also sollten Sie es bei einer belassen? Damit dieses monatliche Einkommen fließen kann, müssen Sie allerdings einige Dinge beachten:

- ✔ Höhere Einnahmen als Ausgaben
- ✔ An das Unerwartete denken
- ✔ Die Steuern nicht vergessen

Höhere Einnahmen als Ausgaben

Die Einnahmen müssen höher als die Ausgaben sein. Finden Sie das banal? An sich eine logische Schlussfolgerung, oder? Wenn Sie an Ihre privaten Finanzen denken, dann achten Sie doch auch darauf, dass Sie mehr Einkommen als Ausgaben haben.

Leider vergessen viele Investoren diese Logik bei Immobilien. Viel zu oft werden Objekte gekauft, die dem Besitzer jeden Monat ein tiefes Loch in die Geldbörse reißen. Auch wenn in den Exposés von Maklern häufig steht, dass eine Rendite von 5 % möglich ist – rechnen Sie selber nach! Oft werden nur die Bruttorenditen angegeben, sprich, die Renditen ohne Abzug der Kosten.

Kalkulieren Sie jedes Objekt selber durch. Wenn die Einnahmen nicht höher sind als die Ausgaben: Finger weg!

An das Unerwartete denken

Stellen Sie sich folgende Situation vor:

Vor drei Jahren haben Sie sich eine neue Wohnung gekauft. Bisher ist alles ohne Probleme verlaufen und auch der Mieter zahlt pünktlich seine Miete. Doch dieses Jahr ist es passiert: Die wunderschöne Einbauküche ging kaputt und es muss eine neue her. Im Mietvertrag haben Sie die Küche parallel mitvermietet und auch nach Gesprächen mit dem Mieter steht fest: Sie müssen die neue Küche bezahlen. Hier besteht nur ein Problem: Das Geld, das Sie über die Miete für die Küche bekommen haben, haben Sie gleich wieder ausgegeben. Der Urlaub musste schließlich bezahlt werden, und auch das neue Auto musste sein. Dass die Küche kaputtgeht, damit konnte ja keiner rechnen. Und jetzt müssen Sie gucken, wie Sie die Küche bezahlen.

»Damit kann ja keiner rechnen!« – kennen Sie diesen Spruch? Er wird oft und gerne gebraucht. Häufig wenn irgendetwas kaputtgegangen ist und die Menschen nicht für den Ersatz angespart haben. Der 15 Jahre alte Wagen ist nun kaputt? Wer konnte damit rechnen? Sind wir mal ehrlich, jeder konnte damit rechnen. Wir vergessen es nur immer wieder – oder verdrängen es erfolgreich. So wie wir nicht ewig auf Erden wandern werden, gehen auch unsere Gebrauchsgegenstände kaputt. Die Frage ist nicht, ob das passiert, sondern wann. Und wenn Sie diese Frage beantwortet haben, stellt sich als Nächstes die Frage, ob Sie zu diesem Zeitpunkt das Geld für den Ersatz bereits zusammenhaben oder nicht. Wenn nicht, dann sollten Sie sich schnellstmöglich überlegen, wie Sie an das Geld gelangen.

Alle Gegenstände gehen irgendwann mal kaputt. Sparen Sie von Ihren Einnahmen jeden Monat einen gewissen Betrag für Ihre Rücklagen an.

Die Steuern nicht vergessen

Einnahmen aus der Vermietung und Verpachtung von Immobilien sind, wie sollte es anders sein, steuerpflichtig. Sprich, Sie müssen auf die Einnahmen Steuern zahlen. Wie hoch diese sind? Das hängt von Ihrem individuellen Steuersatz ab. Was aber gefährlich an den Steuern ist: Sie werden nicht sofort von den Einnahmen abgebucht, sondern Sie müssen sie einmal im Jahr an das Finanzamt zahlen. Das ist für den normalen Angestellten sehr ungewohnt, denn beim Gehalt wird die Steuer ja gleich abgezogen. Was da auf Ihr Bankkonto überwiesen wird, können Sie auch ausgeben.

Bei den Einnahmen aus der Vermietung und Verpachtung ist das nicht so! Wenn Sie hier Einnahmen erhalten, sollten Sie einen gewissen Satz immer zur Seite legen, falls im Nachhinein eine Steuerzahlung fällig wird. Welcher Satz ist der richtige? Am besten nehmen Sie Ihren persönlichen Steuersatz dafür und legen den entsprechenden Prozentsatz von den Einnahmen zurück. Für genauere Antworten fragen Sie Ihren Steuerberater, der kann hier die besten Auskünfte geben.

 Sparen Sie von Ihren Mieteinnahmen immer einen bestimmten Satz für eventuelle Steuerzahlungen an.

Buy & Hold versus Fix & Flip

Wenn Sie direkt in Immobilien investieren, dann sollten Sie die folgenden beiden Strategien kennen:

- Buy & Hold
- Fix & Flip

Klingt toll, oder? Und lässt sich sicherlich bei der nächsten Party, bei der Sie Eindruck schinden wollen, verwenden: »Wissen Sie, ich investiere immer Fix und Flip. Und Sie?« Scherz beiseite – was verbirgt sich hinter diesen Begriffen?

Buy & Hold

Viele Menschen denken bei den Immobilieninvestments an das *Buy & Hold*. Das ist die klassische Strategie, die die meisten privaten Immobilieninvestoren verwenden.

 Bei Buy & Hold kaufen Sie eine Immobilie (Buy) und vermieten diese. Ihr Ziel ist es, die Immobilie möglichst lange im Bestand zu halten (Hold) und sich so einen monatlichen Cashflow aufzubauen.

Mehr zu den Details der Buy-&-Hold-Strategie erfahren Sie in den folgenden Kapiteln.

Fix-&-Flip-Strategie

Neben dieser recht einfachen und unter Immobiliencracks als »langweilig« verpönten Strategie gibt es noch andere Investmentstrategien. Sollten Sie zum Beispiel nicht auf einen monatlichen Cashflow aus sein, sondern wollen eher Kapital aufbauen, dann könnte die *Fix-&-Flip-Strategie* etwas für Sie sein. Fix & Flip bedeutet einfach gesagt, dass Sie eine Immobilie günstig kaufen, die nicht mehr so schön ist. Dann hübschen Sie diese Immobilie auf (Fix) und verkaufen sie teurer weiter (Flip). Wenn Sie das gut gemacht haben, bleibt am Ende ein Gewinn hängen.

 Einige Investoren beginnen mit Fix & Flip oder mit der einfachen Flip-Strategie, um erst mal genügend Eigenkapital für die Buy-&-Hold-Strategie aufzubauen.

Nur Flip

Neben der Fix-&-Flip-Strategie gibt es noch die Vorstufe, die reine *Flip-Strategie*. Hier kaufen Sie eine Immobilie unter Wert und verkaufen sie gleich wieder. Da aber aktuell die meisten Immobilien mit gutem Zustand nicht unter dem Marktpreis verkauft werden, ist diese Strategie schwer umzusetzen.

Für die Fix-&-Flip-Strategie gibt es aber einiges zu beachten. Vor allem, wenn Sie im Nachhinein noch die Buy-&-Hold-Strategie verwenden möchten, ist ein Punkt ganz wichtig:

Ab wann Sie zum gewerblichen Immobilienhändler werden

Sie haben als Privatperson besondere steuerliche Vorteile, wenn Sie in Immobilien investieren. Bei den Fix-&-Flip-Immobiliendeals gelten diese Vorteile auch. Allerdings kann Ihnen das Finanzamt ganz schnell ein Schnippchen schlagen. Denn es gibt eine Regelung, die Sie rasch vom privaten Immobilieninvestor zum gewerblichen Immobilienhändler machen kann. Nach dieser Regelung sind alle Menschen gewerbliche Immobilienhändler, wenn sie innerhalb von drei Jahren mehr als fünf Immobilien verkaufen. Ab Überschreitung dieser Grenze sind Sie gewerblicher Händler. Damit sind alle steuerlichen Vorteile dahin.

 Und das gilt für alle Immobilien in Ihrem Bestand. Sie »infizieren« also alle bisherigen Immobilien und die zukünftigen, die Sie noch kaufen werden.

Überlegen Sie sich deshalb vorab, ob Sie die Fix-&-Flip-Strategie im großen Stil umsetzen wollen oder doch eher nur zwei bis drei Immobilien »flippen« wollen.

 Mit »flippen« ist der Wiederverkauf der renovierten Immobilie gemeint.

Sollten Sie von Anfang an sagen, dass Sie die Strategie im großen Stil aufbauen wollen, sollten Sie sich vorab mit einem Steuerberater Ihres Vertrauens zusammensetzen. Mit diesem sollten Sie dann Ihre Steuerstrategie festlegen und besprechen, welche Gesellschaftsform Sie gründen wollen. Sobald Sie nämlich mit einer Firma oder einer anderen Gesellschaft die Immobilien flippen, handeln Sie nicht mehr als Privatperson, sondern als Geschäftsperson. Durch diese Unterscheidung werden weder Ihr privates Vermögen noch Ihre privaten Immobilien in steuerliche Mitleidenschaft gezogen.

Ihr Fix-&-Flip-Team

Für einen Immobilieninvestor ist ein Immobilienteam immer sinnvoll. Wenn Sie die Fix-&-Flip-Strategie nutzen möchten, ist es unerlässlich. Oder wollen Sie selber Ihre Immobilien renovieren, verkaufen und alle anderen Aufgaben erledigen? Stellen Sie sich also unbedingt ein qualifiziertes Team zusammen. Dazu gehören:

✔ Ein gutes Handwerkerteam

✔ Ein guter Bausachverständiger / Gutachter

✔ Ein versierter Steuerberater

✔ Ein Rechtsanwalt

✔ Ein guter Immobilienmakler

Viele dieser Teammitglieder braucht auch ein »normaler Investor« (siehe Kapitel 8). Allerdings kommt ihnen hier ein anderer Stellenwert zu. Daher schauen wir uns Ihr Team mal etwas genauer an.

✔ **Handwerkerteam**

Das Herzstück Ihres Teams. Denn die Handwerker haben einen großen Teil zu leisten. Sie müssen die Immobilie schnell wieder in Schuss bringen. Das Ganze soll dazu natürlich noch kostengünstig sein. Nur so können Sie einen Gewinn erwirtschaften. Es ist enorm wichtig, hier die richtigen Partner an der Hand zu haben.

✔ **Bausachverständiger / Gutachter**

Der Bausachverständige muss für Sie einschätzen, was alles zu tun ist und wie teuer das Ganze dann wird. Denn nur durch einen guten Plan und eine genaue Kostenplanung kann das Vorhaben ein Erfolg werden. Er spielt also eine wichtige Rolle.

Sie müssen natürlich keinen Sachverständigen haben. Wenn Sie die Kosten selbst einschätzen können und sehen, was gemacht werden soll, können Sie auch so starten. Ich würde Ihnen aber dennoch empfehlen, hier professionelle Hilfe in Anspruch zu nehmen, denn ein neutraler Blick sieht meist mehr.

✔ **Steuerberater**

Ein versierter Steuerberater darf in keinem Immobilienteam fehlen. Bei Fix-&-Flip-Objekten sollte er vorab mit Ihnen klären, ob Sie diese als Privatperson kaufen oder doch eher eine Gesellschaft gründen und die Immobilien so flippen.

 Lassen Sie Ihren Steuerberater die Steuererklärung für Sie gleich mitmachen, sparen Sie sich das komplizierte Ausfüllen der Formulare.

✔ **Rechtsanwalt**

Er sollte sich mit Verträgen auskennen, um Ihnen mitzuteilen, ob alles rechtens ist. Und natürlich alle rechtlichen Fragen, die Sie haben, beantworten können

✔ **Immobilienmakler**

Er darf natürlich nicht in Ihrem Team fehlen. Oft sind es die Immobilienmakler, die für Sie die besten Verkäufe erzielen. Sie kennen sich am Markt aus und haben oft Selbstnutzer, die gerne viel Geld für die richtige Immobilie bezahlen. Aus diesem Grund sollten Sie immer einen guten Kontakt zu Ihrem Immobilienmakler haben.

 Im Gegensatz zur Vermietung ist aktuell noch kein Bestellerprinzip für den Verkauf einer Immobilie beschlossen. Somit müssen meist die Käufer die Maklerprovision zahlen. Dadurch können Sie sich der Dienstleistung bedienen, ohne etwas dafür zahlen zu müssen.

Geeignete Immobilien finden

Die Suche nach geeigneten Immobilienobjekten ist meist nicht leicht. Bei Fix-&-Flip-Objekten ist sie aber ein bisschen einfacher. Warum? Viele Investoren, die am Anfang stehen, schrecken vor dem Aufwand einer Renovierung zurück. Der Aufwand lässt sich nicht richtig einschätzen, weil die Erfahrungswerte fehlen. Das Team steht noch nicht. Außerdem mag nicht jeder eine heruntergekommene Immobilie kaufen, um sie dann in mühseliger Arbeit wieder herzurichten.

 Schauen Sie bei Immobilien in renovierungsbedürftigem Zustand besonders genau hin. Manchmal finden Sie eine Immobilie und aus dem Rohdiamanten wird ganz schnell ein Haufen Asche.

Wo finden Sie nun die besten Immobilienobjekte? Überall, wenn Sie kreativ sind. Bei den Onlineportalen würde ich diese Aussage etwas einschränken. Hier wird es schwierig, solche Deals zu finden. Oft sind die passenden Immobilien entweder zu teuer oder gleich vergriffen. Oder sie sind so heruntergekommen, dass sich der Aufwand nicht lohnen würde. Für Sie ist eine Immobilie interessant, wenn der Aufwand sich in Grenzen hält, sie aber extrem günstig angeboten wird. Solche Schnäppchen können bei Zwangsversteigerungen gemacht werden oder Off-Market.

Mit *Off-Market* werden Immobilienangebote bezeichnet, die keiner breiten Masse zugänglich gemacht werden. Wenn Sie zum Beispiel über einen befreundeten Bestatter den Tipp bekommen, dass eine Familie ein heruntergekommenes Haus geerbt hat und mit der Situation überfordert ist, wäre das ein Off-Market-Deal. Damit Sie Off-Market-Deals bekommen, müssen Sie zuerst das nötige Netzwerk dafür aufbauen.

Nicht jede Immobilie ist für einen Fix & Flip geeignet! Einige sind zu heruntergekommen oder es sind schwerwiegende Probleme vorhanden. Auch bei der Berechnung der Maßnahmen legen Sie bitte einen Puffer mit an und denken Sie an das Undenkbare. Denn sonst können solche Deals gefährlich werden.

Nur Fix-&-Flip-Projekte, die Sie vermieten können

Achten Sie darauf, dass Sie nur Immobilien kaufen, die Sie zur Not auch vermieten können. Denn so spielen Sie auf der sicheren Seite. Es findet sich doch nicht so schnell ein Käufer? Kein Problem. Durch die Vermietung sind die Kosten der Immobilie gedeckt und Sie können in Ruhe weitersuchen. Ein Käufer ist da, aber der Preis ist weit ab von Ihren Preisvorstellungen? Auch hier können Sie durch die Vermietung ruhig bleiben und auf Ihrem Preis beharren. Sie sind nicht darauf angewiesen, beim nächstbesten Angebot zuzuschlagen.

Abschließend noch einmal der Hinweis: Wenn Sie diese Strategie professionell verwenden möchten, dann ist das immer gewerblich. Sie werden vom Finanzamt somit automatisch als gewerblicher Immobilienhändler gesehen. Überlegen Sie sich deshalb vorher, wie Sie damit umgehen wollen und ob es nicht sinnvoll ist, für diese Projekte eine Gesellschaft zu gründen.

IN DIESEM KAPITEL

Ein Suchprofil erstellen

Beispiel für die Erstellung eines Suchprofils

Eine Checkliste für Ihr Suchprofil

Kapitel 4
Das Suchprofil

Wenn Sie direkt in Immobilien investieren wollen, ist es wichtig zu wissen, wonach Sie suchen. Darum beschäftigen wir uns in diesem Kapitel mit Ihrem Suchprofil.

Suchprofil und Standort berücksichtigen

Bevor Sie überhaupt mit der Suche beginnen können, müssen Sie wissen, was Sie suchen und wo Sie suchen wollen. Denn Ihre Strategie und auch die Kaufmöglichkeiten richten sich nach dem, was und wo Sie suchen. Deshalb ist das eigene Suchprofil spannend und wichtig. Ihr Suchprofil können Sie sich als einen groben Rahmen vorstellen. Hier definieren Sie, was eine Immobilie alles haben muss, damit diese für Sie interessant ist. Dadurch können Sie später die eingehenden Immobilienangebote schneller prüfen, und Sie können Maklern bessere Vorgaben machen, wonach Sie suchen sollen.

Ein Beispiel für ein Suchprofil finden Sie weiter hinten in diesem Kapitel.

In Ihrem Suchprofil können Sie viele Daten zusammentragen, insbesondere die folgenden:

- Immobilienart
- Größe
- Zielmieter
- Standort
- Zustand der Immobilie

Lassen Sie uns jeden Punkt einmal einzeln beleuchten.

Die Immobilienarten

In Kapitel 3 finden Sie alle Immobilienarten. Hier noch einmal eine kurze Auffrischung:

✔ Gewerbeimmobilien

- Büroräume
- Restaurants
- Hotels
- Einkaufszentren
- Arztpraxen

✔ Wohnimmobilien

- Eigentumswohnungen
- Einfamilienhäuser
- Mehrfamilienhäuser

Für Ihre Suche ist es wichtig zu wissen, wonach Sie suchen. Soll es eher die kleine Eigentumswohnung sein oder eher das Hotel in Spanien? Das macht einen großen Unterschied, sowohl beim benötigten Eigenkapital als auch beim Wissen und Aufwand.

Überlegen Sie sich deshalb, in welche Art von Immobilie Sie am Anfang investieren möchten.

Haben Sie bitte keine Angst, sich hier einzuschränken. Wenn Sie mehr Erfahrung haben, können Sie später selbstverständlich noch weitere Immobilienarten dazunehmen. Deshalb betone ich noch einmal: **Es ist für den Anfang wichtig, sich auf eine Art Immobilie zu konzentrieren, um hier zum Experten zu werden.**

Die Immobiliengröße: Schuhkarton oder Villa?

Nachdem Sie nun wissen, in was für eine Art Immobilie Sie investieren wollen, legen Sie fest, wie groß sie sein darf. So sortieren Sie gleich am Anfang Objekte aus, die nicht in Ihr Profil passen.

Hier kommt es ganz auf Ihre persönlichen Vorlieben an. Natürlich sollte es aber auch leicht zu vermieten sein. Für das Penthouse mit 200 Quadratmeter Wohnfläche wird es wahrscheinlich weniger Interessenten geben als für die gemütliche 50 Quadratmeter Wohnung. Überlegen Sie deshalb gut und entscheiden Sie sich dann für eine passende Größe.

Ihr Zielmieter: An wen Sie vermieten möchten

In jedem Unternehmen hat man es mindestens einmal gehört:

»Sie brauchen einen Zielkunden.«

Einen Kunden, der perfekt auf Ihr Unternehmen passt und der alles kauft, was Sie anbieten. Manche Branchen arbeiten auch mit einer Zielkundengruppe: selbes Prinzip, halt nur auf eine Gruppe bezogen. Aber wenn so viele erfolgreiche Unternehmen Zielkunden haben, warum sollten Sie als Immobilieninvestor keinen Zielmieter definieren? Wer genau soll dieser Zielmieter sein? Dabei handelt es sich zwar zunächst um eine bestimmte Person, in der Regel gleichzeitig aber auch um eine ganze Gruppe. Hierfür ein Beispiel:

Frank ist Single und hat gerade sein Studium zum Bachelor of Arts begonnen. Nun sucht er eine schöne Wohnung zur Miete inmitten von Hamburg.

Wie Sie sehen, grenzt diese Definition unsere möglichen Mieter enorm ein.

Diese Einschränkung bietet aber auch einen enormen Vorteil. Sie wissen genau, was Ihr Zielmieter möchte und braucht. In unserem Beispiel wissen Sie, dass er jetzt keine große Wohnung suchen wird, denn als Single benötigt man nicht viel Platz. Und zusätzlich wissen Sie, dass die Miete nicht so hoch sein darf, denn in der Ausbildung verfügt er normalerweise noch nicht über so viel Geld.

Und genau dafür ist der Zielmieter da. Sie sollen ein Bild von einem konkreten Menschen haben, an den Sie Ihre Immobilie vermieten wollen. Denn so können Sie sich ganz genau mit diesem Mieter auseinandersetzen und wissen, was seine Sorgen und Nöte sind, und vor allem, was er sich für sein neues Zuhause wünscht.

 Ein Zielmieter erleichtert Ihnen die Suche nach einer geeigneten Wohnung. Denn Sie sehen die Wohnung dann durch die Augen Ihres zukünftigen Mieters.

Aber wie definieren Sie Ihren Zielmieter? Oft reichen hier ein paar einfache Fragen. Hier sind ein paar Beispiele:

- ✔ Wie lautet der Name Ihres Zielmieters?
- ✔ Welches Geschlecht hat er?
- ✔ Hat er einen Job? Wenn ja, welchen?
- ✔ Wie wohnt er aktuell?
- ✔ Welche Wünsche hat er an die Immobilie?
- ✔ Wie ist der Bildungsgrad?
- ✔ Möchte er in einer Wohngemeinschaft leben?
- ✔ Verheiratet oder Single?
- ✔ Sind Kinder im Haushalt?

Das sind jetzt nur Beispiele. Sie können natürlich auch noch andere Fragen stellen und beantworten. Seien Sie gerne kreativ.

Ihr Standort: Lage, Lage, Lage

Neben Ihrem Zielmieter ist ein wichtiger Faktor der Standort. Sie kennen bestimmt den schönen Satz: »Bei einer Immobilie sind drei Faktoren wichtig:

1. Die Lage

2. Die Lage

3. Die Lage.«

Dieser Satz wird immer und immer wieder in Verbindung mit Immobilien gebracht. Aber was ist damit genau gemeint? Ist die Lage wirklich DAS ausschlaggebende Element? Ehrlich gesagt: Nein. Die Lage ist enorm wichtig, aber sie ist nur ein Puzzleteil im großen Immobilienbild. Außerdem sind damit drei verschiedene Arten der Lage bei Immobilien gemeint:

1. Die Makrolage

2. Die Mikrolage

3. Die Immobilie und das Grundstück

Sehen wir uns die einzelnen Lagen etwas genauer an:

Die Makrolage: Das große Ganze

Bei der Makrolage schauen Sie von oben herab. Sie sehen das große Ganze des Standortes. Sie legen hier das Augenmerk auf ein Land, eine Region oder eine bestimmte Stadt, in die Sie investieren möchten. Für Sie ist interessant, ob ein Standort für Ihre Immobilieninvestments attraktiv ist oder nicht. Und ob hier Wertsteigerungspotenziale schlummern oder eher mit einer Wertminderung zu rechnen ist.

Für Sie sind wichtige Faktoren:

- ✔ Die soziodemografischen Daten
- ✔ Die Infrastruktur
- ✔ Die politische Situation
- ✔ Andere wirtschaftliche Rahmenbedingungen

Das können zum Beispiel folgende Daten sein:

- ✔ Wie ist die Kaufkraft?
- ✔ Wie sind die Freizeitgestaltungsmöglichkeiten?
- ✔ Wie ist die Anbindung an öffentliche Verkehrsmittel und Autobahnen?
- ✔ Sind Flughäfen oder Bahnhöfe vorhanden?

Die Mikrolage: Aufs Detail geschaut

Bei der Mikrolage fliegen Sie schon dichter heran und betrachten Ihren Standort genauer. Sie schauen sich die Gemeinde an, einen konkreten Stadtteil oder einen bestimmten Straßenzug. Sie konzentrieren sich also auf die konkrete Umgebung Ihrer Immobilie.

Für die Mikrolage sind wichtige Aspekte:

✔ Entfernung zu Schulen, Ärzten und Einkaufsmöglichkeiten

✔ Das Image

✔ Die Mieterklientel

✔ Nahverkehrsanbindung

✔ Eventuelle Störfaktoren (Gewerbegebiet in der Nähe und so weiter)

 Damit sich Ihr zukünftiger Mieter wohlfühlt, analysieren Sie also die Umgebung, auch um alle möglichen Störfaktoren ausschließen zu können.

Lage von Immobilie und Grundstück

Kommen wir zur letzten Lage: Dem Grundstück selbst oder der Immobilie, die darauf steht. Sie schauen somit noch mehr ins Detail. Denn in dieser Immobilie soll ja Ihr zukünftiger Mieter wohnen und Ihnen die Miete zahlen.

Für das Grundstück / die Immobilie sind wichtige Faktoren:

✔ Wann die Immobilie erbaut wurde

✔ Wie der allgemeine Zustand der Immobilie ist

✔ Wie das direkte Umfeld aussieht (Weg zur Immobilie, Garten und so weiter)

✔ Ob der Boden belastet ist

Der Zustand Ihrer Immobilie

Jeder möchte sie haben: Die Immobilie, die auf dem neuesten Stand der Technik ist und natürlich gerade frisch renoviert wurde. Nur noch den passenden Mieter finden, und die Sache ist erledigt. Aber wenn alle das wollen, wie hoch ist dann wahrscheinlich der Preis? Daher sollten Sie am Anfang die Überlegung anstellen, in welchem Zustand Ihre Immobilie sein darf. Sollte sie:

✔ Komplett renoviert sein, sodass nichts mehr gemacht werden muss?

✔ Noch etwas Renovierungsbedarf haben (Malerarbeiten, vielleicht eine neue Einbauküche)?

- ✔ Größeren Renovierungs- oder Sanierungsbedarf haben?
- ✔ Oder ein kompletter Sanierungsfall sein?

Diese Frage können Sie natürlich nur mit Blick auf Ihre Fähigkeiten und Kenntnisse beantworten. Nicht jeder hat das nötige Wissen und die Kontakte, eine Grundsanierung durchzuführen. Wohingegen fast jeder eine Wand streichen kann. Überlegen Sie sich, wie Ihre Wohnung aussehen darf.

Wohnungen, die nicht »wie geleckt« aussehen, sondern hier und da kleine optische Mängel aufweisen, sind oft nicht so beliebt, und Sie können sie manchmal günstiger erwerben.

Ein Beispiel zum Suchprofil

Nun wissen Sie, wie Sie im Groben ein Suchprofil erstellen. Da bekanntlich Beispiele besser im Kopf bleiben als eine Erklärung, gehen wir nun den kompletten Weg zum Suchprofil einmal gemeinsam. Am Ende haben Sie ein fertiges Suchprofil, mit dem sich arbeiten lässt.

Dieses Suchprofil dient lediglich als anschauliches Beispiel. Sie können gerne Teile übernehmen. Aber überlegen Sie sich, ob diese auch wirklich in Ihre Suche hineinpassen.

Ausgangssituation

Sie wollen nun in Immobilien investieren. Sie haben aber gehört, Sie sollten, bevor Sie überhaupt mit der Suche beginnt, ein Suchprofil erstellen. Diese Aufgabe nehmen Sie auch gleich in Angriff. Checkliste zur Hand genommen und los geht's.

Ganz mein Typ: Der Immobilientyp

Zuerst überlegen Sie sich, in welchen Immobilientyp Sie gerne investieren möchten. Dabei steht für Sie fest, dass es auf alle Fälle eine Wohnimmobilie werden soll. Warum? In Gewerbeimmobilien möchten Sie aktuell nicht investieren, denn:

- ✔ Sie sind Ihnen zu kompliziert, weil sie je nach Mieter immer andere Ansprüche abdecken müssen.
- ✔ Sie haben oft eine längere Leerstandzeit, wenn zum Beispiel Umbauten vorgenommen werden müssen.
- ✔ Sie möchten lieber Menschen helfen, indem Sie ihnen einen guten Wohnraum bieten.

Nun müssen Sie sich nur noch entscheiden, ob Sie in eine Eigentumswohnung oder gleich in ein ganzes Mehrfamilienhaus investieren möchten. Sie wollen zunächst klein starten. Nicht nur was die Größe der Immobilie angeht, sondern auch bei der Höhe des Kredites. Daher entscheiden Sie sich für die Eigentumswohnung. Das hat für Sie folgende Gründe:

✔ Geringeres Risiko, da Reparaturen am ganzen Haus von allen Eigentümern getragen werden

✔ Überschaubares Projekt für den Einstieg: Durch die »kleine« Wohnung können Sie erst mal Erfahrungen sammeln

✔ Geringerer Kaufpreis und somit geringerer Kredit

Bei der Auswahl des Immobilientyps gibt es kein Richtig oder Falsch. Es zählt einzig und allein Ihr Gefühl. Wenn Sie sagen, Hotelanlagen sind genau Ihr Ding, dann legen Sie los. Wichtig ist, dass Sie sich wohlfühlen. Lassen Sie sich da bloß von niemandem reinreden.

Ein Zielmieter muss her!

Den Immobilientyp haben Sie nun. Nun brauchen Sie einen Mieter, der die Wohnung auch haben möchte. Die Auswahl des Zielmieters ist enorm wichtig für den Erfolg. Denn an Ihrem idealen Zielmieter richten Sie Ihre Suche aus.

Für Sie steht fest: Sie möchten an einen Single vermieten. Denn gefühlt gibt es für Sie immer mehr Singles auf der Welt. Und auch Paare haben oft zwei Wohnsitze. Hauptsächlich möchten Sie an einen Mann vermieten. Männer sind nicht so anspruchsvoll, denken Sie. Der Mieter sollte schon Berufserfahrung haben und einen mittleren bis hohen Bildungsgrad vorweisen. Viele Wünsche hat er nicht. Eine ruhige Wohnung, mit einem Balkon und einem Wannenbad soll es sein.

Nach langem Überlegen haben Sie nun folgenden Zielmieter ausgemacht:

Konstantin ist Single und wohnt zur Miete. Da er in seinem Job befördert wurde, muss er in unsere schöne Stadt ziehen und sucht nun eine Wohnung. Er hat keine Kinder und möchte seine Katze Cleopatra mitnehmen. Er wünscht sich von seiner neuen Wohnung Folgendes:

✔ Balkon mit Blick ins Grüne

✔ Ein Wannenbad mit Fenster

✔ Die Wohnung sollte im zweiten oder dritten Stockwerk sein

✔ Es soll kein Teppichboden verlegt sein

✔ Mindestens zwei Zimmer sollte die Wohnung haben

Damit Sie sich Konstantin besser vorstellen können, haben Sie sich die Beschreibung ausgedruckt und mit einem schönen Foto verziert. Jetzt haben Sie ein genaues Bild von Ihrem Zielmieter. Falls Sie sich fragen sollten, ob eine Wohnung gut ist, fragen Sie einfach Konstantin.

Damit Sie gleich mit Ihrem Zielmieter loslegen können, finden Sie in Tabelle 4.1 eine Checkliste, um ihn zu erstellen. Sie finden die Tabelle unter www.downloads.fuer-dummies.de.

Fragen	Ihr Zielmieter
Foto vom Zielmieter	
Wie heißt Ihr Zielmieter?	
Ist er männlich oder weiblich?	
Welchen Job hat er?	
Wie ist die aktuelle Wohnsituation?	
Was sind seine Wünsche?	
Wie ist der Bildungsgrad?	
Wohngemeinschaft oder Einzelwohnung?	
Wie ist der Familienstand?	
Hat er Kinder?	
Kurze Zusammenfassung zu Ihrem Zielmieter	

Tabelle 4.1: Checkliste Zielmieter

Es kommt auf die Größe an

Sie haben sich für den Immobilientyp Eigentumswohnung und einen Zielmieter entschieden. Jetzt möchten Sie für sich festlegen, wie groß die ideale Wohnung sein darf. Zu klein sollte sie nicht sein, sonst kann ja keiner darin wohnen. Aber kann eine Wohnung überhaupt zu groß sein? Es kommt drauf an! Je nachdem, wie Sie die Wohnung vermieten möchten, kann eine Wohnung zu groß oder zu klein sein. Wichtige Faktoren für die Größe der Immobilie sind:

- ✔ Der Zielmieter (An wen wollen Sie vermieten?)
- ✔ Die Vermietungsstrategie (Wie wollen Sie vermieten?)
- ✔ Der Standort (allerdings in geringerem Maße)

Wollen Sie die Wohnung zum Beispiel für einen Studenten, ist ein 25 Quadratmeter Apartment mit kleiner Küche und einem Badezimmer ausreichend. Sie haben damit den Zielmieter (Student) und die Vermietungsstrategie (Einzelvermietung) gleich eingebaut.

Sie können alternativ aber auch mit dem gleichen Zielmieter eine andere Vermietungsstrategie fahren. Sie wollen weiterhin an Studenten vermieten, nun wollen Sie aber an vier Studenten gleichzeitig vermieten. Für eine solche Wohngemeinschaft brauchen Sie eine Fünfzimmerwohnung mit Küche und Badezimmer. Außerdem sollten die Zimmer relativ gleich groß sein.

Da Sie sich aber bereits für Konstantin als Zielmieter entschieden haben, sollte die Wohnung nicht zu groß sein. Zwei Zimmer muss sie jedoch haben – somit sollte die Wohnung mindestens 35 Quadratmeter umfassen. Aber Sie möchten andererseits auch keine zu große Wohnung kaufen. Nach einer kurzen Rücksprache mit Konstantin entscheiden Sie sich nach Wohnungen zu suchen, die eine Größe von 35 bis 60 Quadratmeter besitzen und zwei bis drei Zimmer haben.

 Die Frage nach der Wohnungsgröße ist nicht so einfach zu beantworten. Lassen Sie sich hier ruhig Zeit und befragen Sie wirklich Ihren idealen Zielmieter.

Lage, Lage, Lage: Der Investmentstandort

Nun müssen Sie Ihren Investmentstandort festlegen. Manche Immobilieninvestoren machen ein großes Geheimnis draus, wie man diesen Ort findet. Sie haben auf diese ganzen komischen und oft sehr kompliziert klingenden Formeln keine Lust. Für Sie steht fest: Sie möchten nicht so weit weg von Ihrem Wohnort investieren. Schön und gut, aber ist das immer so ratsam? Sie wohnen in Kollmar, einem Ort im Norden Deutschlands im Bundesland Schleswig-Holstein. Es ist ein kleiner Ort, gerade mal 1.674 Einwohner leben dort. Hier zu investieren wäre höchstwahrscheinlich nicht optimal. Aber Sie haben Glück. In Ihrer Nähe gibt es eine Metropole: Hamburg. Hier können Sie bestimmt ein gutes Investment tätigen. Nur leider gehört Hamburg zu den Top-Standorten. Hier ein Investment zu finden, das sich auch lohnt, gleicht der Suche nach der Nadel im Heuhaufen. Trotzdem bleiben Sie dabei: Es soll ein Standort in der Nähe sein. Sie haben eine Idee und gehen nun folgendermaßen vor:

Orte in der Umgebung

Sie suchen über das Internet eine Karte, die alle Orte in der Umgebung von Hamburg anzeigt. Damit haben Sie schon mal einen guten Überblick, was es da so gibt. Nun schauen Sie nach, wie groß diese Orte sind. Nur bei Standorten, die mindestens 20.000 Einwohner haben, gucken Sie genauer hin.

 Ein Erfahrungswert, ab dem Standorte stabile Werte liefern, sind 20.000 Einwohner.

 Sie können so auch bei Orten vorgehen, in deren Nähe Sie nicht wohnen. Zum Beispiel, wenn Sie im Umkreis einer Metropole investieren wollen.

Genauere Analyse

Nachdem Sie die Orte gefiltert haben, bleiben für Sie folgende übrig:

- ✔ Elmshorn
- ✔ Pinneberg
- ✔ Itzehoe

Bei diesen Städten schauen Sie sich nun die Bevölkerungsentwicklung an. Hier ist Ihnen wichtig, dass es einen Zuzug gibt, also dass mehr Menschen in den Ort ziehen als wegziehen. Zusätzlich prüfen Sie über die Immobilienportale, wie die Kaufpreise und die Mieten sind.

Nachdem Sie all diese Daten kontrolliert haben, steht Ihre Entscheidung: Sie werden in Pinneberg investieren. Sie haben sich aus folgenden Gründen so entschieden:

✔ Der Ort hat eine Einwohnerzahl von mehr als 43.000.

✔ Er verfügt über alle Geschäfte des täglichen Lebens.

✔ Es gibt dort sämtliche Bildungsstätten (Grund- und weiterführende Schulen sowie eine Fachhochschule).

✔ Es besteht ein Zuzug in die Stadt.

✔ Die Rendite ist akzeptabel.

Der Zustand der Immobilie

Puh, nun haben Sie schon einiges geschafft. Jetzt stehen Sie vor der letzten Entscheidung für Ihr Suchprofil. Dem Zustand der Immobilie. Diese Frage können Sie für sich ganz einfach beantworten: relativ gut. Denn Sie selber haben zwei linke Hände, wenn es ums Heimwerken geht, und Sie möchten auch niemanden dafür teuer bezahlen, eine Wohnung erst ordentlich herzurichten. Darum sollte die Wohnung in einem akzeptablen Zustand sein. Das bedeutet für Sie:

✔ Das Badezimmer muss einwandfrei sein.

✔ Eine Küche muss vorhanden und intakt sein.

✔ Fenster und Türen müssen in Ordnung sein.

✔ Höchstens der Boden oder die Tapete müssen eventuell neu gemacht werden.

✔ Kein Schimmelbefall oder sonstige Belastungen dürfen vorhanden sein.

Beim Zustand der Immobilie sollten Sie sich immer fragen, wie gut Ihre handwerklichen Fähigkeiten sind. Oder haben Sie vielleicht im Bekanntenkreis einen Handwerker? Denn Wohnungen in einem ordentlichen Zustand suchen natürlich viele Investoren. Wenn Sie selbst etwas mehr an einer Wohnung machen können, kann sich das vorteilhaft auf den Kaufpreis auswirken.

Fertig! Zusammenfassung des Suchprofils

Sie sind fertig. Ihr Suchprofil steht. Tabelle 4.2 bietet Ihnen einen Überblick.

Suchprofil	Exemplarisch ausgefüllt
Immobilientyp	Eigentumswohnung
Zielmieter	Konstantin ist Single und wohnt aktuell zur Miete. Da er in seinem Job befördert wurde, muss er in unsere schöne Stadt ziehen und sucht nun eine Wohnung. Er hat keine Kinder und möchte seine Katze Cleopatra mitnehmen. Er wünscht sich von seiner neuen Wohnung Folgendes: Balkon mit Blick ins Grüne Ein Wannenbad mit Fenster Die Wohnung sollte im zweiten oder dritten Stockwerk sein. Es soll kein Teppichboden verlegt sein. Mindestens zwei Zimmer sollte die Wohnung haben.
Immobiliengröße	35–60 Quadratmeter, 2–3 Zimmer
Standort	Pinneberg
Zustand der Immobilie	Ordentlicher Zustand Das Badezimmer muss einwandfrei sein. Küche muss vorhanden und intakt sein. Fenster und Türen müssen intakt sein. Höchstens der Boden oder die Tapete müssen neu gemacht werden. Kein Schimmelbefall oder sonstige Belastungen.

Tabelle 4.2: Leons Suchprofil

Checkliste für Ihr Suchprofil

In Tabelle 4.3 erhalten Sie eine Checkliste, um Ihr Suchprofil zu erstellen.

Die Checkliste finden Sie auch unter www.downloads.fuer-dummies.de.

Frage	Erfüllt?
Welcher Immobilientyp?	
Gewerbeimmobilie	
Wohnimmobilie	
Zielmieter	
(Siehe Checkliste Zielmieter)	
Immobiliengröße	
Welchen Zielmieter haben Sie?	
Wie ist Ihre Vermietungsstrategie?	
Investmentstandort	
Ort mit mindestens 20.000 Einwohnern	
Geschäfte des täglichen Lebens	
Alle Bildungseinrichtungen	

Frage	Erfüllt?
Es besteht ein Zuzug in die Stadt	
Renditeerwartung	
Zustand der Immobilie	
Eigene handwerkliche Fähigkeiten	
Handwerker im Bekanntenkreis	
Genügend Kapital für Handwerker	

Tabelle 4.3: Checkliste für Ihr Suchprofil

> **IN DIESEM KAPITEL**
>
> Geeignete Immobilienangebote finden
>
> Wen Sie bei der Suche ansprechen können

Kapitel 5
Einkaufsmöglichkeiten finden

Nachdem Sie Ihr Suchprofil erstellt haben, müssen Sie wissen, wo Sie die richtigen Immobilien finden. Darum kümmern wir uns in diesem Kapitel.

Nachdem Sie wissen, was Sie suchen, ist es wichtig, darüber zu sprechen, wo Sie es finden können. Dafür gibt es die verschiedensten Informationsquellen. Ich möchte Ihnen hier einmal einen Überblick geben, welche Quellen Sie zur Verfügung haben.

Hier sind alle Informationsquellen über Immobilienangebote im Überblick:

- Internetportale
- Steuerberater
- Hausverwaltung
- Immobilienmakler
- Verwertungsgesellschaften
- Eigene Internetseite
- Kleine Wohnungsgesellschaften
- Insolvenzverwalter
- Zwangsversteigerungen
- Kommerzielle Auktion
- Zeitungsartikel
- Private Verkäufer

Lassen Sie uns einmal all diese Quellen durchgehen.

Internetportale

Um Internetportale wie Immobilienscout24.de oder Immowelt.de kommen Sie in Zeiten des World Wide Web nicht mehr herum. Mehrere Hundert Angebote werden hier täglich eingestellt und viele Immobilien verkauft.

Ein interessantes Internetportal, das oft vergessen wird, ist auch eBay. Ich selbst habe mir diese Quelle noch nicht genau angesehen, aber von anderen gehört, dass sie hier schon das ein oder andere Schnäppchen gemacht haben.

Steuerberater

Die nächste wichtige Informationsquelle für den Einkauf ist der Steuerberater. Nicht nur als Berater für Ihre steuerliche Strategie ist er unverzichtbar, sondern auch für den Immobilieneinkauf ist er eine sehr interessante Auskunftsquelle. Warum ist das so? Bekanntlich sind wir Deutschen eher zurückhaltend, wenn es um das Thema Finanzen geht. Wir haben immer Angst, dass uns jemand unser hart verdientes Geld wegnimmt. Trotzdem vertrauen viele ihrem Steuerberater ihre ganze finanzielle Situation an. Warum? Weil er alles wissen muss. Nur so können Sie und Ihr Berater eine gute steuerliche Strategie aufstellen. Daher sind viele Menschen sehr vertraut mit ihrem Steuerberater. Denn sie sprechen mit ihm über ihr Allerheiligstes, ihr hart verdientes Geld.

Durch dieses Vertrauensverhältnis kommt es, wie es kommen muss. Der Steuerberater erhält durch diese Vertrautheit an erster Stelle Informationen, sobald einer seiner Kunden den Gedanken hegt, seine Immobilie zu verkaufen. Das Objekt soll natürlich in die besten Hände wechseln und genau hier kommen Sie ins Spiel. Sie helfen damit auch Ihrem Steuerberater, da er seinen Klienten einen vertrauenswürdigen Investor vorschlagen kann. Daher einfach mal fragen. Vielleicht bekommen Sie ja genau den Tipp, auf den Sie gewartet haben.

Hausverwaltung

Auch Hausverwaltungen sind eine gute Quelle für Immobilienangebote. Sie wissen oft früh, wenn ein Eigentümer seine Immobilie verkaufen möchte. Oder sie werden sogar vom Eigentümer beauftragt, nach Interessenten Ausschau zu halten.

Daher gilt hier der gleiche Tipp. Einfach mal nachfragen, es könnte sich lohnen. Am besten nicht nur bei Ihrer eigenen Hausverwaltung. Suchen Sie sich einmal alle Hausverwaltungen in Ihrem gewünschten Investmentstandort heraus und schicken diesen ein nettes Schreiben mit Ihrem Suchprofil. Wer weiß, vielleicht haben Sie bald ein paar interessante Angebote mehr.

Wenn Sie der Verwaltung dann noch in Aussicht stellen, dass sie den Auftrag für die Betreuung der Immobilie behalten kann, springt sogar noch etwas für diese mit heraus. Eine Win-win-Situation.

Der Immobilienmakler

Über Makler werden zwischen 70 und 80 % der Immobilienverkäufe abgewickelt. Bei Immobilienmaklern sollten Sie aber immer darauf achten, dass Sie den »richtigen« finden. Leider gibt es immer noch Vermittler mit mehr Schein als Sein. Ein guter Immobilienmakler kann dagegen ein wichtiges Mitglied Ihres Immobilienteams sein. Er hat nicht nur einen guten Überblick über den Markt und kann Ihnen passende Angebote an Land ziehen, sondern er kann Sie auch in der Vermietung unterstützen. Darum ist es enorm wichtig, dass Sie sich Ihren Immobilienmakler oder eher Ihr Team aus Maklern sorgfältig aussuchen.

Manche Immobilienmakler geben an ihre besonderen Kunden ausgewählte Angebote bereits vor Veröffentlichung heraus. Das bedeutet für Sie (wenn Sie zu dem ausgewählten Kreis gehören) einen enormen Wettbewerbsvorteil.

Verwertungsabteilungen von Banken und Verwertungsgesellschaften

Jede Bank hat eine Verwertungsabteilung oder arbeitet mit Verwertungsgesellschaften zusammen. Diese Gesellschaften und Abteilungen kümmern sich um die »schweren Fälle«.

Schwere Fälle sind Kredite, die von Immobilieneigentümern nicht mehr beglichen werden, weil sie nicht mehr zahlen wollen oder können. Diese Darlehen werden dann sofort *fällig gestellt*. Das bedeutet, die Eigentümer müssen die komplette Summe sofort zurückzahlen. Weil die meisten wahrscheinlich nicht so viel Geld auf der hohen Kante haben, verkauft die Bank die als Sicherheit für den Kredit dienenden Immobilien. Darum kümmern sich die Verwertungsabteilungen. Um an diese heranzukommen, eignet sich als erste Kontaktperson Ihr Finanzierungsberater. Er weiß bestimmt, wer in Ihrer Bank in der entsprechenden Abteilung arbeitet und kann einen Kontakt herstellen.

Ihre eigene Website

Für Ihre Immobiliensuche kann eine eigene Internetseite oder ein Blog ein wichtiges Werkzeug sein. Aber wie geht das? Sie eröffnen eine Internetseite oder einen Blog und geben dort Ihr Suchprofil bekannt. Nun kann jeder, der auf die Internetseite kommt und die passende Immobilie hat, Ihnen ein Angebot schicken.

So müssen Sie nicht immer den interessanten Angeboten hinterherlaufen, die Angebote kommen zu Ihnen.

Eine Internetseite oder ein Blog braucht Zeit. Sie müssen die Seite einrichten und dann müssen Besucher die Seite finden. Sie ist also eher für Ihre langfristige Strategie gedacht.

Wohnungsbaugesellschaften

Vorab eine kurze Erklärung: Eine Wohnungsbaugesellschaft ist ein Unternehmen, das sich auf Wohnimmobilien spezialisiert hat. Sie baut, bewirtschaftet und vermarktet diese. Von Zeit zu Zeit passiert es, dass Immobilien nicht mehr in das Konzept der Gesellschaft passen. Und was macht sie dann? Die Gesellschaft verkauft! Aber an wen?

Sie ahnen es schon – am besten an Sie. Und das zu einem guten Preis. Denn Sie befreien die Gesellschaft ja von ihrer »Last« – das muss natürlich entlohnt werden.

Insolvenzverwalter

Als Einkaufsquelle den Insolvenzverwalter kontaktieren? Irgendwie stimmt da doch etwas nicht. Das war mein erster Gedanke, als ich von der Idee hörte. Denn da ist ja nichts zu holen. Die arbeiten schließlich für Menschen, die kein Geld mehr haben. Das ist auch fast richtig. Denn Insolvenzverwalter arbeiten für Menschen, die in finanziellen Schwierigkeiten stecken. Sie haben eventuell noch Geld oder Vermögenswerte, aber diese reichen nicht, um ihre Schulden zu bezahlen. Daher haben sie Privatinsolvenz angemeldet, und nun muss alles zu Geld gemacht werden.

Genau hier kann für Sie ein enormer Vorteil liegen. Denn daraus entsteht nicht selten ein gewisser Verkaufsdruck. Was passiert, wenn sich bei einer Person ein gewisser Verkaufsdruck aufbaut? Richtig. Die Person ist eher gewillt, über den Preis zu verhandeln! Bingo. Daher sind Insolvenzverwalter eine interessante Quelle.

Zwangsversteigerungen

Eine weitere gute Quelle kann die Zwangsversteigerung sein. Eine kurze Zeit lang gab es einen kleinen Hype, seine Immobilie dort zu kaufen. Dort gab es die besten Schnäppchen-Immobilien, so lautete früher die Botschaft. In größeren Städten ist das zurzeit eher unwahrscheinlich, denn inzwischen ist die Zwangsversteigerung vielen bekannt. Vor allem Selbstnutzer haben diese Quelle für sich entdeckt. Sie glauben, dass sie hier das Geschäft ihres Lebens machen. Das stimmt nicht immer: Oft wären die Immobilien auf dem »normalen« Markt günstiger gewesen, da sich die Selbstnutzer gegenseitig im Preis nach oben bieten. Aber das ist eine andere Geschichte.

Es gibt sie aber trotzdem: Die Schnäppchen bei Zwangsversteigerungen. Oft müssen Sie allerdings sehr lange danach suchen. Sollte Sie das Thema interessieren, eignen Sie sich zuerst das notwendige Wissen an, bevor Sie lossteigern. Eine Zwangsversteigerung hat ihre eigenen Gesetze und Fallstricke. Machen Sie sich also vorher schlau und gehen öfter mal nur zum Anschauen zu einer Versteigerung, um ein Gefühl dafür zu bekommen, wie so etwas abläuft.

Wichtiger Hinweis: Eine Besichtigung wie bei den normalen Immobilien ist vor dem Erwerb oft nicht möglich. Daher bieten Sie immer vorsichtig und bauen Sie einen größeren Sicherheitspuffer ein.

Kommerzielle Auktionen

Die kommerzielle Auktion ist das genaue Gegenteil von Zwangsversteigerungen. Während der Eigentümer bei einer Zwangsversteigerung die Immobilie nicht freiwillig, sondern gezwungenermaßen verkauft, ist bei der kommerziellen Auktion genau das Gegenteil der Fall. Hier wollen die Verkäufer, dass das Auktionshaus die Immobilie über eine Versteigerung veräußert. Das Auktionshaus agiert dann wie ein Makler und versucht, ein möglichst hohes Gebot zu erhalten. Hier gilt das Gleiche wie für die Zwangsversteigerung. Sie können womöglich ein Schnäppchen machen, aber Sie müssen länger suchen. Und Sie sollten sich auch hier unbedingt vorher mit den Regeln vertraut machen.

Zeitungsanzeigen

Es ist kaum zu glauben, aber es erscheinen oft noch interessante Angebote in Tageszeitungen, die nicht in den großen Immobilienportalen auftauchen. Warum? Oft werden diese von älteren Personen eingestellt, die sich nicht mit dem ganzen Internet-Schnickschnack auseinandersetzen möchten. Also stellt sich die Frage: »Wann haben Sie zuletzt in die Zeitung geschaut?«

Private Verkäufer

Sie sind selten geworden, aber ja, es gibt sie noch, die privaten Verkäufer. Aber wer ist von ihnen für Sie als Investor interessant? Ganz einfach – für Sie als Investor sind die Verkäufer am interessantesten, die ihre Immobilie rasch loswerden möchten und so einen gewissen Verkaufsdruck haben. Zum Beispiel wegen einer Scheidung oder weil der Immobilienbesitzer die Kreditraten nicht mehr zahlen kann.

Hier kommen Sie als Investor ins Spiel. Da der Eigentümer unter Verkaufsdruck steht, ist die Wahrscheinlichkeit hoch, dass er Ihnen mit dem Preis entgegenkommt. Aber wie finden Sie solche Verkäufer? Hier gibt es kein Patentrezept, außer den Verkäufer nach dem Grund des Verkaufs zu fragen. Oft kann man daran bereits erkennen, wie hoch sein Verkaufsdruck ist, und auch, ob bei der Immobilie vielleicht etwas im Argen liegt.

Ihr Netzwerk

Die meisten Investoren erhalten die interessantesten Objekte über ihr Netzwerk. Aber wie kann ein Netzwerk Ihnen bei der Objektsuche helfen? Hier ist ein Beispiel:

Ein Handwerker aus Ihrem Immobilienteam hat bei seinem letzten Einsatz mitbekommen, dass einer seiner Kunden seine Immobilie verkaufen möchte. Der Handwerker kennt Ihr Suchprofil, und Sie haben ihm schon öfters interessante Aufträge erteilt und immer sofort bezahlt. Daher gibt er Ihnen sofort Bescheid von dem geplanten Verkauf und stellt den Kontakt her. Der Verkäufer ist seine Immobilie los, und Sie haben ein Schnäppchen machen können. Und was springt für Ihren Handwerker heraus? Er kann auf eine weitere gute Zusammenarbeit hoffen und eventuell auf eine Tippgeberprovision. Also eine Win-win-Situation.

Dieses kleine Beispiel zeigt, welche Möglichkeiten Ihnen ein gutes Netzwerk bietet. Also fangen Sie am besten gleich an, ein solches Netzwerk aufzubauen.

 Der Aufbau eines funktionierenden Netzwerks dauert erfahrungsgemäß länger. Starten Sie mit dem Netzwerken also so früh wie möglich.

> **IN DIESEM KAPITEL**
>
> Die vier Renditezahlen der Immobilieninvestments
>
> Beispiel einer Kalkulation
>
> Wichtige Begriffe für die Kalkulation

Kapitel 6
Sauber kalkulieren, sicher investieren

Wenn Sie eine Immobilie kalkulieren wollen, müssen Sie sehr viel beachten. Damit Ihnen das gelingt, erhalten Sie in diesem Kapitel die nötigen Informationen.

Die Renditezahlen

Ohne eine saubere Kalkulation spielen Sie russisches Roulette mit Ihren Finanzen. Daher erfahren Sie hier alles Wissenswerte über die Kalkulation.

Dabei schauen wir uns zuerst die vier Renditearten an, die es bei Immobilieninvestments gibt:

1. Bruttomietrendite
2. Nettomietrendite
3. Eigenkapitalrendite
4. Objektrendite

Starten Sie mit der Bruttomietrendite:

Bruttomietrendite

Eine der häufigsten Renditen, die Ihnen als Investor begegnen, ist die *Bruttomietrendite*. Makler geben sie gerne bei ihren Exposés an, weil sie immer sehr schön aussieht und Eindruck macht. Die Berechnung ist relativ simpel, die Formel lautet:

Jahresbruttomiete / Kaufpreis × 100 = Bruttomietrendite.

Einfach, oder? Aber was sagt Ihnen diese Rendite und was bringt sie Ihnen als Investor? Die Bruttomietrendite setzt die Jahreskaltmiete, die Sie erhalten, ins Verhältnis zu Ihrem gezahlten Kaufpreis. Das war es auch schon. Für Sie als Investor ist diese Rendite relativ uninteressant. Sie berücksichtig weder die Nebenkosten des Immobilienkaufes noch die Bewirtschaftungskosten, die für Ihre Immobilie anfallen.

Die Bruttomietrendite sieht in Exposés schön aus, bringt Ihnen aber relativ wenig.

Nettomietrendite

Mehr Auskunft bekommen Sie als Investor von der *Nettomietrendite*. Die Berechnung ist ebenfalls sehr einfach:

(Jahresbruttomiete − Bewirtschaftungskosten) / (Kaufpreis + Nebenkosten) × 100 = Nettomietrendite

In diese Berechnung fließen ein paar Zahlen mehr ein. Dadurch gibt diese Kennziffer auch etwas mehr Auskunft. Die Nettomietrendite berücksichtigt neben Ihrer Jahresbruttomiete:

✔ die Bewirtschaftungskosten, die Sie nicht auf Ihren Mieter umlegen können.

✔ die Nebenkosten, die Sie für den Kauf zahlen müssen.

Die Nettomietrendite gibt Ihnen also ein genaueres Bild. Sie zeigt Ihnen, in welchem Verhältnis Ihre Jahresnettomiete zu Ihrem Kaufpreis inklusive Nebenkosten steht.

Was bringt Ihnen diese Rendite?

✔ Sie zeigt Ihnen, was Sie für Ihre Investition erhalten.

✔ Die Darlehenskosten sind allerdings nicht berücksichtigt.

✔ Sie können durch die Nettomietrendite eine kurze Überschlagsrechnung für Ihren Cashflow vor Steuern durchführen.

Dafür ein kurzes Beispiel mit folgenden Zahlen:

✔ Ihre Wohnung erwirtschaftet eine Nettomietrendite von 5 %.

✔ Sie haben einen Kapitaldienst von 4 % (2 % Zins und 2 % Tilgung) zu leisten.

Mit *Kapitaldienst* sind die Kosten für den Kredit gemeint. Im Immobilienbereich werden konkret die zu zahlenden Zinsen und die Tilgung angesetzt, sprich, Ihre monatliche Rate.

Ihr freier Cashflow vor Steuern berechnet sich dann wie folgt:

Nettomietrendite − Kapitaldienst = freier Cashflow vor Steuern

Für unser Beispiel sähe das so aus:

5 % − 4 % = 1 %

Aus diesem Investment bleibt Ihnen also 1 % freier Cashflow vor Steuern. Mit dieser Wohnung verdienen Sie also. Das ist allerdings nur eine grobe Kalkulation und keine Garantie dafür, dass Ihr tatsächlicher freier Cashflow vor Steuern so aussehen muss.

Eigenkapitalrendite

Wenn Sie als Investor in Immobilien investieren, nehmen Sie ein gewisses Risiko auf sich. Dieses Risiko möchten Sie sich natürlich auch bezahlen lassen. Wenn Sie berechnen wollen, wie hoch Ihre »Bezahlung« für Ihr eingegangenes Risiko ist, dann ist die Eigenkapitalrendite ideal. Die Berechnung ist ganz einfach:

Jahresnettomieteinnahmen / eingesetztes Kapital × 100 = Eigenkapitalrendite

Was bringt Ihnen diese Renditezahl und was sagt sie Ihnen? Die Rechnung setzt Ihr Eigenkapital ins Verhältnis zu Ihrem erzielten Gewinn. So können Sie sich ganz einfach die Verzinsung Ihres eingesetzten Kapitals ausrechnen.

Die Eigenkapitalrendite lässt sich mithilfe von Darlehen hebeln, siehe hierzu Kapitel 2 Abschnitt »Einmal den Renditehebel, bitte«.

Objektrendite

Eine Renditezahl, mit der Sie die verschiedenen Investments miteinander vergleichen können, wäre das nicht schön? Mit der Objektrendite ist das zumindest ansatzweise möglich. Wie berechnet sich die Objektrendite?

Jahresnettomiete / Gesamtkapital × 100 = Objektrendite

Was bringt Ihnen die Rendite und was sagt sie Ihnen? Die Rendite setzt Ihre Jahresnettomiete ins Verhältnis zu den Gesamtinvestitionskosten. Sie zeigt Ihnen also, wie viel Geld Sie aus der gesamten Investition erhalten. Da hier die Finanzierung außen vor gelassen wird, eignet sich die Objektrendite hervorragend, um Ihre Investments miteinander zu vergleichen.

Die Objektkalkulation

Lassen Sie uns nun, da Sie wissen, wie Sie die einzelnen Renditen berechnen und was sie Ihnen sagen, ein konkretes Objekt durchkalkulieren. Am Beispiel erklärt, versteht man Dinge ja bekanntermaßen am besten.

 Nur wenn Sie ein Angebot komplett durchkalkuliert haben, können Sie sicher beurteilen, ob es sich rechnet oder nicht.

Wie gehen Sie vor?

Ich habe da mal was für Sie vorbereitet. Eine Tabelle, mit der wir nun gemeinsam die Kalkulation für die Beispielimmobilie durchrechnen und die Sie auch für Ihre Immobilien verwenden können (siehe Tabelle 6.1).

 Sie finden die Tabelle unter www.downloads.fuer-dummies.de.

Tabelle 6.1 hat drei Spalten:

✔ Investment

✔ Finanzierung

✔ Vermietung

Investment	Finanzierung	Vermietung
Kaufpreis für die Wohnung	Gesamtinvestment	**Mieteinnahmen**
Kaufpreis für einen Stellplatz	Eigenkapital 15 %	Wohnung
Gesamter Kaufpreis	Benötigtes Fremdkapital	Stellplatz
Kaufnebenkosten		Gesamte Mieteinnahmen
Maklercourtage 0 %		**Betriebskosten**
Notargebühr 1,5 %		Immobilienverwaltung
Grunderwerbsteuer 6,5 %		Nicht umlagefähiges Hausgeld
Grundbuchamt 0,5 %		Eigene Instandhaltungsrücklage
Gesamte Kaufnebenkosten		Kalkulatorischer Mietausfall
Kosten für Renovierungsarbeiten		Gesamte Betriebskosten
Kosten für die Vermietung		**Kosten für den Kredit**
Gesamtinvestment		Kredit 1 Zinssatz × %
		Kredit 1 Anfängliche Tilgung × %
		Gesamte Kreditkosten
		Cashflow vor Tilgung
		Cashflow nach Tilgung

Tabelle 6.1: Beispielkalkulation

Die Beispielimmobilie

Wir nehmen für unsere Kalkulation eine Immobilie, die ich wahllos aus Immobilienscout24.de herausgepickt habe. Diese hat folgende Daten:

✔ Kaufpreis: 68.000,- Euro

✔ Zimmer: 1

✔ Wohnfläche: 30 qm

✔ Außenstellplatz? Nein

✔ Hausgeld: 130,- Euro im Monat

✔ Vermietet für 370,- Euro im Monat

✔ Maklercourtage: 0 %

✔ Baujahr 1969

Beim *Hausgeld* (oder manchmal auch als *Wohngeld* bezeichnet) handelt es sich um eine Vorauszahlung des Eigentümers an die Wohngemeinschaft. Die Wohnungseigentümer sind nach § 16 Abs. 2 und 3 WEG (Wohnungseigentümergesetz) dazu verpflichtet, die Kosten für das Gemeinschaftseigentum gemeinsam zu tragen. Aus diesem Grund wird ein Wirtschaftsplan erstellt, der das zu entrichtende Hausgeld aufführt.

Eine ganz normale kleine Wohnung.

In diesem Abschnitt werde ich mich auf die Kalkulation einer Eigentumswohnung beschränken, da dies die häufigste Anlageform in Immobilien für Anfänger darstellt.

Nun kommen wir zur Kalkulation. Zuerst kümmern wir uns um die Investmentspalte.

Die Investmentspalte: Alles, was das Investment betrifft

Zum Investment gehören, wie Sie in Tabelle 6.1 sehen:

✔ der Kaufpreis,

✔ die Kaufnebenkosten,

✔ eventuell Kosten für Renovierungsarbeiten und

✔ Kosten für die Vermietung.

Kaufpreis

Der größte Batzen ist der Kaufpreis.

In unserem Beispiel ist der Kaufpreis bereits vorgegeben. Er beträgt 68.000,- Euro.

Bitte beachten Sie, dass der angegebene Kaufpreis bei `Immobilienscout24.de` nicht der endgültige Kaufpreis sein muss. Oft kann dieser noch heruntergehandelt werden. Für die erste Renditekalkulation rechnen wir aber mit diesem Preis.

Kaufnebenkosten

Dazu kommen die Kaufnebenkosten:

- ✔ Maklercourtage
- ✔ Notargebühr
- ✔ Grunderwerbssteuer
- ✔ Kosten für das Grundbuchamt

Die Kaufnebenkosten sind nicht unerheblich! Vergessen Sie sie auf keinen Fall in Ihrer Kalkulation!

Maklercourtage

Als Erstes wäre da die Maklercourtage. Wenn Sie bei einem Onlineportal eine Immobilie kaufen, wird diese meist über einen Makler verkauft. Sie kommen also kaum um diese Kosten herum. Diese kann zwischen 3 und 7 % des Kaufpreises betragen. Bei der Beispielwohnung wurde keine Courtage verlangt.

Bitte sehen Sie die Maklercourtage nicht als notwendiges Übel an. Ein guter Makler macht viele Arbeiten im Hintergrund, die einen reibungslosen Ablauf ermöglichen. Daher ist die Courtage meist mehr als verdient. Außerdem können Sie den Makler zum Finden einer Immobilie nutzen (siehe Kapitel 4 zu den Einkaufsquellen).

Notargebühr

Nicht nur der Makler, auch der Notar möchte für seine Arbeit bezahlt werden. In Deutschland ist es Pflicht, den Immobilienkauf über einen notariell beurkundeten Kaufvertrag abzuschließen. Also kommen Sie um diese Kosten ebenfalls nicht herum. Die Gebühr für den Notar beläuft sich auf 1 bis 1,5 %. Da ich lieber einen Puffer in meiner Rechnung habe, nehme ich grundsätzlich 1,5 %.

68.000,- Euro × 1,5 % = 1.020,- EUR

Der Notar schlägt somit mit 1.020,- Euro zu Buche.

Grunderwerbssteuer

Nicht nur die privaten Dienstleister möchten einen Teil vom Immobilienkuchen haben, der Staat will gleichfalls mitverdienen. So gibt es deutschlandweit die Grunderwerbsteuer. Diese ist je nach Bundesland anders festgesetzt und liegt aktuell zwischen 3,5 und 6,5 %.

Informieren Sie sich vorab, wie hoch die Grunderwerbsteuer bei der Immobilie, die Sie erwerben möchten, ausfällt.

Unsere Wohnung liegt in Lübeck und somit in Schleswig-Holstein. Hier gilt eine Grunderwerbsteuer von 6,5 %.

68.000,- Euro × 6,5 % = 4.420,- Euro

Der Staat greift also mit satten 4.420,- Euro in Ihre Investmenttasche.

Grundbuchamt

Jede Immobilie hat ein eigenes Grundbuchblatt. Hier sind alle wichtigen Informationen über die Immobilie gelistet.

✔ Wer ist der Eigentümer?

✔ Gibt es Hypotheken auf der Immobilie?

✔ Gibt es andere Belastungen bei der Immobilie (Wegerechte und so weiter?)

Wenn Sie unsere Wohnung kaufen, wird der Notar veranlassen, dass Sie als neuer Eigentümer in das Grundbuch eingetragen werden. Diese Änderung im Grundbuch möchte das Grundbuchamt natürlich bezahlt bekommen. Es berechnet für diese Änderung 0,5 % des Kaufpreises.

68.000,- Euro × 0,5 % = 340,- Euro

Die Kaufnebenkosten im Überblick

Wie Sie sehen, verdienen ziemlich viele Menschen mit an Ihrem Immobilieninvestment.

✔ Makler

✔ Notar

✔ Finanzamt

✔ Der Staat

Sollten Sie noch Renovierungsarbeiten durchführen lassen, kommen auch noch die Handwerker dazu. Wie Ihre Kaufnebenkosten aussehen, zeigt Tabelle 6.2.

Kosten in %	Kosten in Euro
Maklercourtage 0 %	0,-
Notargebühr 1,5 %	1.020,-
Grunderwerbsteuer 6,5 %	4.420,-
Grundbuchamt 0,5 %	340,-
Gesamte Nebenkosten	5.780,-

Tabelle 6.2: Die Kaufnebenkosten im Überblick

Sie zahlen allein an Nebenkosten bereits 5.780,- Euro.

Diese Kosten entstehen allein dadurch, dass Sie die Immobilie kaufen. Zu diesem Zeitpunkt ist noch kein Geld für Sie geflossen.

Exkurs: Kaufnebenkosten und die Banken

Oft kommt die Frage auf: Kann ich die Kaufnebenkosten mitfinanzieren? Nach der Finanzkrise 2008/09 war die Antwort darauf ein klares NEIN! Die Kaufnebenkosten mussten immer vom Käufer selbst getragen, also aus dem Eigenkapital bestritten werden. Das diente der Bank einfach als Sicherheit. Denn überlegen Sie mal: Wenn die Bank den vollen Kaufpreis und dazu noch die Kaufnebenkosten finanziert, dann finanziert sie 110 % (oder mehr). Sollten Sie jetzt in Zahlungsschwierigkeiten kommen und die Immobilie muss zwangsversteigert werden, hat die Bank einen riesigen Ausfall. Bei einer Zwangsversteigerung wird oft nicht mal der Marktwert erreicht. Sprich, die Bank finanziert 110 % und bekommt am Ende nur 70 % wieder. Die restlichen 40 % muss sie weiterhin von Ihnen eintreiben. Sollten Sie dann in die Privatinsolvenz gehen, ist das Geld auch weg. Kein gutes Geschäft.

Vor ein paar Jahren waren 110 % gerne gesehen. Aber die Lage hat gezeigt: Erst mal Finger weg, da Ihnen bei starken Zinsänderungen die Finanzierung auf die Füße fallen kann.

Renovierungskosten

Je nach Zustand der Immobilie kommen Renovierungskosten auf Sie zu, damit Sie die Immobilie vermieten können oder auch, um sie zu einem höheren Preis vermieten zu können.

Wir gehen in unserem Beispiel davon aus, dass keine Renovierungsarbeiten auf uns zukommen, da die Wohnung bereits vermietet ist.

Kosten für die Vermietung

Wenn Sie die Wohnung vermieten müssen, können unterschiedliche Kosten anfallen. Hier kommt es darauf an, ob Sie die Wohnung selbst vermieten wollen oder einen Makler engagieren. Ein Makler nimmt in der Regel zwei Kaltmieten als Maklerprovision. In unserem Beispiel wären das:

370,- Euro × 2 = 740,- Euro

Sie müssten dann 560,- Euro an den Makler zahlen. Sollten Sie die Vermietung in die eigenen Hände nehmen, kommt es immer auf den Marktplatz an, auf dem Sie Ihre Wohnung anbieten. Bei den Onlineportalen kann es von 0,- Euro bis zu 600,- Euro kosten. Wie so oft ist nach oben meist keine Grenze gesetzt. Daher informieren Sie sich vorab, mit welchen Kosten Sie auf dem jeweiligen Markt rechnen müssen.

Da die Immobilie vermietet ist, kommen auf uns keine weiteren Kosten für die Vermietung zu.

Abschluss der Investmentspalte

Nun haben wir alle Kosten für die Investmentspalte zusammengetragen. Diese sieht nun wie in Tabelle 6.3 gezeigt aus.

Investment	Kosten in Euro
Kaufpreis für die Wohnung	68.000,-
Kaufpreis für einen Stellplatz	0,-
Gesamter Kaufpreis	68.000,-
Maklercourtage 0 %	0,-
Notargebühr 1,5 %	1.020,-
Grunderwerbsteuer 6,5 %	4.420,-
Grundbuchamt 0,5 %	340,-
Gesamte Nebenkosten	5.780,-
Kosten für Renovierungsarbeiten	0,-
Kosten für die Vermietung	0,-
Gesamtinvestment	**73.780,-**

Tabelle 6.3: Das gesamte Investment im Überblick

Sie tätigen somit ein Gesamtinvestment von 73.780,- Euro. Natürlich wollen Sie diese Summe nicht aus der eigenen Tasche bezahlen, sondern Ihr Investment mithilfe eines Darlehens hebeln. Daher wechseln wir gleich zur nächsten Spalte.

Die Finanzierungsspalte: Alles zu Krediten und Eigenkapital

Zur Finanzierung und somit in die entsprechende Spalte in Ihre Kalkulationstabelle gehören

- ✔ das Eigenkapital, das Sie aufbringen, und
- ✔ das Fremdkapital, das Sie darüber hinaus benötigen.

Es stellt sich also die große Frage, wie viel Eigenkapital Sie einsetzen wollen. Denn ohne diese Summe wissen Sie ja nicht, wie viel Sie finanzieren müssen.

Für unser Beispiel nehmen wir einfach 15 % des Gesamtinvestments. Dieser Wert hat sich oft als guter Mittelwert herausgestellt.

 Bei 15–20 % ist die Eigenkapitalrendite meist noch attraktiv und die Banken geben noch gute Zinsen.

Bei der Beispielwohnung rechnen Sie:

> 73.780,- Euro × 15 % = 11.067,- Euro

Sie müssen also 11.067,- Euro an Eigenkapital für diese Wohnung mitbringen. Den Rest, 62.713 Euro, müssen Sie über die Bank finanzieren. Diese gewährt Ihnen einen Kredit mit einem Zinssatz von 3,5 % und einer anfänglichen Tilgung von 2 %.

> 62.713,- Euro × 5,5 % = 3.449,22

Sie zahlen also eine jährliche Rate von insgesamt 3.449,22 Euro für Zins und Tilgung des Darlehens.

Damit sieht die Finanzierungsspalte wie in Tabelle 6.4 aus.

Finanzierung	in Euro
Gesamtinvestment	73.780,-
Eigenkapital 15 %	11.067,-
Benötigtes Fremdkapital	62.713,-
Zinssatz 3,5 %	2.194,96
Anfängliche Tilgung 2 %	1.254,26

Tabelle 6.4: Die Finanzierungsspalte für die Beispielwohnung

Jetzt geht es zur spannendsten Spalte: Der Vermietungsspalte. Hier sehen Sie, ob sich ein Investment für Sie rechnet oder nicht.

Die Vermietungsspalte: Ob es sich lohnt oder nicht, erfahren Sie hier

Die zwei vorherigen Spalten waren die Vorbereitung auf diese Spalte. Denn

- ✔ ohne das Gesamtinvestment wissen Sie nicht, wie teuer alles wird
- ✔ ohne das Eigenkapital wissen Sie nicht, wie viel Kredit Sie benötigen
- ✔ ohne die Höhe des Kredites kennen Sie nicht die Rate, die Sie zahlen müssen

Da Sie nun alle Daten zur Hand haben, können Sie herausfinden, ob sich das Investment rechnet.

Unter »Vermietung« finden Sie drei Posten:

- ✔ Mieteinnahmen
- ✔ Betriebskosten
- ✔ Kosten für den Kredit

Die Mieteinnahmen

Lassen Sie die Kosten erst mal beiseite und fangen Sie mit dem Positiven an: Ihren Einnahmen.

Bei unserem Beispiel ist die Wohnung bereits vermietet und somit steht die Miete fest: 370,- Euro im Monat. Bei einer Wohnfläche von 36,04 Quadratmetern macht das einen Quadratmeterpreis (Euro /qm) von:

370,- Euro / 36,04 qm = 10,26637069922 Euro / qm

Kaufmännisch gerundet sind es also 10,27 Euro / qm

 Es ist wichtig, die Miete in Euro / qm zu kennen. Denn diese Angabe finden Sie überall im Internet.

Mietpreis ermitteln

Was machen Sie aber, wenn die Wohnung oder die Immobilie nicht vermietet ist? Wo finden Sie heraus, wie viel Miete Sie nehmen können?

Es gibt zwei gute Recherchequellen:

✓ **Suchmaschinen:** Wenn Sie bei der Suchmaschine Ihres Vertrauens »Mietspiegel + Standort« eingeben, kommen Sie entweder auf die offizielle Seite des Standortes oder auf eine, auf der Ihnen die Euro / qm Preise angezeigt werden.

Diese Preise sind meist nicht 100 % aktuell. In der Regel sind sie je nach Marktlage etwas niedriger als die Miete, die Sie bei einer Neuvermietung verlangen können.

✓ **Immobilienportale:** Gehen Sie auf eines der Onlineportale und suchen Sie Mietwohnungen an Ihrem Investmentstandort. Jetzt filtern Sie diese Wohnungen so, dass Sie zu Ihrem Angebot passen. Bei unserem Beispiel wären das also Wohnungen zwischen 30 und 40 Quadratmeter Wohnfläche und einem Baujahr von 1970 bis 1980. Jetzt rechnen Sie die gewünschte Kaltmiete durch die Quadratmeter. Die einzelnen Ergebnisse zählen Sie dann zusammen und bilden den Durchschnitt. Fertig. So wissen Sie, was aktuell an Miete verlangt werden kann.

Miete für den Stellplatz

Für unsere Wohnung wird noch ein Außenstellplatz angeboten. Sollten Sie die Wohnung neu vermieten, können Sie diesen extra vermieten und so Ihre Einnahmen steigern. Bei bestehenden Mietverhältnissen ist das eher schwierig. Daher berücksichtigen wir in der Beispielrechnung hier keinen Stellplatz.

Gesamte Mieteinnahmen

Sie kennen nun die Mieteinnahmen für die Wohnung und die Mieteinnahmen für den Stellplatz. Jetzt können Sie die gesamten Mieteinnahmen berechnen (siehe Tabelle 6.5).

Einnahmen	in Euro
Einnahmen Wohnung	4.440,- im Jahr
Einnahmen Stellplatz	0,-
Gesamteinnahmen	4.440,-

Tabelle 6.5: Die Gesamt-Mieteinnahmen

Betriebskosten

Nachdem Sie nun Ihre Einnahmen berechnet haben, kommen wir zum ersten Kostenblock: den Betriebskosten. Hier sind alle Kosten des täglichen Immobiliengeschäfts enthalten, die Sie nicht auf den Mieter umlegen können.

Immobilienverwaltung

Wenn Sie in Eigentumswohnungen investieren, sind Sie in einer Wohnungseigentümergemeinschaft (WEG) Mitglied. Das sind einfach gesagt alle Wohnungseigentümer in diesem Haus. Für das Haus gibt es einen WEG-Verwalter, der sich um alles rund ums Haus und das

Gemeinschaftseigentum kümmert. Diese Kosten sind im nicht umlagefähigen Hausgeld enthalten.

Wünschen Sie aber für Ihre Wohnung einen eigenen Verwalter, dann müssen Sie den selbst bezahlen. Dieser nimmt Ihnen dann Arbeiten ab, wie beispielsweise die Nebenkostenabrechnungen oder die Neuvermietung, wenn der alte Mieter kündigt. Setzen Sie als Verwalterhonorar für den Anfang pauschal 30,- Euro monatlich an.

Da Sie am Anfang Ihrer Immobilienreise stehen, wollen Sie vermutlich so viel wie möglich lernen und natürlich den Cashflow so hoch wie möglich halten. Deshalb wollen Sie die Immobilie selbst verwalten.

Das geht dem Besitzer der Beispielimmobilie genauso. Das bedeutet, dass hier keine Verwaltungskosten anfallen.

Nicht umlagefähiges Hausgeld

Das nicht umlagefähige Hausgeld sind ebenfalls Kosten, die Sie nicht auf den Mieter umlegen können. Dazu gehören

- ✔ das Honorar des WEG-Verwalters und
- ✔ die Rücklage für eine Instandsetzung für das Haus und das Gemeinschaftseigentum.

Ich setze hier immer 1,5 Euro pro Quadratmeter und Monat als Pauschalwert an.

Sollte ein Investment konkreter werden, können Sie sich diesen Wert nachher auch aus dem Wirtschaftsplan herausrechnen.

Da im Immobilienangebot der Beispielimmobilie kein direkter Wert steht, nehmen wir hier unseren Pauschalwert von 1,50 Euro pro Quadratmeter und Monat:

30 qm × 1,50 Euro / qm = 45,- Euro

Auf ein Jahr bezogen bedeutet das:

45,- Euro × 12 = 540,- Euro

Eigene Instandhaltungsrücklage

Bei einer Immobilie geht immer etwas kaputt. Oder Sie brauchen in Ihrer Wohnung mal eine neue Küche oder einen neuen Fußboden. Damit Sie hier nicht wie der Ochs vorm Berg stehen, bilden wir vorsorglich eine Rücklage. Mit Pauschalwerten ist es hierfür etwas schwieriger, denn es kommt ganz auf die Wohnung und deren Zustand an. Ein guter Wert liegt zwischen 5,- und 10,- Euro pro Quadratmeter und Jahr.

Nicht verwechseln: Im nicht umlagefähigen Hausgeld ist bereits eine Instandsetzungsrücklage vorhanden. Diese ist aber nur für das Haus und das Gemeinschaftseigentum gedacht und gilt nicht für die Wohnung selbst.

Sollte es sich um eine sehr alte Immobilie handeln oder irgendwelche Besonderheiten vorliegen, können Sie natürlich auch mehr veranschlagen.

Bei unserer Beispielwohnung setzen wir den Wert von 5,- Euro an. Denn die Wohnung ist noch nicht so alt und wir gehen davon aus, dass alles noch in einem guten Zustand ist.

30 qm × 5,- Euro = 150,- Euro

Somit legen Sie jedes Jahr eine eigene Rücklage von 150,- Euro für die Wohnung an.

Kalkulatorischer Mietausfall

Es sollte nicht passieren, aber wie heißt es so schön? Unverhofft kommt oft. Wir suchen unseren Mieter mit der größten Sorgfalt aus und sind darauf bedacht, dass er immer pünktlich die Miete zahlt. Aber es kann immer vorkommen, dass die Miete ausbleibt. Der Mieter ist zum Beispiel

- arbeitslos geworden
- hat sich scheiden lassen
- verstorben
- nicht mehr in der Lage, die Miete zu zahlen

Es gibt verschiedene Gründe, warum die Miete nicht kommt. Oder Ihr Mieter hat gekündigt, ist bereits ausgezogen und Sie wollen etwas in der Immobilie machen. Oder bekommen die Immobilie nicht direkt im Folgemonat wieder vermietet. Für solche Fälle legen Sie am besten eine Rücklage an. Diese Rücklage ist keine Pflicht und einige Vermieter sind strikt dagegen. Ich finde sie aber sehr wichtig, da sie einen weiteren Sicherheitsfaktor bietet.

Hier können Sie einen Wert von 4 % der Kaltmiete pro Jahr ansetzen. Für die Beispielimmobilie heißt das: 4.440,- Euro × 4 % = 177, 60 Euro

Diese Rücklage ist Geschmackssache. Ich habe schon oft gehört, dass einige Investoren sie nicht bilden. Keine Rücklage (außer der Rücklage für das Gemeinschaftseigentum) ist eine Pflicht! Sie können sie daher selbstverständlich weglassen, wenn Sie ein wenig mehr Risiko eingehen möchten und dafür mehr Cashflow erhalten wollen. Ich für meinen Teil kann mit diesen Rücklagen besser schlafen.

Gesamte Betriebskosten

Das waren schon alle Punkte bei den Betriebskosten, mit denen Sie Ihre Immobilie am Laufen halten. Tabelle 6.6 gibt Ihnen eine kurze Zusammenfassung.

Betriebskosten	in Euro
Immobilienverwaltung	0,-
Nicht umlagefähiges Hausgeld	540,-
Eigene Instandhaltungsrücklage	150,-
Kalkulatorischer Mietausfall	177,60
Gesamte Betriebskosten	867,60

Tabelle 6.6: Alle Betriebskosten auf einen Blick

Kosten für den Kredit

Nachdem Ihre Immobilie nun am Laufen ist, müssen Sie auch noch den Kredit bedienen können. Hier kommen die Daten aus der Finanzierungsspalte zum Einsatz.

Nehmen Sie die Beispielimmobilie: Sie zahlen für Ihr Darlehen von 62.713,- Euro einen Zinssatz von 3,5 % und eine anfängliche Tilgung von ebenfalls 2 %.

Zu zahlende Zinsen:

62.713,- Euro × 3,5 % = 2.194,96 Euro

Zu zahlende anfängliche Tilgung:

62.713,- Euro × 2 % = 1 254,26 Euro

Das macht eine jährliche Rate von insgesamt:

2.194,96 Euro + 1.254,26 Euro = 3.449,22 Euro

Da Sie keine weiteren Kredite für die Immobilie haben, sehen die gesamten Kosten für den Kredit wie in Tabelle 6.7 gezeigt aus.

Bei dieser Berechnung wird die Annuität des Darlehens nicht berücksichtigt. Sprich, es wird davon ausgegangen, dass Sie immer gleich viel Zinsen und Tilgung zahlen. Das dient der Vereinfachung der Tabelle. Sie benötigen nur die Rate, die Sie für den Kredit bezahlen, und die bleibt über den kompletten Zeitraum gleich.

Gesamte Kosten für den Kredit	in Euro
Kredit 1 Zinssatz 3,5 %	2.194,96
Kredit 1 Anfängliche Tilgung 2 %	1.254,26
Gesamte Kreditkosten	3.449,22

Tabelle 6.7: Gesamte Kosten für den Kredit

Abschluss der Vermietungsspalte

Nun haben Sie alle wichtigen Punkte gesammelt, um die Vermietungsspalte abzuschließen und den Cashflow zu berechnen (siehe Tabelle 6.8).

Der Cashflow vor Tilgung berechnet sich wie folgt:

Gesamte Mieteinnahmen − Gesamte Betriebskosten − Kredit-Zinszahlung = Cashflow vor Tilgung

Bei unserem Beispiel wären das folgende Zahlen:

4.440,- Euro − 867,60 Euro − 1.254,26 Euro = 1.377,44 Euro

Für den Cashflow nach der Tilgung sieht die Rechnung wie folgt aus:

Gesamte Mieteinnahmen − Gesamte Betriebskosten − Gesamte Kreditkosten = Cashflow nach Tilgung

Für unser Beispiel sähe das so aus:

4.440,- Euro − 867,60 Euro − 3.449,22 Euro = 123,18 Euro

Vermietung	Euro-Beträge
Mieteinnahmen	
Wohnung	4.440,-
Stellplatz	0,-
Gesamte Mieteinnahmen	4.440,-
Betriebskosten	
Immobilienverwaltung	0,-
Nicht umlagefähiges Hausgeld	540,-
Eigene Instandhaltungsrücklage	150,-
Kalkulatorischer Mietausfall	177,60
Gesamte Betriebskosten	867,60
Kosten für den Kredit	
Kredit 1 Zinssatz 3,5 %	2.194,96
Kredit 1 Anfängliche Tilgung 2 %	1 254,26
Gesamte Kreditkosten	3.449,22
Cashflow vor Tilgung	**1.377,44**
Cashflow nach Tilgung	**123,18**

Tabelle 6.8: Die gesamte Vermietungsspalte

Sie benötigen den Cashflow vor und nach der Tilgung für die jeweiligen Renditeberechnungen. Zum Beispiel verwenden Sie für die Eigenkapitalrendite den Cashflow vor Tilgung. Aber natürlich interessiert es Sie ebenfalls, was am Ende übrig bleibt. Bei dieser Wohnung wären das 123,18 Euro im Jahr. Also ca. 10,- Euro im Monat, wenn Sie die Wohnung so kaufen, ohne irgendetwas zu machen. Aber sind wir schon mit der Berechnung durch?

Ja und nein. Bis zu diesem Punkt ist das die normale Cashflow-Rechnung. Allerdings kommt noch ein Punkt dazu:

Sie müssen die Mieteinnahmen versteuern. Dadurch wird der Cashflow noch etwas geringer. Die Berechnung hängt von Ihrem persönlichen Steuersatz ab, wie viel Sie von der Immobilie abschreiben können und wie viel Überschuss Sie mit der Immobilie erzielen. Das ist schwer in ein Beispiel zu packen. Die bisherige Rechnung zeigt Ihnen trotzdem, ob Ihnen die Immobilie überhaupt einen Gewinn bringt oder nicht.

Gesamte Investmenttabelle

Nun haben Sie die komplette Investmenttabelle ausgefüllt. Diese sollte nun wie in Tabelle 6.9 gezeigt aussehen.

 Sie finden die leere Tabelle unter www.downloads.fuer-dummies.de, damit Sie sie für Ihre eigenen Kalkulationen verwenden können.

Investment (in Euro)		Finanzierung (in Euro)		Vermietung (in Euro)	
Kaufpreis für die Wohnung	68.000,-	Gesamtinvestment	73.780,-	Mieteinnahmen	
Kaufpreis für einen Stellplatz	0,-	Eigenkapital 15 %	11.067,-	Wohnung	4.440,-
Gesamter Kaufpreis	68.000,-	Benötigtes Fremdkapital	62.713,-	Stellplatz	0,-
Kaufnebenkosten				Gesamte Mieteinnahmen	4.440,-
Maklercourtage 0 %	0,-			**Betriebskosten**	
Notargebühr 1,5 %	1.020,-			Immobilienverwaltung	0,-
Grunderwerbsteuer 6,5 %	4.420,-			Nicht umlagefähiges Hausgeld	540,-
Grundbuchamt 0,5 %	340,-			Eigene Instandhaltungsrücklage	150,-
Gesamte Nebenkosten	5.780,-			Kalkulatorischer Mietausfall	177,60
Kosten für Renovierungsarbeiten	0,-			Gesamte Betriebskosten	867,60

Investment (in Euro)		Finanzierung (in Euro)		Vermietung (in Euro)	
Kosten für die Vermietung	0,-			**Kosten für den Kredit**	
Gesamt-investment	73.780,-			Kredit 1 Zinssatz 3,5 %	2.194,96
				Kredit 1 Anfängliche Tilgung 2 %	1.254,26
				Gesamte Kreditkosten	3.449,22
				Cashflow vor Tilgung	1.377,44
				Cashflow nach Tilgung	123,18

Tabelle 6.9: Die ganze Kalkulationstabelle im Überblick

Renditerechnung

Jetzt haben Sie die ganze Tabelle ausgefüllt. Nun wollen Sie aber auch wissen, wie es mit der Rendite aussieht. Was bekommen Sie bei der Wohnung heraus und wie stehen die Zahlen zueinander? Lassen Sie es uns herausfinden.

Bruttomietrendite

Die Bruttomietrendite ist die erste Rendite, die Sie ausrechnen können. Sie gibt Ihnen oft eine Orientierung, wo die Reise hingehen kann. Die Formel lautet:

Jahresbruttomiete / Kaufpreis × 100 = Bruttomietrendite

Bei unserem Beispiel sieht die Rechnung dann wie folgt aus:

4.440,- Euro / 68.000,- Euro × 100 = 6,53 %

Die Wohnung wirft also eine Rendite von 6,53 % ab. Das hört sich gegenüber einem Sparbuch mit 0 % sehr attraktiv an. Schauen wir mal, was die anderen Renditen sagen.

Nettomietrendite

Bei der Nettomietrendite müssen Sie schon mehr Zahlen parat haben. Dafür gibt Ihnen diese Rendite auch einen genaueren Wert.

(Jahresbruttomiete − Bewirtschaftungskosten) / (Kaufpreis + Nebenkosten) × 100 = Nettomietrendite

Für unser Beispiel würde das bedeuten:

(4.440,- Euro - 963,32 Euro) / (68.000,- Euro - 5.780,- Euro) × 100 = 5,59 %

Die Wohnung bringt Ihnen also eine Verzinsung von 5,59 %. Das hört sich immer noch nicht so schlecht an. Aber in der Rechnung ist der Eigenkapitalanteil in Höhe von 54.500,- Euro noch nicht berücksichtigt und es fehlen noch die Kreditkosten.

Eigenkapitalrendite

Kommen wir zur Verzinsung Ihres eingesetzten Geldes. Sie haben ja nicht die vollen 68.000,- Euro bezahlt, sondern »nur« 11.067,- Euro. Zusätzlich müssen Sie die Kosten für den Kredit tragen. Diese werden hier berücksichtigt.

Jahresnettomieteinnahmen / eingesetztes Kapital × 100 = Eigenkapitalrendite

Das würde in Zahlen für das Immobilienbeispiel bedeuten:

123,18 Euro / 11.067,- Euro × 100 = 1,11 %

Diese Rendite ist etwas ernüchternd. Bei Immobilieninvestments wird oft von zweistelligen Renditen gesprochen und trotz Hebel ist die Rendite bei »nur« 1,11 %? Ja, das ist die normale Berechnung der Eigenkapitalrendite. Allerdings haben wir bei dieser Berechnung einen Punkt vergessen. Die Tilgung des Darlehens stellt für Sie einen Kostenpunkt dar. Denn indem Sie das Darlehen zurückzahlen, bauen Sie ganz heimlich einen Vermögenswert für sich auf – die Wohnung. Deshalb müssen Sie die gezahlte Tilgung mit in die Renditeberechnung aufnehmen:

1.377,44 Euro / 11.067,- Euro × 100 = 12,45 %

Das sieht doch nun schon besser aus. Sie verwenden knapp 9.300,- Euro für die Wohnung und bekommen dafür eine Rendite von 14,44 %. Hier liegen wirklich Welten zwischen der Immobilie und einem Sparbuch.

 Vergessen Sie aber bei dieser Berechnung nicht, dass die Rendite großartig klingt, Sie aber durch die hohe Kreditaufnahme und den hohen Hebel ein nicht unerhebliches Risiko eingehen.

Renditen im Überblick

Nun haben Sie alle Renditen einmal ausgerechnet. Tabelle 6.10 zeigt alle im Überblick.

Renditenart	Prozentuale Rendite
Bruttomietrendite	6,53
Nettomietrendite	5,59
Eigenkapitalrendite nach Tilgung	1,11
Eigenkapitalrendite vor Tilgung	12,45

Tabelle 6.10: Die Renditen im Überblick

Fazit

Sie haben am Ende des Monats einen Cashflow von 10,27 Euro. Sie bekommen also Geld aus der Wohnung heraus. Hier ist es nun wichtig zu wissen, ob dieses Investment für Sie interessant ist oder nicht. Für mich muss eine Wohnung um die 100,- Euro im Monat einspielen, damit sie interessant ist. Folglich wäre diese Wohnung für mich weniger interessant. Wenn Sie nun eine andere Strategie verfolgen, kann das anders aussehen.

Egal wie anstrengend es ist: Schauen Sie sich die Zahlen immer ganz genau an. Diese Zahlen zeigen Ihnen, ob sich die Immobilie rechnet oder nicht.

> **IN DIESEM KAPITEL**
>
> Besichtigung durchführen
>
> Die richtigen Unterlagen anfordern
>
> Entscheidung treffen

Kapitel 7
Kurz vorm Immobilienkauf

Nachdem Sie herausgefunden haben, dass sich eine Immobilie rechnet, müssen Sie diese besichtigen. Denn ohne Besichtigung sollten Sie keine Immobilien kaufen. Sollte die Immobilie dann weiterhin interessant aussehen, brauchen Sie noch weitere Unterlagen. Erst danach können Sie eine fundierte Entscheidung treffen. Diese Punkte behandeln wir alle in diesem Kapitel.

Kein Investment ohne Besuch: Die Besichtigung

Nun haben Sie bestimmt schon einige Angebote bekommen, die sich rechnen. Für diese Immobilien sollten Sie nun eine Besichtigung vereinbaren.

Wichtiger Hinweis: Kaufen Sie keine Immobilie, ohne sie vorher gesehen zu haben! Auf Fotos kann man vieles beschönigen. Für Sie als Investor ist es unerlässlich, die Immobilie zu besichtigen! Wenn Sie es selbst nicht schaffen, dann lassen Sie das eine Person durchführen, der Sie vertrauen.

Bei der Besichtigung ist es wichtig, auf Einzelheiten zu achten:

- ✔ Wie ist der Gesamteindruck der Immobilie?
- ✔ Fühlen Sie sich gut in der Gegend?
- ✔ Ist in der Wohnung ein Wasserschaden oder Schimmel?

Oft reicht es hier, den gesunden Menschenverstand zu benutzen. Was wäre für Sie oder für Ihren zukünftigen Zielmieter in Ordnung?

Wenn Sie ganze Häuser oder Gewerbeeinheiten kaufen wollen, sollten Sie zusätzlich einen Bausachverständigen mitnehmen. Nicht bei der ersten, aber bei der zweiten Besichtigung. Dieser kann Ihnen sagen, was an der Immobilie gemacht werden muss und welche Kosten dafür ungefähr anfallen.

Die Checkliste

Zusätzlich können Checklisten helfen, immer wieder den gleichen Prozess durchzugehen und somit eine Routine zu entwickeln.

In Tabelle 7.1 erhalten Sie eine Checkliste, mit der Sie Ihre Besichtigungen durchführen können.

 Damit Sie sie für Ihre Besichtigungen einsetzen können, finden Sie die Tabelle unter www.downloads.fuer-dummies.de.

Nähere Umgebung	Anmerkungen
Ist die Verkehrsanbindung gut?	
Gibt es eine Bushaltestelle oder einen Bahnhof?	
Ist eine Autobahnauffahrt in der Nähe?	
Gibt es Einkaufsmöglichkeiten?	
Sind Kindergärten und Schulen in der Nähe?	
Ärzte, Apotheken oder Post?	
Außenanlage	
Welchen Eindruck macht die Umgebung?	
Welchen Eindruck macht das Objekt?	
Gibt es Risse in den Wänden?	
Wie sieht der Anstrich aus?	
Sind die Briefkästen und Klingelschilder in Ordnung?	
Ist die Haustür in Ordnung?	
Wie wirkt das Treppenhaus?	
Sehen die Fenster gut aus?	
Wie sieht der Müllplatz aus?	
Stellplätze	
Sind die Stellplätze gepflegt?	
Ist die Auffahrt gut auffindbar?	
Sind die Stellplätze zugeteilt?	
Sind die Stellplätze befestigt?	
Innenbesichtigung	
Wände / Böden / Fenster	
Ist ein neuer Anstrich erforderlich?	

Innenbesichtigung	
Aus welchem Material sind die Fenster?	
Sind die Fenstergriffe in Ordnung?	
Sind die Fensterdichtungen gut?	
Sind die Bodenbeläge in Ordnung?	
Funktionieren die Rollläden?	
Küche / Bad	
In welchem Zustand ist die Küche?	
Ist die Küche dabei?	
Wie ist der Zustand des Badezimmers?	
Kommt schnell warmes Wasser?	
Waschmaschinenanschluss vorhanden?	
Balkon / Terrasse	
Gibt es einen Balkon?	
Wie ist der Zustand des Balkons?	
Ist das Balkongeländer in Ordnung?	
Wie ist die Ausrichtung? (Himmelsrichtung? Zur Straßenseite?)	
Stromversorgung	
Sind die Steckdosen in Ordnung?	
Wie sieht der Sicherungskasten aus?	
Sind alle Kabel unter Putz?	
Dachboden / Keller	
Gibt es einen Dachboden oder Keller als Nutzfläche?	
Wie ist der erste Eindruck?	
Wie riecht es?	
Sind die Räume abschließbar?	
Heizung	
Ist die Heizung älter als zehn Jahre?	
Welche Heizungsart liegt vor?	
Sind die Heizkörper in Ordnung?	
Sind die Thermostate leichtgängig?	
Wird die Heizung gewartet?	
Sonstige Beobachtungen	
Wie arbeitet die Hausverwaltung?	
Wie wirken die Nachbarn?	
Gibt es Lärm?	
Störendes Gewerbe nebenan?	
Ist das Bauchgefühl gut?	

Tabelle 7.1: Checkliste für die Wohnungsbesichtigung

Beispiel für eine Besichtigung

Um Ihnen ein Bild von einer Besichtigung zu geben, machen wir einen kleinen Ausflug und schauen uns eine Immobilie an – in Gedanken, versteht sich.

Ausgangssituation

Sie haben mit Ihrem Suchprofil eine schöne Wohnung gefunden. Die erste Kalkulation sieht auch sehr vielversprechend aus. Nun wollen Sie die Wohnung besichtigen, denn kein Kauf ohne Besichtigung. Nach dem Durchstöbern unzähliger Bücher haben Sie für sich nun eine Checkliste zusammengestellt, die Sie mit zur Besichtigung nehmen.

Die nähere Umgebung

Zuerst verbinden Sie das Notwendige mit etwas Nützlichem. Auf dem Weg zur Wohnung schauen Sie sich die Umgebung an. Hier stehen auf Ihrer Checkliste schon folgende Fragen:

- ✔ Wie ist die Verkehrsanbindung?
- ✔ Gibt es Bushaltestellen oder einen Bahnhof in der Nähe?
- ✔ Ist eine Autobahnauffahrt in der Nähe?
- ✔ Gibt es Einkaufsmöglichkeiten?
- ✔ Kindergärten und Schulen?
- ✔ Wie sieht es mit Ärzten, Apotheken und der Post aus?

Natürlich haben Sie vieles davon schon online recherchiert. Aber oft hilft es, diese Punkte nochmals vor Ort aus den Augen eines Mieters zu sehen.

Die Immobilienbesichtigung beginnt also schon lange, bevor Sie die Wohnung betreten haben. Die nähere Umgebung spielt eine wichtige Rolle für Ihren späteren Mieter.

Bei Ihrer Wohnung sehen Sie, dass Ihre Recherche vollkommen korrekt war. Es ist eine Bushaltestelle in der Nähe und die Autobahn erreicht Ihr zukünftiger Mieter mit seinem Pkw in knapp zehn Minuten. Auch gibt es eine kleine Ladenpassage etwa zehn Gehminuten entfernt. Nur Kindergärten und Schulen sind etwas weiter weg. Aber da Sie ja sowieso an einen Single vermieten möchten, ist das nicht ganz so schlimm.

Außenbesichtigung

Sie sind nun vor Ort. Aber bis zur »richtigen« Wohnungsbesichtigung haben Sie noch 20 Minuten Zeit. Diese Zeit haben Sie bewusst eingeplant, um sich die Außenanlage anzusehen. Denn Ihr Mieter soll sich ja wohlfühlen. Hier möchten Sie folgende Punkte klären:

- ✔ Welchen Eindruck macht das Haus?
- ✔ Welchen Eindruck macht die Umgebung?
- ✔ Sind die Briefkästen und die Klingelschilder in Ordnung?
- ✔ Wie sieht die Haustür aus?
- ✔ Welchen Eindruck macht der Müllplatz?
- ✔ Sind der Weg zum Haus und die Grünanlagen gepflegt?

 Der allgemeine Zustand eines Hauses sagt viel aus. Ist es heruntergekommen, kümmert sich die Eigentümergemeinschaft nicht besonders darum. Was wiederum bedeutet, dass der Wert eher sinkt.

Hier sind Sie nicht ganz so begeistert. Das Haus könnte einen neuen Anstrich vertragen, die Fenster sehen ziemlich alt und marode aus. Auch wirken die Briefkästen ziemlich abgenutzt und einige quellen über. Komischerweise ist der Weg zur Immobilie gepflegt und auch der Müllplatz sieht ordentlich aus.

Den Stellplatz möchten Sie sich ebenfalls angucken, um Folgendes zu klären:

- ✔ Sind die Stellplätze gepflegt?
- ✔ Ist die Auffahrt gut auffindbar?
- ✔ Sind die Plätze gut voneinander getrennt?

 Oft werden die Stellplätze vergessen, da sie ja nicht »richtig« zur Wohnung gehören. Aber Ihr Mieter soll hier sein Fahrzeug abstellen und dann sicher nach Hause kommen. Wenn jetzt der Parkplatz in einer dunklen Ecke ohne Beleuchtung liegt, werden manche ihr Fahrzeug da nur ungern parken.

Die Stellplätze sind gepflegter als das Haus. Jeder Stellplatz ist abgetrennt und mit einem Schild der jeweiligen Wohnung zugeordnet. Nur die Auffahrt ist etwas versteckt. Ansonsten machen die Stellplätze einen guten Eindruck.

Innenbesichtigung

Sie kommen gerade wieder von den Stellplätzen, da sehen Sie, wie der Makler um die Ecke düst. Eiligen Schrittes und mit einem breiten Lächeln kommt er auf Sie zu. Er stellt sich als Alexander vor. Sie gehen gemeinsam zur Wohnung. Dabei fällt Ihnen auf, dass das Treppenhaus im Gegensatz zur Außenanlage einen ziemlich gepflegten Eindruck macht. Sie beschließen, nach der Besichtigung mit dem Makler einmal über Ihren Eindruck zu sprechen.

Im zweiten Stock betreten Sie nun die leere Wohnung. Da sie aktuell nicht vermietet ist, können Sie sich alles in Ruhe anschauen. Damit Sie nichts übersehen, haben Sie Ihre Checkliste aufgeteilt. Sie möchten sich folgende Punkte angucken:

- ✔ Wände / Böden / Fenster
- ✔ Küche / Bad
- ✔ Balkon
- ✔ Stromversorgung
- ✔ Keller

Der Makler gestattet Ihnen, sich komplett frei in der Wohnung zu bewegen. Das spielt Ihnen in die Karten und Sie beginnen gleich mit den Wänden, Böden und Fenstern.

Wände / Böden / Fenster

Bei den Wänden möchten Sie besonders darauf achten, ob etwas gemacht werden muss.

- ✔ Braucht die Wand nur einen neuen Anstrich oder muss etwa eine neue Tapete drauf?
- ✔ Oder ist vielleicht sogar irgendein Wasserschaden oder Schimmel vorhanden?

Für den Boden haben Sie die gleichen Fragen parat:

- ✔ Welche Bodenart ist verlegt?
- ✔ Muss der Boden erneuert werden?
- ✔ Oder kann der Boden so bleiben?

Die Fenster sind ebenfalls wichtig. Denn hier kann eine Menge Geld wortwörtlich aus dem Fenster geworfen werden. Daher möchten Sie wissen:

- ✔ Aus welchem Material sind die Fenster?
- ✔ Sind sie einfach, doppelt oder dreifach verglast?
- ✔ Wie sehen die Dichtungen aus?

Nachdem Sie sich in jedem Zimmer die Wände, die Böden und die Fenster angesehen haben, ist Ihr Eindruck durchwachsen. Die Wände brauchen nur einen neuen Anstrich, außer im Wohnzimmer. Dort ist ein kleiner Schimmelfleck. Hier müssen Sie klären, wie schlimm dieser ist und wie schnell Sie ihn beseitigen könnten.

Die Böden sind alle in einwandfreiem Zustand und können direkt so weitervermietet werden. Bei den Fenstern sind Sie sich nicht sicher. Alle Fenster machen einen guten Eindruck. Nur bei den beiden Fenstern im Badezimmer scheint es so, als ob dort öfters Wasser steht. Hier müssen Sie klären, ob es tatsächlich so ist, und wie viel Aufwand und Kosten eine Reparatur bedeuten würde.

Lassen Sie sich bei der Besichtigung bitte nicht hetzen. Natürlich sollen Sie nicht trödeln, aber Sie sollten sich die Immobilie in Ruhe anschauen können. Wenn der Makler Sie von Anfang an zur Eile drängt, dann ist er entweder sehr unorganisiert oder es ist etwas nicht in Ordnung.

Küche und Bad

Die Punkte Wände und Böden haben Sie nun erledigt, jetzt geht es in die Küche und ins Badezimmer. Hier verbringt der Mieter sehr viel Zeit, daher ist eine gründliche Prüfung sehr wichtig. Außerdem kann eine Badsanierung teuer werden. In der Küche möchten Sie wissen:

- ✔ Wie ist der allgemeine Zustand?
- ✔ Ist die Einbauküche mit im Kaufpreis enthalten?

Hier gibt es kaum Überraschungen. Die Küche ist wie auf den Fotos abgebildet:

- ✔ Einfache Küche in Weiß
- ✔ Keine Notwendigkeit, etwas zu machen
- ✔ Sollte aber in zwei bis drei Jahren mal ausgetauscht werden
- ✔ Küchenzeile ist im Kaufpreis mit inbegriffen.

Im Badezimmer möchten Sie wissen:

- ✔ Wie ist der Zustand des Badezimmers?
- ✔ Wie schnell kommt das warme Wasser?
- ✔ Ist ein Waschmaschinenanschluss vorhanden?

Es handelt sich um ein schönes blaues Badezimmer, und mit blau sind nicht die Fliesen gemeint. Die Badewanne, die Toilettenschüssel und das Waschbecken, alles ist in einem schönen Ozeanblau gehalten. Die Fliesen sind dagegen in einem schönen hellen Braun. Also ein Traum von Badezimmer. Allerdings entdecken Sie an der Decke einen merkwürdigen schwarzen Fleck. Der Makler meint auf Nachfrage, dass es nur ein kleiner Schimmelfleck sei. Nicht der Rede wert.

Leider gibt es keinen Waschmaschinenanschluss. Auch in der Küche haben Sie keinen gesehen. Einen eigenen Waschmaschinenanschluss hat in dem Haus keiner, aber es gibt einen gemeinsamen Waschkeller, in dem zwei Waschmaschinen stehen. Sie sind skeptisch, notieren sich aber erst mal die Eindrücke auf Ihrer Checkliste.

 Wenn Sie Fragen haben, stellen Sie diese am besten gleich. Ist der Makler gut vorbereitet, kann er die meisten Fragen sofort beantworten. Oder aber er wird sich informieren und Ihnen die Antworten auf Ihre Fragen zukommen lassen.

Balkon

Als Nächstes steht der Balkon auf der Liste. Viele Mieter hätten gern einen Balkon oder eine Terrasse. Sie dienen ihnen als Rückzugsort oder Entspannungsoase vom Alltagsstress. Deshalb ist es für Sie ein absolutes »Must-have« bei Ihrer Wohnung. Wichtige Punkte für Sie sind:

- Ist ein Balkon vorhanden?
- Wie ist der Zustand?
- Wie ist der Balkon ausgerichtet?
  - Himmelsrichtung?
  - Hof oder Straßenseite?
- Wie ist der Zustand des Balkongeländers?

Den ersten Punkt können Sie gleich abhaken – es gibt einen Balkon. Auch der erste Eindruck ist sehr erfreulich. Im Boden sind keine Risse, der Balkon hat einen Abfluss, und er ist sogar zum Innenhof ausgerichtet. Sprich, der Mieter hat hier wirklich seine Ruhe. Als Sie sich an das Geländer lehnen, kommt aber der Schock – es wackelt und knirscht. Schnell treten Sie wieder zurück und schauen sich das Geländer genauer an. An den Pfeilern sind Risse zu sehen, und zwar nicht zu kleine. Sofort wird dieser Makel notiert. Auch dass viele Nachbarn direkt auf den Balkon schauen können, notieren Sie, denn es findet keiner schön, wie auf dem Präsentierteller zu sitzen. Als Sie beim Makler nachfragen, in welche Himmelsrichtung der Balkon denn ausgerichtet wäre, muss dieser passen. Er wird sich beim Eigentümer informieren und Ihnen Bescheid geben.

Stromversorgung

Während Sie durch die Wohnung gehen, lassen Sie auch die Steckdosen nicht außer Acht.

- Wie ist der Zustand?
- Müssen die Steckdosen ausgetauscht werden?

Auch die sonstige Stromversorgung muss geklärt werden:

- Sind alle Kabel unter dem Putz verlegt?
- Wo ist der Sicherungskasten?
- Wie sieht der Sicherungskasten aus?

Diese Punkte können Sie schnell erledigen. Alle Steckdosen sind in einem neutralen Weiß gehalten und sind noch top in Schuss. Den Sicherungskasten finden Sie in der Küche hinter der Tür. Also ein weiterer Punkt, den Sie abhaken können.

Dachboden / Keller

Als Nächstes möchten Sie klären, ob es einen Dachboden oder einen Keller zur Wohnung gibt. Denn so richtig ging das nicht aus dem Exposé hervor. Doch diese Frage kann der Makler gleich verneinen. Es gibt zwar einen Keller, jedoch ist dieser ausschließlich ein Gemeinschaftskeller. In diesem Keller finden Sie:

✔ Einen Waschraum mit zwei Waschmaschinen

✔ Einen Gemeinschaftsraum mit Bar, Billardtisch und einer großen Leinwand

✔ Einen Fahrradraum

✔ Einen Trockenraum für die gewaschene Wäsche

✔ Die Heizungsanlage

Daher blieb kein Platz für zusätzliche Kellerräume für die Eigentümer. Auch im Dachgeschoss ist nichts zu holen, denn dort sind ebenfalls Wohnungen gebaut worden. Somit ein klarer negativer Punkt an der Wohnung.

Heizung

Trotzdem möchten Sie gleich noch mal in den Keller, denn die Heizungsanlage würden Sie gerne sehen. Zwar kaufen Sie nicht das ganze Haus, aber es würde Sie schon interessieren, wie die Anlage aussieht.

Die Heizungsanlage selbst zu prüfen, ist bei einer Eigentumswohnung nicht immer notwendig. Sie können an dieser allein nichts ändern, denn die Mehrheit der Eigentümer muss entscheiden, ob eine neue Anlage eingebaut wird. Trotzdem sollten Sie prüfen, ob es vielleicht irgendwelche Ungereimtheiten gibt.

Was ist Ihnen wichtig bei der Heizung?

✔ Wie sehen die Heizkörper aus?

✔ Wie alt ist die Heizungsanlage?

✔ Wie wird überhaupt geheizt?

Die Heizkörper finden Sie natürlich in der Wohnung. Diese sind zwar schon älter, aber noch gut in Schuss. Zur Heizanlage kann der Makler leider keine Auskunft geben. Daher muss er Ihren Wunsch erfüllen und sie gehen gemeinsam in den Keller. Nach langem Suchen sehen Sie:

✔ Die Heizungsanlage stammt aus dem Jahr 2000.

✔ Sie wurde zuletzt vor einem Jahr gewartet.

✔ Es ist eine Heizungsanlage, die mit Gas läuft.

Dass die Heizung vom Jahr 2000 ist, bedeutet einen dicken Minuspunkt. Somit wird es bald erforderlich sein, sie auszutauschen, und das verursacht wieder Kosten.

Man sagt, dass eine Heizung alle 10 bis 15 Jahre ausgetauscht werden sollte, damit sie die besten Ergebnisse bringt und wieder auf dem aktuellen Stand ist.

Sonstige Beobachtungen

Sie sind durch. Die Besichtigung ist geschafft. Als Sie wieder im Auto sitzen, lassen Sie den Gang durch die Wohnung nochmals vor Ihrem geistigen Auge ablaufen, um sich weitere Notizen zu machen. Hier möchten Sie Dinge aufschreiben, die nicht in eine konkrete Kategorie passen.

- ✔ Wie wirkte der Makler auf Sie?
- ✔ Konnten Sie etwas zur Hausverwaltung herausbekommen?
- ✔ Wie wirkten die Nachbarn?
- ✔ Gibt es irgendwelche lästigen Lärmquellen?
- ✔ Gibt es Gewerbebauten in der Nähe, die stören?
- ✔ Wie ist Ihr Bauchgefühl?

Für Sie wirkte der Makler etwas inkompetent. Auf die meisten Fragen hatte er keine Antwort und auch sonst wirkte es eher so, als wenn Sie mit Ihren Auskunftsgesuchen stören würden. Auch wenn Sie sagen müssen, dass es angenehm war, die Wohnung frei besichtigen zu dürfen. Zur Hausverwaltung konnten Sie leider nichts herausfinden, aber das könnten Sie später noch nachholen.

Nachbarn sind Ihnen keine über den Weg gelaufen.

Einige Investoren klingeln wirklich nach einer Besichtigung bei den Nachbarn der Wohnung. So versuchen sie, noch mehr Informationen über das Haus und die vorherigen Mieter / Eigentümer herauszubekommen. Ob Sie diese Methode anwenden möchten, bleibt Ihnen überlassen.

Auf der gegenüberliegenden Straßenseite ist ein kleines Restaurant. Das sollten Sie sich einmal anschauen und erforschen, ob es eventuell störend für die Mieter sein könnte. Zudem ist Ihr Bauchgefühl sehr durchwachsen. Im Groben passt die Wohnung schon. Aber es wäre zu viel für Sie zu renovieren, und Ihr Bauch sagt eher Nein als Ja.

Ignorieren Sie bitte nie Ihr Bauchgefühl. Oft gibt es Ihnen die richtige Richtung vor. Sollten Sie bei einem Investment ein komisches Bauchgefühl haben, dann werden Sie skeptisch. Prüfen Sie das Investment noch einmal genauer, und sollte das Gefühl bleiben, dann lassen Sie die Hände davon. Das nächste Investment kommt bestimmt.

Fazit

Es sind nun zwei Tage vergangen, und Sie haben sich die Checkliste nochmals in Ruhe angesehen und Ihren Bauch befragt. Nun steht Ihre Entscheidung fest:

Diese Wohnung wird es nicht.

Die negativen Punkte auf der Checkliste überwiegen, und das Bauchgefühl stimmt auch nicht. Also klare Sache, kein Deal für Sie.

Durch das Notieren auf der Checkliste können Sie immer wieder die Besichtigung durchgehen, denn es ist alles festgehalten. So können Sie nicht vergessen, dass an der Decke beispielsweise ein Schimmelfleck war. Ich empfehle Ihnen, mit einer Checkliste zu arbeiten und diese immer weiter Ihren Bedürfnissen anzupassen.

Unterlagen anfordern

Nachdem Sie nun eine Immobilie besichtigt haben und die Kalkulation gut aussieht, sollten Sie eine Reihe von Unterlagen anfordern, die Sie benötigen, um die Immobilie noch besser zu prüfen. In Tabelle 7.2 finden Sie eine Checkliste mit den wichtigsten Unterlagen.

Auch diese Checkliste finden Sie unter www.downloads.fuer-dummies.de.

Da es bei Immobilien verschiedene Arten gibt, kann es nicht die eine Liste geben. Der Schwerpunkt der Liste in Tabelle 7.2 liegt auf den Eigentumswohnungen, um Ihnen ein Beispiel zu geben.

Die Unterlagen erhalten Sie alle vom Makler oder bei Privatverkäufern vom Verkäufer.

Unterlagen	vorhanden?
Exposé	
Fotos vom Objekt	
Grundriss	
Wohnflächenaufstellung (Auflistung der Fläche der einzelnen Räume)	
Energieausweis	
Die letzten zwei Hausgeldabrechnungen für Wohnung und Stellplatz	
Aktueller Wirtschaftsplan für Wohnung und Stellplatz	

Unterlagen	vorhanden?
Beschlusssammlung der Eigentümergemeinschaft	
Protokolle der letzten drei Eigentümerversammlungen	
Teilungserklärung mit Gemeinschaftsordnung	
Grundbuchdaten oder sogar Grundbuchauszug von Wohnung und Stellplatz	
Letzte Betriebskostenabrechnung an den bisherigen Mieter (wenn vorhanden)	
Mietvertrag (wenn vorhanden)	
Alle bisherigen Mieterhöhungsschreiben (wenn es welche gibt)	
Wohngebäude- und Haftpflichtversicherung	

Tabelle 7.2: Checkliste Unterlagen Eigentumswohnung

Für die Immobilienprüfung brauchen Sie viele Unterlagen, denn die zahlreichen Informationen, die Sie benötigen, finden Sie leider nicht an einer Stelle. Gehen wir ein paar Unterlagen einfach mal durch:

Das Exposé

Das Exposé enthält die meisten wichtigen Daten über die Immobilie:

✔ Adresse

✔ Kaufpreis

✔ Höhe der Maklercourtage

✔ Baujahr

✔ Größe der Immobilie

✔ Ist sie vermietet oder leer stehend

✔ Zustand der Immobilie

✔ Energiewerte

Es bringt so eine gute Zusammenfassung vieler Daten der Immobilie und darf in Ihren Unterlagen nicht fehlen.

Die meisten Immobilienmakler schicken automatisch ein Exposé, sobald Sie mit Ihnen in E-Mail-Kontakt stehen. Sonst bekommen Sie es spätestens zur Besichtigung ausgehändigt.

Grundriss

Manchmal ist der Grundriss im Exposé enthalten, sodass Sie diesen nicht extra anfordern müssen. Im Grundriss sehen Sie, wie die Aufteilung der einzelnen Räume ausfällt. Ist diese für Ihre Zwecke dienlich oder eher unpraktisch?

Bei Wohnimmobilien sollten Sie möglichst darauf achten, keine Durchgangszimmer zu haben, denn die sind oft nicht gerne gesehen und erschweren eine Vermietung.

Die letzten zwei Hausgeldabrechnungen für Wohnung und Stellplatz

Diese Unterlagen benötigen Sie für die Renditeberechnung. Hier können Sie prüfen:

- ✔ nicht umlagefähige Nebenkosten
- ✔ umlagefähige Nebenkosten
- ✔ Instandhaltungsrücklage
- ✔ Reparaturkosten
- ✔ Hausgeld

Die nicht umlagefähigen Nebenkosten benötigen Sie für die Renditeberechnung. Am Anfang haben Sie ja nur mit einem Pauschalwert gearbeitet. Nun können Sie diesen Wert gegen den aktuellen Wert austauschen.

Die Höhe der umlagefähigen Nebenkosten ist für Sie interessant, damit Sie prüfen können, ob diese angemessen ist. Das ist für Ihre Absicherung und für die des Mieters. Was passiert, wenn er zu viel zahlt? Sie müssten die Summe zurückzahlen. Prüfen Sie also sofort, ob alles stimmt.

Teilungserklärung mit Gemeinschaftsordnung

In der Teilungserklärung finden Sie alle wichtigen Informationen zu den Fragen:

- ✔ Was ist Gemeinschaftseigentum und was gehört zur Wohnung?
- ✔ Gibt es zugeordnete Kellerabteile?
- ✔ Welche Vorgaben gibt es für Beschlüsse?
- ✔ Welche Besonderheiten hat die Eigentümergemeinschaft?
- ✔ Wie viele Wohneinheiten besitzt die Gemeinschaft?

Grundbuchdaten oder sogar Grundbuchauszug von Wohnung und Stellplatz

Was im Grundbuch steht, das ist gesetzt. Nur was im Grundbuch eingetragen ist, können Sie auch rechtlich durchsetzen. Daher sollten Sie hier prüfen:

- ✔ Ist der Verkäufer auch der Eigentümer?
- ✔ Gibt es Rechte, die eine Vermietung verhindern? (Wohnrechte und so weiter)
- ✔ Gibt es sonstige hinderlichen Rechte?

Alle bisherigen Schreiben zu einer Mieterhöhung (wenn es welche gibt)

Hier können Sie sehen, wann die letzte Mieterhöhung war und wann die nächste wieder möglich ist.

Wie sich für eine Immobilie entscheiden?

Sie haben Ihr Suchprofil erstellt, Angebote bekommen und kalkuliert. Sie haben Immobilien besichtigt, aber wie entscheiden Sie sich nun für eine Immobilie? Oft wird dieser Punkt vollkommen außer Acht gelassen, da er auf den ersten Blick relativ unproblematisch ist. Wenn Ihnen eine Immobilie gefällt, kaufen Sie diese – wenn nicht, dann nicht. So die Theorie. In der Praxis ist es oft nicht so einfach, eine Entscheidung zu treffen. Ich spreche aus Erfahrung, denn ich benötige oft sehr lange, mich endgültig festzulegen. Ich möchte Ihnen hier ein paar kleine Tipps geben, wie Sie Ihre Entscheidung leichter treffen können.

Fragen Sie Ihr Suchprofil

Am Anfang Ihrer Immobilienreise haben Sie ein Suchprofil erstellt. Holen Sie es für Ihre Entscheidungsfindung hervor und vergleichen Sie es mit den angebotenen Immobilien.

- ✔ Passt das Angebot zu Ihrem Suchprofil?
- ✔ Wo sind Abweichungen?
- ✔ Wie schlimm sind diese für Sie?

Was machen Sie, wenn die angebotene Immobilie keinen Balkon hat, Sie aber einen in Ihrem Suchprofil wünschen? Ist diese Abweichung ausreichend für eine Absage oder ist das für Sie noch in Ordnung? So gehen Sie jedes Angebot durch. Oft können Sie dann schnell schon ein paar Angebote aussortieren.

Durch diese Vorgehensweise lernen Sie sich und Ihre Anforderungen an die Immobilie immer besser kennen und können Ihr Suchprofil verfeinern. Ihnen ist ein Balkon zum Beispiel doch nicht so wichtig wie anfangs gedacht? Dann ändern Sie das in Ihrem Suchprofil. So sind Sie immer auf dem aktuellen Stand.

Fragen Sie Ihren Zielmieter

Wer könnte besser wissen, ob die Immobilie zu Ihrem Mieter passt, als Ihr idealer Zielmieter? Warum fragen Sie den nicht einmal. Es klingt zunächst immer etwas seltsam, mit einer imaginären Person zu sprechen, aber glauben Sie mir, es hilft. Oft bekommen Sie so gute Ansätze, über die Sie nachdenken können, um so vielleicht einer Entscheidung näherzukommen.

Das Gespräch mit dem Zielmieter

Leon hat zwei Wohnungen zur Auswahl. Beide Wohnungen sind sehr schön und er kann sich nicht entscheiden. Er hat bereits sein Suchprofil mit den Wohnungen verglichen. Trotzdem kann er keine Entscheidung treffen. Bei der ersten Wohnung handelt es sich um eine Zweizimmerwohnung im ersten Stock. Sie besitzt einen schönen Balkon und ist sehr modern. Allerdings ist die Lage nicht so toll. Zur nächsten Bushaltestelle muss der Mieter sehr weit laufen und zur Autobahn dauert es auch 20 Minuten.

Die zweite Wohnung ist genauso groß. Sie ist schön, aber nicht so modern wie die erste Wohnung. Auch der Balkon ist etwas kleiner. Dafür ist die Lage ein Traum. Eine Bushaltestelle erreichbar in fünf Gehminuten, die Autobahn zehn Minuten entfernt. Auch eine Einkaufsmöglichkeit ist zu Fuß zu erreichen. Da Leon sich nicht entscheiden kann, fragt er seinen Zielmieter Konstantin um Rat.

Dieser lacht nur über diese Frage und stellt eine Gegenfrage: Worauf achtet der Mieter am meisten: Dass eine Wohnung modern ist und einen schönen Balkon hat? Oder dass er alle wichtigen Dinge des täglichen Lebens schnell erreichen kann? Nachdem Leon sich diese Frage beantwortet hat, fällt die Entscheidung leicht: Wohnung eins scheidet aus und Wohnung zwei wird es. Denn für seinen Mieter ist es wichtiger, überall hinzukommen, als die modernste Wohnung zu besitzen.

Der Zielmieter kann Ihnen Entscheidungen abnehmen, aber Sie müssen sich darauf einlassen.

Gehen Sie die Besichtigung nochmals durch

Sie haben die Immobilie besichtigt. Sind Ihnen da Besonderheiten aufgefallen? Irgendetwas, was Sie wirklich gestört hat? Vielleicht können Sie sich nicht mehr erinnern, aber Ihre Checkliste (Tabelle 7.1) kann es. Schauen Sie sich diese nochmals an. War da eventuell ein

✔ Wasserschaden an der Wand?

✔ nicht zu erklärendes Loch im Fußboden?

✔ größerer Renovierungseinsatz erforderlich?

Überlegen Sie, was für Sie vertretbar ist und was nicht.

Vergessen Sie bitte nicht, dass Sie keine Immobilie kaufen sollten, ohne sie besichtigt zu haben. Jedes Investment sollte einmal besichtigt werden.

Schauen Sie sich Ihre Kalkulation an

Zahlen lügen nicht. Jedenfalls nicht, wenn Sie diese selbst berechnet haben. Mir fällt es oft leichter, Entscheidungen zu treffen, wenn mir die Zahlen ein gutes Gefühl geben. Hier können Sie prüfen, ob die Zahlen so sind, wie Sie diese in Erinnerung haben. Konnten Sie Abweichungen erkennen? Und reicht Ihnen der freie Cashflow, den Sie erhalten werden?

Dieser Blick auf die Zahlen verhindert, dass Sie eine Entscheidung nur aus dem Bauch heraus treffen. Machen Sie nicht den Fehler, sich in eine Immobilie zu verlieben, sie unbedingt haben zu wollen, egal wie schlecht sie sich rechnet. Das mag bei der Entscheidung für eine selbst genutzte Immobilie noch eine Rolle spielen dürfen, beim Immobilieninvestment aber nie. Ein »Heilmittel« kann sein, dass Sie sich noch einmal vor Augen führen, dass diese Immobilie sich nicht rechnen würde.

Machen Sie ein unverschämtes Angebot

Sie würden die Immobilie kaufen, aber der Kaufpreis ist Ihnen zu hoch? Dann machen Sie doch einfach ein Angebot mit Ihrem Preis! Es klingt etwas drastisch, aber oft erledigen sich dann einige Angebote von selbst.

Michael hat zwei Wohnungen zum Kauf angeboten bekommen. Die Entscheidung zwischen diesen beiden Wohnungen fällt ihm nicht leicht. Er weiß aber eins: Zu den angegebenen Preisen möchte er die Wohnungen nicht kaufen. Sie sind ihm einfach zu teuer. Da kommt ihm eine Idee: Er macht für beide Wohnungen ein Angebot, geht dabei aber mit dem Preis um 20 % runter. Dann schaut er, ob einer der Verkäufer dieses Angebot annimmt. Nach einer Woche hat er zwei Absagen bekommen. Die Verkäufer wollen die niedrigeren Preise nicht akzeptieren. Allerdings hat ihm einer der Verkäufer ein Angebot unterbreitet, bei dem er 5 %

vom ursprünglichen Kaufpreis nachlässt. Hier kann Michael also doch einen Deal abschließen. Die Entscheidung ist gefallen.

So umgehen Sie den Zwang, eine eigene Entscheidung zu treffen.

Diese Methode sollten Sie nicht zu oft anwenden. Denn es ist wichtig, eigene Entscheidungen zu treffen. Außerdem spricht sich ein solches Vorgehen in der Immobilienwelt schnell herum, und so kann es kommen, dass Sie nur noch Absagen erhalten.

Hören Sie auf Ihr Bauchgefühl

Es wird immer so schön gesagt, dass Investoren nie auf Ihre Gefühle hören sollen. Immer nur nach Zahlen, Daten und Fakten soll entschieden werden. Im Grundsatz stimme ich dem zu, denn Gefühle können einen manchmal in die Irre führen.

Trotzdem ist es wichtig, die Gefühle nicht vollkommen außen vor zu lassen. Was bringt Ihnen ein Investment, das sich toll rechnet, Ihnen aber schlaflose Nächte bereitet? Rein gar nichts!

Daher ist es wichtig, auch auf sein Bauchgefühl zu hören. Oft gibt es Ihnen den richtigen Weg vor oder zumindest gibt es Ihnen Hinweise, wo die Reise hingeht. Sie haben ein Hochgefühl bei dieser Immobilie und die Zahlen stimmen? Dann ist die Entscheidung klar. Sie haben kein gutes Gefühl? Dann prüfen Sie die Immobilie erneut und fragen sich, worin das schlechte Gefühl begründet ist.

Checkliste

Damit Sie alle diese Punkte abhaken können, bekommen Sie in Tabelle 7.3 eine kleine Checkliste mit den Tipps zur Entscheidungsfindung.

Auch diese Checkliste finden Sie unter www.downloads.fuer-dummies.de.

Tipps zur Entscheidungsfindung	erledigt
Fragen Sie Ihr Suchprofil.	
Fragen Sie Ihren Zielmieter.	
Gehen Sie die Besichtigung noch mal durch.	
Schauen Sie sich Ihre Kalkulation an.	
Machen Sie ein unverschämtes Angebot.	
Hören Sie auf Ihr Bauchgefühl.	

Tabelle 7.3: Checkliste Entscheidungsfindung

> **IN DIESEM KAPITEL**
>
> Die Teammitglieder
>
> Tipps für Ihre Mitglieder

Kapitel 8
Das Immobilienteam

Manchmal klingt es fast so, als ob Sie als Immobilieninvestor ein Einzelkämpfer wären, der alles alleine machen muss.

✔ Neue Immobilien finden

✔ Die Immobilien verwalten

✔ Alle nötigen Paragrafen im Mietrecht kennen

✔ Ihre Steuerstrategie aufstellen

Das ist ein Trugschluss. Der clevere Investor baut sich ein Immobilienteam auf, das ihn unterstützt. Denn Sie können nicht alles wissen und alles können und schon gar nicht alles selbst machen. Wer alles zu Ihrem Immobilienteam gehört, und wie Sie es zusammenstellen, erfahren Sie in diesem Kapitel.

Ihre Teammitglieder

Niemand weiß alles und kann alles. Deshalb ist es nur ratsam, sich mit der Zeit ein kleines Immobilienteam zusammenzustellen und einige Aufgaben auszulagern. Denn Sie als Investor sollten sich später nur auf die Kernaufgaben konzentrieren.

> Zu Beginn kann es sehr sinnvoll sein, Aufgaben selber zu erledigen. So lernen Sie, was in diesem Bereich wichtig ist, und können Ihrem Teammitglied gute Hinweise geben.

Dabei müssen Sie nicht schon von Anfang an alle Teammitglieder haben. Sie können sich Ihr Team nach und nach aufbauen.

Diese Mitglieder werden Ihr Team bereichern und Ihnen somit bei Ihren Investments helfen:

- ✔ Der Hausverwalter
- ✔ Der Immobilienmakler
- ✔ Der Gutachter
- ✔ Der Steuerberater
- ✔ Der Rechtsanwalt
- ✔ Der Alleskönner
- ✔ Das Handwerkerteam
- ✔ Die persönliche Assistenz

Natürlich kann diese Liste noch erweitert werden. Aber das sind die Mitglieder, die einen Unterschied machen.

Schauen wir uns die Mitglieder Ihres Teams mal genauer an.

Der Hausverwalter

Zu Beginn wollen viele Anfänger an der Verwaltung sparen. So haben sie einen höheren Cashflow und müssen sich nicht um einen Dienstleister kümmern. Diese Ansicht kann ich verstehen, und bei einem kleinen Immobilienbestand ist das Ganze auch kein großes Problem. Wenn der Immobilienbestand aber immer weiterwächst, sollten Sie sich spätestens dann um eine gute Verwaltung kümmern. Diese nimmt Ihnen einiges an Arbeit ab, und sie schafft eine gewisse Distanz zu Ihrem Mieter und Ihnen.

Die Hausverwaltung dient somit auch als kleiner Puffer zwischen Ihnen und Ihrem Mieter. Sie müssen nun nicht mehr 24 Stunden am Tag erreichbar sein, da Ihre Verwaltung sich um den Mieter kümmert.

Welche Aufgaben kann die Verwaltung für Sie übernehmen? Das kommt ganz darauf an, was Sie abgeben möchten. Das können Aufgaben sein wie:

- ✔ Prüfung, ob die Miete eingeht
- ✔ Neue Mietersuche
- ✔ Verwaltung der Buchungen (Miete, Strom, Darlehensraten et cetera)
- ✔ Ansprechpartner für den Mieter
- ✔ Koordinator der Handwerker
- ✔ Erstellung der Nebenkostenabrechnung
- ✔ Ansprechpartner für den Steuerberater (da die Hausverwaltung die Buchhaltung erledigt)

Sie sehen also, die Verwaltung kann Ihnen einiges an Arbeit abnehmen. Zusätzlich ist die Verwaltung natürlich Profi im Thema Vermietung. Sie kennt die Fristen für die Nebenkostenabrechnung oder weiß, wann die Miete wieder erhöht werden kann.

Der Steuerberater

Ein weiteres wichtiges Mitglied in Ihrem Team. Aber hier ist Vorsicht geboten:

 Nicht jeder Steuerberater taugt für Ihr Immobilienteam!

Denn es gibt die »normalen« Steuerberater und es gibt die, die sich selbst mit dem Thema Immobilien beschäftigen. Sie benötigen unbedingt den zweiten in Ihrem Team. Denn das Thema Immobilien ist relativ komplex, vor allem auch, wenn Sie die steuerliche Seite betrachten. Durch diese Komplexität haben Sie aber auch enorm viel Gestaltungsmöglichkeiten. Dafür benötigen Sie den Steuerberater. Es ist ganz praktisch, wenn er gleichfalls Ihre Steuererklärung macht, aber Sie brauchen ihn auch für die strategische Planung Ihrer Investments.

 Oft haben diese Steuerberater selbst bereits in Immobilien investiert. Das ist dann immer ein echter Glücksgriff, denn so weiß der Steuerberater, in welcher Situation Sie sind, und kann Ihnen bestens weiterhelfen.

Der Immobilienmakler

Immobilienmakler haben, zu Unrecht, wie ich finde, einen miserablen Ruf. Ein Makler gehört einfach in jedes Immobilienteam. Punkt. Wichtig ist hier, die schwarzen Schafe auszusortieren. Denn die gibt es in diesem Bereich leider zahlreich. Doch ein professioneller Makler kann Ihnen wichtige Markteinschätzungen geben. Das ist bei der Recherche für einen Standort und auch bei der Objektsuche sehr hilfreich.

Neben der Markteinschätzung kann der Makler ferner als geheime Informationsquelle für Immobilienkäufe dienen. Denn manche Makler geben ihren guten Kunden einen kleinen Zeitvorsprung, wenn es um attraktive Objekte geht.

 Der Immobilienmakler ist somit ein Gewinn für Ihr Team. Durch ihn können Sie den Markt besser einschätzen und erhalten eventuell als Erster Zugriff auf gute Deals. Zusätzlich kann ein Makler, der selbst investiert, sich sehr gut in Ihre Situation hineinversetzen und Ihnen damit besser passende Immobilien anbieten.

Der Gutachter

Einen Gutachter werden Sie nicht oft benötigen, aber er ist eine weitere Bereicherung für Ihr Team. Denn seien wir ehrlich: Wie gut kennen Sie sich mit Immobilien aus, wenn es um die bauliche Beschaffenheit geht? Ich verstehe wenig davon. Und dafür brauchen Sie dringend einen Gutachter.

Dieser Gutachter muss keine 50-Seiten-Berichte schreiben. Es genügt oft ein DIN-A4-Zettel, auf dem er alle notwendigen Maßnahmen mit ungefähren Kosten auflistet.

Es ist wichtig, dass Sie sich keinen Theoretiker suchen, der lange Romane schreibt, sondern einen Praktiker, der kurz und präzise benennen kann, was gemacht werden muss.

Nicht nur bei der Ankaufsprüfung ist ein Gutachter Gold wert. Auch wenn Sie Ihre Bestandsimmobilien renovieren wollen oder vor einem Verkauf überprüfen möchten, kann der Gutachter Ihnen zur Seite stehen.

Der Rechtsanwalt

Wenn es um Immobilien geht, kommen früher oder später immer rechtliche Fragen auf. Seien es:

✔ Klauseln im Kaufvertrag, die Sie nicht verstehen

✔ Die Frage, ob ein Mietvertrag rechtskonform ist

✔ Ab wann Sie Ihrem nicht zahlenden Mieter kündigen können

✔ Und viele mehr

Sie können natürlich versuchen, solche Fragen selbst zu beantworten. Aber das ist sehr mühselig und gefährlich. Denn Sie wissen nicht, wie aktuell die Informationen sind, die Sie sich zusammengesucht haben. Daher ist ein Anwalt unerlässlich. Allerdings sollten Sie keinen Alleskönner nehmen. Dafür ist das Miet- und Baurecht viel zu komplex. Suchen Sie sich einen Spezialisten, der sich genau auf diesen Themenschwerpunkt spezialisiert hat. So können Sie sichergehen, dass dieser alle Kniffe und Tricks kennt.

Für alles Rechtliche brauchen Sie einen spezialisierten Anwalt, den Sie bei Bedarf fragen können. Wenn Sie alle rechtlichen Fragen selbst beantworten wollen, bewegen Sie sich auf sehr dünnem Eis.

Der Alleskönner

Beim Anwalt sollten Sie keinen Alleskönner wählen. Wenn es allerdings um das Handwerkliche geht, sollten Sie unbedingt einen Alleskönner zur Hand haben. Denn immer die Spezialisten zu holen, ist sehr teuer, und Sie müssen oft länger auf einen Termin warten. Daher brauchen Sie einen, der vieles kann.

✔ Glühbirnen austauschen

✔ Kaputte Türen reparieren

✔ Malerarbeiten durchführen

✔ Einen beschädigten Boden reparieren oder neu verlegen

✔ Eine defekte Geschirrspülmaschine in Gang kriegen

Das sind nur ein paar Beispiele, was Ihr Alleskönner machen kann. Das kann auch variieren – wichtig ist, dass er viele handwerkliche Aufgaben auf einen kurzen Anruf hin erledigen kann.

Das Handwerkerteam

Ihr Alleskönner macht alle kleinen Aufgaben für Sie. Wenn aber größere Dinge anfallen, wie zum Beispiel eine Badsanierung oder größere Renovierungsarbeiten, dann brauchen Sie ein kompetentes Handwerkerteam. Denn nichts ist ärgerlicher, als immer wieder andere Handwerker zu beauftragen, die immer unterschiedliche Ergebnisse liefern. Daher sollten Sie an Ihrem Investmentstandort die Handwerker kennen und wissen, welche von ihnen gute Arbeit leisten. Diese sollten Sie in Ihr Handwerkerteam aufnehmen.

Wenn Sie den Handwerkern vermitteln, dass Ihr Auftrag keine Eintagsfliege ist, sondern Sie wirklich an einer längeren Zusammenarbeit interessiert sind, kann sich das auf lange Sicht auf die Konditionen bei den Preisen und die Verfügbarkeit auswirken.

Mögliche Handwerker in Ihrem Team:

✔ Tischler

✔ Maler

✔ Sanitärtechniker

✔ Elektroniker

Das sind bloß ein paar Beispiele. Die Liste lässt sich natürlich noch ausbauen.

Mit Handwerkerteam ist nicht gemeint, dass Sie diese Handwerker anstellen, sondern lediglich, dass Sie eine enge Zusammenarbeit mit ihnen anstreben.

Die persönliche Assistenz

Dieses Teammitglied wird oft übersehen. Dabei kann Ihnen ein persönlicher Assistent enorm viel Arbeit abnehmen. Denn wenn Sie genau überlegen, gibt es viele kleine Arbeiten, die abgegeben werden können.

✔ Telefonanrufe annehmen und vorsortieren

✔ Briefe verfassen

✔ Termine koordinieren

✔ Internetrecherche zum Standort

✔ E-Mail-Bearbeitung

Das sind alles Aufgaben, die Ihnen eine persönliche Assistenz abnehmen kann. Dabei müssen Sie noch nicht einmal einen Arbeitsplatz zur Verfügung stellen. Denn in Zeiten des Internets gibt es mittlerweile virtuelle Assistenten.

Virtuelle Assistenten sind Menschen, die Assistenz- und Sekretariatsaufgaben für Sie erledigen. Dabei arbeiten diese Menschen flexibel von zu Hause aus oder wo sie gerade sind. Sie sind somit ortsunabhängig. Zusätzlich sind sie nicht bei Ihnen angestellt. Dadurch sparen Sie sich den Aufwand eines Arbeitgebers. Sie schließen mit den virtuellen Assistenten einen Servicevertrag ab, und die virtuelle Assistenz kümmert sich dann um die anfallenden Aufgaben. Diesen Service können Sie über größere Anbieter buchen oder Sie buchen ihn bei einzelnen Assistenten direkt.

Buchen Sie am Anfang erst einmal ein kleines Übungspaket, damit Sie herausfinden können, ob diese Assistenz auch Ihre Erwartungen erfüllt.

Checkliste Immobilienteam

Damit Sie einen genauen Überblick haben, wer bereits in Ihrem Team ist und wer nicht, finden Sie in Tabelle 8.1 eine kleine Checkliste.

Die Checkliste finden Sie auch unter www.downloads.fuer-dummies.de zum Download, sodass Sie auch gleich die Namen und Kontaktdaten eintragen können, wenn Sie mögen. Dann haben Sie immer alles zusammen.

Teammitglied	Aufgaben
Der Hausverwalter	Je nach gewünschtem Umfang: Prüfung, ob die Miete eingeht Neue Mietersuche Verwaltung der Buchungen (Miete, Strom, Darlehensraten et cetera) Ansprechpartner für den Mieter Koordinator der Handwerker Erstellung der Nebenkostenabrechnung
Der Immobilienmakler	Markteinschätzung Einkaufsquelle
Der Gutachter	Einschätzung, welche Maßnahmen notwendig sind Einschätzung der Kosten für die Maßnahmen
Der Steuerberater	Strategische steuerliche Planung Steuererklärung

Teammitglied	Aufgaben
Der Rechtsanwalt	Rechtliche Fragen beantworten Prüfung von Verträgen und Anschreiben
Der Alleskönner	Für alle kleinen handwerklichen Tätigkeiten
Das Handwerkerteam	Größere handwerkliche Projekte, wie Renovierungen oder Sanierungen
Die persönliche Assistenz	Telefonanrufe annehmen und vorsortieren Briefe verfassen Termine koordinieren Internetrecherche zum Standort E-Mail-Bearbeitung

Tabelle 8.1: Checkliste Immobilienteam

Wie Sie die Mitglieder finden

Nun wissen Sie, wer in Ihr Immobilienteam gehört. In diesem Teil bekommen Sie nun ein paar Tipps, wie Sie die richtigen Mitglieder finden.

Starten Sie bei sich selbst

Bevor Sie sich auf die Suche begeben, setzen Sie sich einen Augenblick hin und überlegen erst einmal.

✔ Was soll das Mitglied genau können? / Welche Fähigkeiten muss es besitzen?

✔ Soll es bestimmte Charaktereigenschaften haben?

✔ Was ist Ihnen wichtig?

Das sind Fragen, die Sie sich beantworten sollten, bevor Sie auf die Mitgliedersuche gehen. Denn wenn Sie nicht wissen, was Ihnen wichtig ist, wie sollen Sie dann den Richtigen finden?

 Überlegen Sie sich vor Ihrer Suche, was Ihnen wichtig ist, und erstellen Sie sich am besten eine Tabelle, um die Kriterien zu gewichten.

Die Tabelle könnte wie in Tabelle 8.2 aussehen:

Kriterien	Gewichtung 1 bis 10	Angebot der Hausverwaltung
Übernimmt die Buchhaltung	8	Bietet die Hausverwaltung an
Macht die Nebenkostenabrechnung	10	Ja, bietet sie an
Hat mindestens zwei Mitarbeiter (falls einer krank wird oder Urlaub hat)	7	Nein, sie hat nur einen Mitarbeiter

Tabelle 8.2: Kriterien für die Hausverwaltung

Das ist jetzt nur eine Beispieltabelle, aber so in etwa könnte Ihre Tabelle aussehen.

Möchten Sie die Checkliste aus Tabelle 8.2 abwandeln? Sie finden die Tabelle unter www.downloads.fuer-dummies.de.

Fragen Sie, ob derjenige schon in Immobilien investiert hat

Wenn Sie wissen wollen, ob Sie beim Steuerberater, Immobilienmakler oder auch beim Gutachter an der richtigen Adresse sind, stellen Sie folgende Frage:

»Haben Sie bereits selbst in Immobilien investiert?«

Vor allem Makler und Steuerberater, die mit der Materie gut vertraut sind, haben oft selbst in Immobilien investiert. Hier sind Sie dann auf dem genau richtigen Weg. Denn diese Kontakte wissen, worauf es ankommt, und können Ihnen eventuell ein paar Tipps geben.

Nicht nur bei Steuerberatern und Immobilienmaklern lohnt sich die Frage. Auch bei den anderen Mitgliedern Ihres Teams kann es von Vorteil sein, wenn sie bereits investiert haben.

Bleiben Sie niemals bei einem Angebot

Egal wie gut ein Angebot scheint, prüfen Sie stets ein weiteres. Ich habe es schon oft erlebt, dass ich dachte: »Wow, das ist ein echt gutes Angebot.« Und nachdem ich mir ein zweites Angebot eingeholt hatte, war ich glücklich, diesen »Mehraufwand« auf mich genommen zu haben. Mehrere Angebote zu haben, hat mehrere Vorteile:

- ✔ Sie können das beste Angebot heraussuchen.
- ✔ Sie entlarven zu teure Anbieter.
- ✔ Sie sind nicht nur von einem Anbieter abhängig.
- ✔ Sie bekommen einen Überblick über gängige Preise.
- ✔ Sie haben eine Verhandlungsbasis.

Daher holen Sie sich immer mehr als ein Angebot ein. Aber übertreiben Sie es nicht. Bis zu fünf Angebote sind meistens ausreichend.

Fragen Sie nicht nur die großen Betriebe

Oft gehen wir automatisch zu den größten Betrieben. Diese sind im Ort bekannt, haben jahrelange Erfahrung und sind bestens vernetzt – sind dafür aber häufig auch sehr teuer. Es lohnt sich daher meist, auch bei den kleinen regionalen Anbietern anzufragen. Vielleicht sind diese in der Region besser vernetzt und haben günstigere Preise.

Bei kleineren Betrieben haben Sie zusätzlich noch den Vorteil, dass Sie schneller gehört werden und sie oft eine raschere und persönlichere Rückmeldung erhalten. Häufig können große Betriebe das gar nicht mehr gewährleisten, jeden Kunden sofort anzuhören. Das ist bei kleinen Betrieben oft anders.

Fragen Sie neben den großen Firmen auch gerne mal kleinere regionale Betriebe, wenn diese in Ihre Suchkriterien passen.

Fragen Sie andere Investoren

Andere Investoren haben den gleichen Bedarf und die gleichen Probleme wie Sie. Daher lohnt es sich oft, nach Empfehlungen zu fragen. Nicht selten haben Investoren nach jahrelanger Suche genau den richtigen Anwalt für das Mietrecht gefunden oder den Top-Steuerberater, und sie freuen sich, diesen Tipp weiterzugeben.

Da andere Investoren die gleichen Bedürfnisse wie Sie haben, lohnt es sich oft, einmal nachzufragen.

Erzählen Sie jedem davon

Wie viele Menschen in Ihrem Bekanntenkreis wissen, dass Sie in Immobilien investieren oder investieren wollen? Wenn dies nicht so viele sind, sollten Sie schnellstens daran arbeiten, dass es viele Menschen erfahren. Denn Ihr Bekanntenkreis kann nicht nur eine wertvolle Informationsquelle bei Einkäufen sein, er kann auch für die Gewinnung von Teammitgliedern eine tolle Quelle darstellen.

Gutachtersuche im Bekanntenkreis

Paul sucht schon länger einen versierten Gutachter für sein Immobilienteam. In seinem Bekanntenkreis weiß aber niemand, dass er in Immobilien investiert. Nach langer erfolgloser Suche lässt er seinen Frust bei der nächsten Geburtstagsfeier eines Freundes raus. Olli war der Leidtragende, der sich die ganze Geschichte anhören musste.

Später am Abend tippt jemand Paul auf die Schulter. Es ist Olli, der vorhin schnell das Weite gesucht hatte. Er gibt Paul einen Zettel und erzählt ihm, er habe einen Bekannten, der sei Gutachter, und vielleicht wäre er genau der Richtige für Paul. Paul bedankt sich und beschließt, am nächsten Tag direkt anzurufen.

Als er am nächsten Tag den Gutachter anruft, stimmt die Chemie. Beide haben den gleichen Humor, und er hat auch beim nächsten Besichtigungstermin Zeit. Dann wird sich herausstellen, ob er auch fachlich das bietet, was Paul sucht.

> Einen Tag nach der Besichtigung hat Paul eine E-Mail vom Gutachter mit einer einseitigen Zusammenfassung der Besichtigung und Maßnahmen, die er empfehlen würde, sogar mit kalkulierten Kosten. Paul ist begeistert und ruft den Gutachter an, um sich zu bedanken. Nach dem Telefonat ruft er Olli an und lädt ihm zum Dank zum Essen ein.

Wenn Sie jedem von Ihren Immobilientätigkeiten erzählen, kann Ihr Bekanntenkreis als «Multiplikator» auftreten. Multiplikatoren sind Menschen, die Ihre Nachricht weitertragen.

> **IN DIESEM KAPITEL**
>
> Mieter selber suchen
>
> Mieter suchen lassen

Kapitel 9
Den richtigen Mieter finden

Sie sind nun Besitzer einer eigenen Immobilie. Herzlichen Glückwunsch hierzu. Wenn Sie Glück haben, ist Ihre Immobilie bereits vermietet und Sie müssen sich erst mal nicht um die Mietersuche kümmern. Wenn Sie aber eine leere Immobilie gekauft haben oder Ihre Immobilie neu vermieten möchten, müssen Sie den richtigen Mieter finden. Um dieses Thema geht es in diesem Kapitel.

Die Mietersuche ist ein wichtiges Thema bei den Immobilieninvestments, denn Ihr Mieter zahlt schließlich Ihre Miete. Aber auch wenn Ihre Immobilie bereits vermietet ist, sollten Sie sich immer mit dem Thema Vermietung beschäftigen.

 Nur weil eine Immobilie bereits vermietet ist, heißt das noch lange nicht, dass es sich um den optimalen Mieter handelt und dass er ewig in Ihrer Immobilie wohnen bleibt. Überlegen Sie sich also rechtzeitig, wie Sie vorgehen, sollte der Mieter einmal ausziehen.

Um den passenden Mieter zu finden, haben Sie prinzipiell zwei Möglichkeiten:

1. Sie suchen den Mieter selber.
2. Sie lassen den Mieter suchen.

Schauen wir uns beide Varianten mal an:

Sie suchen den Mieter selbst

Sie haben keine Lust, Geld auszugeben, damit jemand für Sie einen Mieter findet, und möchten sich lieber selbst auf die Suche machen? Wenn Sie Ihren Mieter selbst suchen, kostet Sie das weniger, aber es steigt auch gleichzeitig der Aufwand. Denn nun müssen Sie eine Anzeige schreiben oder aufgeben, alle Interessenten durchleuchten und sämtliche Fragen mehrfach beantworten.

Vorteile der Selbstvermietung

Wenn Sie sich die Mühe machen, selbst auf Mietersuche zu gehen, welche Vorteile können Sie sich dadurch versprechen?

✔ Sie sparen Geld, denn die Vermietung müssten Sie sonst bezahlen.

✔ Sie können sich Ihren Mieter von Anfang an selber aussuchen.

✔ Sie knüpfen viele Kontakte zu verschiedenen Menschen.

Nachteile der Selbstvermietung

Was sind nun aber die Nachteile, die bei der Selbstvermietung auf Sie zukommen?

✔ Großer Zeitaufwand, denn Sie müssen die Vermietung von A–Z selber durchführen.

✔ Sie müssen viele Telefonate und E-Mails beantworten.

✔ Sie müssen viel Papierkram erledigen.

Möglichkeiten der Selbstvermietung

Wenn Sie sich entschieden haben, Ihre Immobilie selbst zu vermieten, haben Sie eine Reihe von Möglichkeiten:

✔ Onlineportale

✔ Zeitungsanzeigen

✔ Social Media

✔ Eigene Website

✔ Immobiliengruppen

Schauen wir uns die fünf Möglichkeiten mal an.

Onlineportale

Viele denken bei der Vermietung sofort an die Onlineportale. ImmobilienScout24, Immowelt, Immonet und wie sie alle heißen. Das ist auch vollkommen legitim, da ein Großteil der Immobilien mittlerweile online verkauft und vermietet wird. Hier liegt aber auch der Nachteil der Portale. Fast jeder ist hier vertreten. Jeder Vermieter und Makler, der was auf sich hält, hat hier seine Immobilie inseriert. Ihr Inserat muss also aus der Masse der Angebote herausstechen, wenn Sie Mietinteressenten gewinnen wollen.

 Präsentieren Sie Ihre Immobilie von ihrer Schokoladenseite. Fotos von einem professionellen Fotografen anfertigen zu lassen, kann sich auszahlen.

Bei den Onlineportalen gibt es immer einen Punkt »Immobilie inserieren«. Dort können Sie Ihre Immobilie anbieten.

 Viele Portale verlangen für das Inserieren von Immobilienangeboten Gebühren. Diese Kosten, die Ihnen beim Inserierungsvorgang angezeigt werden, müssen Sie in Ihrer Kalkulation natürlich mit berücksichtigen.

Zeitungsanzeigen

In der Zeitung können Sie nicht nur schöne Immobilien zum Kaufen finden, nein, Sie können Ihre Immobilie auch zur Vermietung anbieten. Kontaktieren Sie die Zeitungen in der Umgebung Ihrer Immobilie und geben eine kurze Anzeige auf:

 Bei Zeitungsanzeigen bezahlen Sie meist pro Buchstabe. Daher sollten Sie die Anzeige möglichst kurz halten und eine Kontaktmöglichkeit hinterlassen.

 Schöne 2ZW mit Küche und Wannenbad zur Vermietung + Telefonnummer

Social Media

Die sozialen Netzwerke werden immer populärer. Sie sind deshalb ideal, um Ihre Wohnung zu vermieten. Es gibt zum Beispiel auf Facebook Gruppen, in denen Wohnungssuchende ihre Anzeige aufgeben. Warum hier nicht auch Ihr Vermietungsgesuch aufgeben? Wenn jemand Ihre Anzeige toll findet, selbst aber keine Immobilie sucht, kann er sie an einen Freund weiterleiten. So kann moderne Vermietung gehen.

Eigene Website

Wenn Sie eine eigene Website für den Immobilieneinkauf besitzen, warum nutzen Sie diese nicht auch für die Vermietung? Richten Sie dort einen Extrapunkt ein und bieten Ihre Immobilien zur Vermietung an. Wenn sich das an Ihrem Standort rumspricht und Sie ein guter Vermieter sind, kann das ein sehr guter Weg für die Vermietung werden.

Immobiliengruppen / -stammtische

Neben den sozialen Netzwerken und den dort vorhandenen Gruppen gibt es auch im echten Leben Immobiliengruppen und -stammtische. Die meisten größeren Städte haben mindestens einen Stammtisch. Hier sind zwar oft nur Investoren unterwegs, aber diese haben Mieter. Und diese Mieter suchen eventuell auch mal was Neues.

 In der Immobilienstammtischgruppe Hamburg kam letztens eine Frage auf. Michaels Mieterin möchte sich vergrößern. Sie hat aktuell eine kleine Einzimmerwohnung und möchte nun auf zwei Zimmer hochgehen. Denn sie hat endlich ihre Ausbildung abgeschlossen, und nun soll es weitergehen. Michael hat aber

bereits alle Zweizimmerwohnungen vermietet. Da es eine sehr gute Mieterin ist, stellt er die Frage in der Immobiliengruppe. Bei wem ist eine Zweizimmerwohnung frei? Leon, der einen Mieter für seine Zweizimmerwohnung sucht, meldet sich sofort. Nach einem kurzen Gespräch gibt Michael seine Kontaktdaten weiter. Die Mieterin meldet sich bereits am nächsten Tag. Nach einer kurzen Besichtigung und der üblichen Überprüfung steht fest: Sie wird die nächste Mieterin seiner Wohnung.

Durch solche Immobiliengruppen lernen Sie nicht nur enorm viel über Immobilieninvestments, sondern es können sich, wie Sie am Beispiel sehen, auch Vermietungsmöglichkeiten ergeben. Eine Win-win-win-Situation. Die Mieterin bekommt eine neue Wohnung, der ehemalige Vermieter hinterlässt einen super Eindruck und Sie haben Ihre Immobilie vermietet.

Die wichtigsten Schritte zur Selbstvermietung

Sie kennen nun die Möglichkeiten, die Sie für die Selbstvermietung haben. Doch wie gehen Sie konkret vor?

Wichtige Daten dokumentieren

Notieren Sie sich zunächst alle wichtigen Eckdaten zu Ihrer Immobilie. Denn Ihr neuer Mieter möchte sicherlich einiges über die Wohnung wissen.

- ✔ Wie groß ist sie?
- ✔ Wie viele Zimmer hat sie?
- ✔ Wie viele Bäder gehören zur Wohnung?
- ✔ Gibt es eine Einbauküche oder sonstige Möblierung?
- ✔ Gibt es einen Balkon/Garten?
- ✔ Gehören Garagenplätze oder ein Parkplatz dazu?
- ✔ Gibt es Durchgangszimmer?
- ✔ Wann wurde die Wohnung erbaut?
- ✔ Gab es schon Schäden? Schimmelbefall, Wasserschaden und so weiter?
- ✔ Wann war die letzte Renovierung?
- ✔ Wie wird die Immobilie beheizt?
- ✔ Wie ist die Energieeffizienz?

Das sind nur ein paar der Fragen, die ein Mieter stellen kann. Am besten überlegen Sie sich noch eigene und ergänzen die Liste kontinuierlich.

Professionell wirkende Fotos machen

Außerdem brauchen Sie Fotos von der Immobilie. Dabei ist wichtig, dass diese Bilder professionell wirken. Oft sehe ich bei den Onlineportalen Fotos, die mit dem Handy und miserablem Licht aufgenommen wurden. Die Immobilien werden so nicht von ihrer besten Seite dargestellt. Das kann potenzielle Mieter vergraulen.

Es muss nicht immer der teure Profifotograf sein. Vielleicht haben Sie in Ihrem Bekanntenkreis jemanden, der gute Fotos machen kann? Oder Fotografieren ist Ihr Hobby? Dadurch können Sie oft enorm an Kosten sparen. Eine weitere Möglichkeit sind Fotografen, die sich erst am Markt etablieren wollen. Diese geben Ihnen gerne günstigere Konditionen.

Ein Exposé erstellen

Nachdem Sie nun alle wichtigen Daten zusammengetragen haben, erstellen Sie ein Exposé. Es gibt zwar kein Gesetz, das ein Exposé bei der Immobilienvermietung vorschreibt; es ist jedoch mittlerweile Standard, für die Immobilie ein Exposé anzubieten.

Wenn Sie es nicht selbst erstellen möchten: Geben Sie einfach in die Suchmaschine Ihrer Wahl den Begriff »Exposé erstellen« ein, dann finden Sie viele Seiten, die Ihnen den entsprechenden Service anbieten.

Sie können sich das Exposé wie eine Visitenkarte Ihrer Immobilie vorstellen. Hier finden sich die Fotos wieder sowie eine genaue Beschreibung der Immobilie.

Checkliste

In Tabelle 9.1 finden Sie eine kleine Checkliste, was ein Exposé alles enthalten sollte.

Damit Sie sie bei Ihrer Exposéerstellung einsetzen können, finden Sie die Tabelle zum Download unter www.downloads.fuer-dummies.de.

Bestandteile des Exposés	enthalten?
Fotos von der Immobilie	
Grundriss der Immobilie	
Raumaufteilung (Betitelung der Räume, zum Beispiel Badezimmer, Schlafzimmer)	
Eine Beschreibung der Immobilie	
Der Kaufpreis	
Die Nebenkosten (Zum Beispiel das monatliche Hausgeld bei Wohnungen)	
Der aktuelle Zustand der Immobilie	
Ausstattungsmerkmale (Fußbodenbeläge, Einbauküche)	
Daten zur Kontaktaufnahme	

Tabelle 9.1: Checkliste Bestandteile eines Exposés

Den Energieausweis beantragen

Beim Energieausweis handelt es sich um ein Dokument, das Auskunft über die Energieeffizienz und die anfallenden Energiekosten gibt. Bei Wohngebäuden ist der Energieausweis seit 2009 Pflicht. Er soll einen Vergleich zwischen Immobilien bezüglich der anfallenden Energiekosten ermöglichen.

Seit 2014 ist es ebenfalls Pflicht, den Energie-Effizienzstandard in der Immobilienanzeige zu nennen und bei einer Wohnungsbesichtigung vorzulegen. Kommt ein Verkäufer oder Vermieter dem nicht rechtzeitig oder vollständig nach, kann er mit einem Bußgeld von bis zu 15.000,- Euro belegt werden.

Alle weiteren wichtigen Informationen sind in der Energieeinsparverordnung (EnEV) geregelt.

Ihre Immobilie bekannt machen

Nun sind die vorbereitenden Tätigkeiten abgeschlossen. Jetzt geht es in die Vollen. Entscheiden Sie sich zunächst, auf welchem Wege Sie Ihre potenziellen Mieter über Ihre Immobilie informieren möchten. Welche Möglichkeiten infrage kommen, finden Sie weiter vorne in diesem Kapitel unter »Möglichkeiten zur Selbstvermietung«.

Nur so verzetteln Sie sich nicht und können für die gewählte Möglichkeit das nötige Wissen schnell erlernen und anwenden.

Wenn Sie das gemacht haben, beginnen Sie, Ihre Immobilie zu inserieren. Die Vorarbeit, die Sie bereits geleistet haben, wird Ihnen hier sehr hilfreich sein. Und dann heißt es warten.

Mietinteressenten sichten

Im nächsten Schritt bekommen Sie nun zahlreiche Anrufe oder E-Mails von Mietinteressenten. Hier ist es erforderlich, effizient und schnell vorzugehen, um wirkliche Interessenten zu finden, die auch noch zuverlässig sind. Sie können zum Beispiel ein Formular zur Selbstauskunft an die Mietinteressenten verschicken, um sich ein Bild zu machen, bevor Sie sich entscheiden, welche Interessenten Sie zu einer Besichtigung einladen.

Ich lasse lieber meine Immobilie einen Monat länger leer stehen und bekomme den richtigen Mieter, als den falschen Mieter einen Monat früher einziehen zu lassen. Denn ein falscher Mieter kann Sie mehr Geld kosten, als Sie durch den einen Monat verlieren würden.

Nachdem Sie nun die schwarzen Schafe aussortiert haben, bieten Sie den Interessenten einen Besichtigungstermin an und gehen dann mit ihnen durch Ihre Immobilie. Zeigen Sie ihnen alles, was die potenziellen Mieter sehen wollen, und beantworten Sie die Fragen.

Die Mieter bewerben sich nicht nur bei Ihnen, sondern auch Sie beim Mieter. Seien Sie deshalb gut vorbereitet und überlegen Sie sich, welche Fragen die Mieter haben könnten.

Aber stellen Sie gerne auch selbst Fragen. Zum Beispiel:

✔ Wie gefällt Ihnen die Immobilie?

✔ Warum wollen Sie umziehen?

✔ Fragen zu Interessen und Hobbys

Nach der Besichtigung sollten Sie Ihre Interessenten prüfen. Bitten Sie sie, zur Besichtigung die folgenden Unterlagen mitzubringen:

✔ Lichtbildausweis

✔ Einkommensnachweis

✔ SCHUFA-Auskunft

✔ Mietschuldenfreiheitsbescheinigung

✔ Selbstauskunft

Diese Unterlagen dienen Ihnen dazu, ein genaueres Bild Ihres eventuellen Mieters zu bekommen.

Bei der Mietschuldenfreiheitsbescheinigung handelt es sich um ein Dokument, das vom alten Vermieter ausgestellt wird. Hier bescheinigt der alte Vermieter Ihnen, dass es keine Mietschulden vom Mietinteressenten gibt.

Neben den Unterlagen sollten Sie auf Ihr Bauchgefühl hören.

✔ Bei wem haben Sie ein gutes Gefühl?

✔ Wo grummelt es eher im Bauch?

Zusage geben, den Mietvertrag unterzeichnen und Schlüssel übergeben

Wenn Sie sich für einen Mieter entschieden haben, geben Sie ihm Bescheid und vereinbaren Sie gleichzeitig einen Termin für die Unterzeichnung des Mietvertrages.

 Bitte fertigen Sie den Mietvertrag nicht selbst an. Hier gibt es zu viele Stolpersteine. Lassen Sie sich den Vertrag von einem Mietanwalt erstellen oder greifen Sie auf eine der unzähligen Vorlagen zurück.

Nachdem Sie den Mietvertrag unterzeichnet haben, wird es Zeit für die Schlüsselübergabe. Gehen Sie am besten mit dem neuen Mieter noch einmal durch die Wohnung und machen Sie ein Übergabeprotokoll. In diesem Protokoll wird der aktuelle Zustand der Immobilie notiert, wie viele Schlüssel Sie dem Mieter übergeben und wie die Zählerstände sind.

Schon haben Sie Ihre Immobilie selbst vermietet.

Sie lassen den Mieter suchen

Den Stress, selbst einen Mieter zu suchen, wollen Sie sich nicht antun? Da nehmen Sie lieber etwas Geld in die Hand und lassen diese Aufgaben von einem Profi erledigen. Dadurch haben Sie mehr Zeit für Ihr Kerngeschäft. Ihnen bleibt zwar weniger Geld, doch Sie können mit der freien Zeit neues verdienen.

Vorteile vom Vermietenlassen

Was spricht dafür, einen Profi für die Vermietung zu engagieren?

- ✔ Sie sparen sich Zeit.
- ✔ Hoher Grad an Professionalität.
- ✔ Es schont Ihre Nerven.
- ✔ Ihnen werden nur interessante Mietinteressenten vorgestellt.

Nachteile vom Vermietenlassen

Welche Nachteile hat es, wenn Sie nicht selbst vermieten?

- ✔ Es kostet Sie Geld.
- ✔ Sie bekommen nicht alle Mietinteressenten mit.
- ✔ Sie geben das Ruder aus der Hand.

Makler oder Hausverwaltung, das ist hier die Frage

Wie bei der Selbstvermietung haben Sie auch beim Vermietenlassen mehrere Möglichkeiten, allerdings nur zwei.

1. Die Vermietung über einen Makler
2. Die Vermietung über die Hausverwaltung

Schauen wir uns beide Möglichkeiten einmal kurz an:

Vermietung über einen Makler

An diese Möglichkeit denken die meisten, wenn sie ihre Immobilie vermieten lassen wollen. Sie gehen in ein Maklerbüro und geben die Daten der Immobilie an. Der Makler nimmt alles auf, lässt Fotos machen, und schon geht die Immobilie online.

Der Makler führt für Sie die grobe Prüfung der Mietinteressenten und die Wohnungsbesichtigungen durch. Sie bekommen vom Makler die »interessanten« Kandidaten vorgestellt und können sich dann entscheiden.

 Hierbei sei gesagt, dass es nicht immer so glatt läuft. Auch bei Maklern gibt es schwarze Schafe. Daher wählen Sie den Makler mit Bedacht.

Ein gewaltiger Nachteil bei Immobilienmaklern ist die Bezahlung. Konnten Sie früher die Maklercourtage vom Mieter bezahlen lassen, gilt inzwischen das *Bestellerprinzip*.

Beim Bestellerprinzip handelt es sich um ein Gesetz, das besagt, dass derjenige den Makler bezahlen muss, der ihn beauftragt hat. Sprich, wenn Sie den Makler beauftragen, Ihre Wohnung zu vermieten, so müssen Sie ihn bezahlen.

Trotzdem kann die Vermietung über den Makler für Sie Sinn machen, denn er nimmt Ihnen viel Arbeit ab:

- ✔ Er kümmert sich um die Erstellung des Exposés.
- ✔ Er beantragt den Energieausweis.
- ✔ Er erstellt die Fotos oder lässt sie erstellen.
- ✔ Interessenten kontaktieren zuerst den Makler.
- ✔ Der Makler prüft, welcher Mietpreis möglich wäre.

Sie sehen, der Makler macht mehr, als nur ein Exposé zu erstellen und sich dann entspannt zurückzulehnen.

Vermietung über die Hausverwaltung

Dass Sie Ihre Wohnung auch über die Hausverwaltung vermieten lassen können, wissen die wenigsten. Wird Ihre Immobilie bereits durch eine Hausverwaltung verwaltet, liegt es aber nahe, sie zu fragen, ob sie auch die Vermietung übernimmt. Sie kennt sich ja bestens mit der Immobilie aus und hat auch bereits alle Unterlagen darüber. Da ist die Schlussfolgerung, ihr die Vermietersuche zu überlassen, logisch.

Beauftragen Sie die Hausverwaltung und sagen ihr, welche Kriterien Sie für einen Mieter ansetzen. Dann kann die Suche schon losgehen.

 Allerdings sei hier gesagt, dass nicht alle Hausverwaltungen mit dem Eifer eines Immobilienmaklers an die Vermietung herangehen. Es handelt sich ja um eine Zusatzdienstleistung, nicht um das Kerngeschäft der Hausverwaltung.

Die wichtigsten Schritte zur Vermietung

Wie können Sie nun die Vermietung Ihrer Immobilie in Auftrag geben? Hier sind die wichtigsten Schritte, wie Sie das ganz einfach machen.

✔ **Nehmen Sie zu dem entsprechenden Dienstleister Kontakt auf** und teilen ihm mit, dass Sie Ihre Immobilie vermieten wollen. Der Dienstleister wird Ihnen daraufhin ein paar Fragen stellen, um sich ein besseres Bild von der Wohnung und von Ihnen zu machen.

Stellen Sie auch ruhig ein paar Fragen. Schließlich müssen Sie mit dem Dienstleister zusammenarbeiten, und da ist es wichtig, dass auch die Chemie stimmt.

✔ **Erteilen Sie dem Dienstleister einen Auftrag.** Vielleicht hat Ihr Makler einen entsprechenden Standardvertrag sogar zur Hand.

✔ **Senden Sie dem Dienstleister die geforderten Unterlagen zu.** Dieser erstellt daraufhin ein Exposé und fordert zum Beispiel den Energieausweis an.

✔ **Lassen Sie ihn schicke Fotos machen.**

✔ **Lassen Sie den Dienstleister die Kommunikation mit den Interessenten übernehmen.** So bekommen Sie nur die wirklich passenden Interessenten zu Gesicht.

✔ **Übergeben Sie den Schlüssel an den Dienstleister, damit dieser die Besichtigungen durchführen kann.**

Achten Sie darauf, den Schlüssel vom Dienstleister wiederzubekommen. Falls Sie den Dienstleister etwas dubios finden sollten, gehen Sie lieber mit zu den Besichtigungen.

✔ **Lassen Sie sich vom Dienstleister die interessanten Kandidaten vorstellen.**

✔ **Prüfen Sie sie.**

Auch wenn der Dienstleister professionell arbeitet, er ist dennoch ein Mensch, und jedem Menschen kann ein Fehler unterlaufen. Gehen Sie daher dieses Risiko nicht ein, sondern überprüfen den Mietinteressenten besser selber. Der Dienstleister sollte alle erforderlichen Daten und Dokumente zur Hand haben, und Sie sind auf der sicheren Seite.

✔ **Treffen Sie selbst die Entscheidung, welchem Mieter Sie den Zuschlag geben möchten.**

✔ **Teilen Sie Ihre Entscheidung dem Dienstleister mit,** der sie an den Mieter weitergibt.

✔ **Der Mietvertrag wird unterzeichnet.**

✔ **Lassen Sie den Dienstleister die Schlüssel an den Mieter übergeben oder übernehmen Sie die Übergabe selbst, wenn Sie möchten.** Viele Dienstleister gehen mit Ihnen und dem neuen Mieter durch die Immobilie und fertigen ein Übergabeprotokoll an. Dieses händigen sie Ihnen und dem Mieter dann nach der Unterschrift aus.

Vor- und Nachteile beider Varianten im Vergleich

Damit Sie beide Varianten besser miteinander vergleichen können, erhalten Sie in Tabelle 9.2 nochmals die Vor- und Nachteile zusammengefasst:

Selbstvermietung		Vermieten lassen	
Vorteile	Nachteile	Vorteile	Nachteile
Sie sparen Geld, denn die Vermietung müssten Sie sonst bezahlen	Großer Zeitaufwand, denn Sie müssen die Vermietung von A–Z selber durchführen	Zeitersparnis	Es kostet Sie Geld
Sie können sich Ihren Mieter von Anfang an selber aussuchen	Sie müssen viele Telefonate und E-Mails beantworten	Hoher Grad an Professionalität	Sie bekommen nicht alle Mietinteressenten mit
Sie knüpfen viele Kontakte zu verschiedenen Menschen	Sie müssen viel Papierkram erledigen	Schont Ihre Nerven	Sie geben das Ruder aus der Hand
		Ihnen werden nur interessante Mietkandidaten vorgestellt	

Tabelle 9.2: Vor- und Nachteile von selbst vermieten und vermieten lassen

IN DIESEM KAPITEL

Warum die Finanzierung so wichtig ist

Kurzer Überblick über die Finanzierungsmöglichkeiten

Wichtige Eckdaten zum Kaufvertrag

Kapitel 10
Vertraglich alles unter Dach und Fach

Wenn Sie nun eine interessante Immobilie gefunden haben, sind Sie schon fast am Ziel. Nun gilt es nur noch eine passende Finanzierung zu finden und am Ende alles mit dem notariellen Kaufvertrag unter Dach und Fach zu bringen. Darum geht es nun in diesem Kapitel.

Die Finanzierung – der wichtige Zweitvertrag

Damit Sie überhaupt einen Kredit bei einer Bank bekommen, müssen Sie mit dieser einen Kreditvertrag abschließen. Denn ohne einen solchen Darlehensvertrag kommen Sie gar nicht an das Geld, und ohne Geld kommen Sie nicht an die Immobilien ran.

Wenn Sie nur 50.000,- Euro Eigenkapital haben, könnten Sie sich entweder eine kleine Wohnung für 50.000,- Euro kaufen oder Sie kaufen sich gleich mehrere Immobilien, zum Beispiel im Gesamtwert von 200.000,- Euro. Dann wären die 50.000,- Euro ca. 25 % des Gesamtinvestments. Damit bekommen Sie meist gute Zinsen bei den Banken.

Wichtige Bestandteile Ihrer Baufinanzierung

Bei Baufinanzierungen kommen oft die gleichen Begriffe zum Tragen, daher gibt es hier eine kurze Aufzählung von wichtigen Punkten für Ihre Baufinanzierung.

Finanzierungssumme

Das ist ganz einfach die Summe an Geld, die Sie von der Bank bekommen werden, um Ihre Immobilie zu finanzieren.

Tilgung

Mit der Tilgung ist die Rückzahlung des Darlehens gemeint. Hier kommt es darauf an, welche Darlehensart Sie gewählt haben. Wenn Sie wie die meisten ein Annuitätendarlehen verwenden, wird Ihre Tilgung mit der Zeit immer größer, wohingegen der Zinsanteil immer weiter sinkt. Bei anderen Darlehensarten kann es auch sein, dass Sie zum Beispiel erst am Laufzeitende die gesamte Summe tilgen und während der Laufzeit nur die Zinsen bezahlen. Vieles ist möglich bei der Gestaltung der Finanzierung.

Zinsen

Dafür, dass Ihnen die Bank das Geld zur Verfügung stellt, möchte sie natürlich auch eine Bezahlung bekommen. Oder würden Sie umsonst an einen Fremden Geld verleihen? Die Zahlung der Zinsen können Sie also als Nutzungsgebühr betrachten, zuzüglich eines kleinen Risikozuschlags. Denn die Bank lässt sich jedes zusätzliche Risiko mit einem höheren Zinssatz entlohnen.

- ✔ Sie haben kein Eigenkapital? → Höherer Zinssatz
- ✔ Keinen unbefristeten Job? → Kein Kredit oder höherer Zinssatz
- ✔ Schlechter SCHUFA-Eintrag? → Kein Kredit oder höherer Zinssatz

Diese Liste könnte ich noch lange weiterführen. Daher mein Tipp:

> Machen Sie sich so risikoarm wie möglich für die Bank. Sie wird es Ihnen mit einem niedrigeren Zinssatz danken.

Monatliche Rate

Das ist die Rate, die Sie jeden Monat an die Bank zahlen müssen. Hier kommt es auf die Darlehensart an, die Sie abgeschlossen haben. Bei dem Annuitätendarlehen bleibt diese monatliche Rate über die gesamte Laufzeit gleich. Sollten Sie sich für einen Kredit mit variabler Verzinsung entschieden haben, gibt es regelmäßig Änderungen.

Laufzeit

Ebenfalls kein Punkt, der vieler Worte Bedarf. Hier ist vereinbart, wie lange das Darlehen zu dem vereinbarten Zins festgelegt ist, sprich, wie lange der Zinssatz greift.

Sondertilgung

Ein bei Selbstnutzung sehr beliebter Zusatzpunkt, der früher oft mit einem Aufschlag beim Zinssatz einherging. Mittlerweile gehört eine Sondertilgung fast schon zu einem normalen Annuitätendarlehen dazu. Bei der Sondertilgung ermöglicht Ihnen die Bank eine Sonderrückzahlung des Darlehens (meist pro Jahr und bis zu einem festen Betrag), ohne dass Sie dafür Strafzinsen zahlen müssen.

Sie haben ein Darlehen von 500.000,- Euro bei Ihrer Bank. Die Bank hat Ihnen im Vertrag das Recht eingeräumt, eine Sondertilgung von 5 % pro Jahr zu leisten. Die Sondertilgung bezieht sich immer auf den ursprünglichen Kreditbetrag. Sie können jedes Jahr 5 % von 500.000,- Euro extra tilgen.

500.000,- Euro × 5 % = 25.000,- Euro.

Sie können also jedes Jahr 25.000,- Euro extra tilgen, wenn Sie das Geld zur Verfügung haben, Sie müssen es jedoch nicht.

Mit diesem Zusatzpunkt kaufen Sie sich ein enormes Maß an Flexibilität. Sie können Ihre Schuld bei der Bank reduzieren, wenn Sie mehr Geld zur Verfügung haben. Sollte es aber mal mau aussehen, müssen Sie nur die normale Rate bezahlen.

Finanzierungsmöglichkeiten

Sie wissen nun, warum die Finanzierung so wichtig ist, aber wie wollen Sie nun Ihre Immobilie finanzieren? Dafür gibt es verschiedene Möglichkeiten. Hier einmal eine kleine Auflistung:

✔ Annuitätendarlehen

✔ Volltilgerdarlehen

✔ Variable Darlehen

Schauen wir uns die einzelnen Möglichkeiten genauer an.

Annuitätendarlehen

Der Klassiker der Baufinanzierung, 95 % aller Baufinanzierungen sind Annuitätendarlehen. Hierbei wird für einen festgelegten Zeitraum ein Zinssatz festgeschrieben und auch die monatliche Rate bleibt gleich. Da Zahlen bekanntlich besser wirken als Worte, hier ein Beispiel:

Sie nehmen bei einer Bank ein Annuitätendarlehen mit folgenden Daten auf:

✔ Darlehensbetrag: 100.000,- Euro

✔ Anfängliche Tilgung: 2 %

- ✔ Zinssatz: 1,8 %
- ✔ Laufzeit: 10 Jahre

Mit diesen Daten ist die monatliche Rate auch gleich festgelegt. Sie beträgt 316,66 Euro. Diese monatliche Rate bleibt über die gesamte Laufzeit von zehn Jahren gleich.

Was es mit der anfänglichen Tilgung auf sich hat, erklärt Kapitel 3, Teil »Kurzer Exkurs zum Annuitätendarlehen«.

Beim Annuitätendarlehen ist am Ende der Laufzeit das Darlehen meist nicht abbezahlt!

Wie fast alles im Leben haben Annuitätendarlehen Vor- und Nachteile.

Vorteile:

- ✔ Planungssicherheit dank fester Laufzeit und gleicher Rate
- ✔ Da Standardprodukt, meist schnelle Bearbeitung

Nachteile:

- ✔ Durch feste Laufzeit sehr unflexibel
- ✔ Oft ein etwas höherer Zinssatz, da ein Risikopuffer für steigende Zinsen eingerechnet wird

Volltilgerdarlehen

Das Volltilgerdarlehen ist nichts anderes als ein Annuitätendarlehen, bei dem am Ende der Zinsfestschreibung das Darlehen komplett abbezahlt ist. Das bringt natürlich Planungssicherheit und Sie ersparen sich die Suche nach einer neuen Finanzierung.

Vorteile:

- ✔ Planungssicherheit

Nachteile:

- ✔ Sehr unflexibel
- ✔ Höherer Zinssatz durch feste und lange Laufzeit

Variable Darlehen

Bei dieser Form der Finanzierung wird kein Zinssatz festgeschrieben und es wird auch keine feste monatliche Rate vereinbart. Der Zinssatz wird alle paar Monate neu festgeschrieben (monatlich, alle zwei Monate oder quartalsweise).

Oft sind diese variablen Darlehen um ein paar Zehntel Prozentpunkte günstiger als das Annuitätendarlehen. Dafür gehen Sie aber ein Risiko ein, wenn die Zinsen steigen sollten.

Vorteile:

✔ Sehr flexibel, da keine feste Laufzeit

✔ Oft günstiger Zinssatz

Nachteile:

✔ Viele Banken bieten keine variablen Darlehen an Privatkunden mehr an

✔ Gewisses Risiko bei steigenden Zinsen

✔ Keine 100 % Planbarkeit

Wo können Sie eine Finanzierung aufnehmen?

Nachdem Sie die unterschiedlichen Finanzierungsformen kurz kennengelernt haben, kommen wir nun zu Ihren Möglichkeiten, an eine Finanzierung zu gelangen. Natürlich denken Sie als Erstes an die Bank, wahrscheinlich sogar konkret an Ihre Hausbank. Das ist auch grundsätzlich nicht verkehrt, jedoch nicht immer die beste Anlaufstelle für einen guten Immobilienkredit. Daher schauen wir uns die Möglichkeiten doch mal an:

Der Klassiker: Die Bank

Dass Banken Kredite und Baufinanzierungen vergeben, ist nichts Neues. Daher gehen die meisten Menschen zu ihrer Hausbank und nehmen dort eine Baufinanzierung auf. Vergleichen, wer das beste Angebot hat? Pustekuchen! Es soll schnell, einfach und unkompliziert über die Bühne gehen. Ist doch sowieso ein Thema, was nur einmal im Leben abgearbeitet werden muss. Für den normalen Häuslebauer stimmt das auch, aber für Sie als Investor ist das nicht ganz korrekt. Denn Sie brauchen für jedes Investment einen neuen Kredit und bei der Gesamtsumme, die eine solche Immobilienfinanzierung annehmen kann, ist jedes Zehntel Prozentpunkt, das Sie sparen, bares Geld.

Warum nur bei einer Bank Kredite aufnehmen? Gehen Sie einfach zu der Bank, die gerade die besten Konditionen anbietet. Investoren haben oft Baufinanzierungen bei unterschiedlichen Banken laufen.

Sie nehmen einen Kredit von 500.000,- Euro auf. Bei Bank A zahlen Sie einen Zinssatz von 1,8 %, sprich 9.000,- Euro für das erste Jahr. Bei Bank B zahlen Sie 2 %, sprich 10.000,- Euro. Das macht ganze 1.000,- Euro, die Sie im Jahr sparen können, fast 100,- Euro im Monat.

Wie das Beispiel zeigt, lohnt es sich, Banken miteinander zu vergleichen, um ein paar Zehntel Prozentpunkte und somit bares Geld zu sparen.

Versicherungen

Etwas unbekannter ist, dass Versicherungen ebenfalls Baufinanzierungen anbieten. Die Prüfkriterien sind die gleichen, oft wünschen Versicherungen allerdings eine Absicherung über eine Lebensversicherung.

Vermittler für Baufinanzierung

Es gibt mittlerweile Banken und auch freie Finanzierungsvermittler, die sich darauf spezialisiert haben, das beste Angebot für Sie herauszusuchen. Diese Banken bieten meist keine eigene Baufinanzierung mehr an, sondern vergleichen die Angebote von Banken und Versicherungen und wählen das beste für Sie aus. Dafür erhalten diese Stellen dann eine kleine Provision. Für Sie hat das den enormen Vorteil, dass Sie die Zeit für die Recherche sparen und nicht alle Banken miteinander vergleichen müssen.

Sie benötigen eine Baufinanzierung und fragen bei der Koalabank nach. Diese Bank bietet keine eigene Baufinanzierung an, aber hat ein Programm, das die Konditionen von mehr als 100 Banken und Versicherungen vergleicht. Die Koalabank gibt Ihre Daten ein und findet, dass die Känguru- und die Wombatbank die besten Konditionen für Sie bieten. Sie können sich zwischen diesen beiden Angeboten entscheiden, und die Koalabank bekommt dafür eine Provision.

Oft können die Vermittler noch ein wenig mit den Konditionen spielen, denn darin ist auch ihre eigene Provision enthalten. Wenn die Vermittler also die eigene Provision senken, würde sich das für Sie positiv auf den Zinssatz auswirken.

Bleiben Sie nicht bei einem Angebot

Nun haben Sie einiges über die Finanzierung erfahren. Ihr Finanzierungsberater kann und wird Ihnen noch viel mehr zu den einzelnen Themen sagen können. Hier kommt aber noch mal ein gut gemeinter Rat:

Holen Sie immer zwei bis drei Finanzierungsangebote ein.

Denn nichts ist ärgerlicher, als wenn Sie ein interessantes Investment haben und Sie kurz vorm Kaufvertrag abspringen müssen, weil Ihre Finanzierung platzt. Oder, noch schlimmer,

Sie haben den Kaufvertrag bereits unterschrieben und Ihnen bricht die Finanzierung weg. Dann ist Holland in Not!

 Unterzeichnen Sie keinen Kaufvertrag, wenn die Finanzierung nicht steht! Denn der notarielle Kaufvertrag ist bindend.

Der Kaufvertrag

Jetzt sind Sie kurz davor, Eigentümer einer Investmentimmobilie zu werden. Alles, was nun noch fehlt, ist der notarielle Kaufvertrag. Gemäß § 311b Abs. 1 BGB muss ein Kaufvertrag über ein Grundstück notariell beurkundet werden. Dort steht wörtlich:

»*Ein Vertrag, durch den sich der eine Teil verpflichtet, das Eigentum an einem Grundstück zu übertragen oder zu erwerben, bedarf der notariellen Beurkundung. Ein ohne Beachtung dieser Form geschlossener Vertrag wird seinem ganzen Inhalt nach gültig, wenn die Auflassung und die Eintragung in das Grundbuch erfolgen.*«

Da Sie mit einer Immobilie auch immer einen Teil des Grundstückes miterwerben, müssen alle Kaufverträge, die Sie schließen, notariell beurkundet werden. Andernfalls sind diese Kaufverträge nichtig.

 Der Kaufvertrag bei Immobilieninvestments ist immer ein notariell beglaubigter Kaufvertrag, weil dieses nach § 311b Abs. 1 BGB verpflichtend ist.

 Da Sie als Käufer normalerweise die Notarkosten tragen, können Sie sich den Notar aussuchen. Die Notarkosten sind je nach Bundesland unterschiedlich hoch. Es lohnt sich also, eventuell »grenzüberschreitend« zu suchen.

Eine gute Vorbereitung: Das A und O

Bevor Sie den Vertrag beim Notar unterzeichnen, ist eine gute Vorbereitung enorm wichtig. Das hat auch der Gesetzgeber so erkannt und hat Notare dazu verpflichtet, den Vertragsparteien mindestens 14 Tage vor Unterzeichnung eine vorausgefertigte Fassung des Vertrages zuzuschicken. Diese Zeit sollten Sie auch nutzen und sich bestens mit dem Vertrag vertraut machen, und wenn Fragen auftauchen, diese mit einem Dritten – am besten einem Rechtsanwalt – besprechen.

Wichtige Punkte im Kaufvertrag

Wie in jedem Vertrag gibt es wichtige Punkte, die Sie prüfen sollten. Die wichtigsten Punkte im Kaufvertrag habe ich hier einmal für Sie aufgeführt:

Die Vertragspartner

Sie als Käufer wie auch der Verkäufer werden im Kaufvertrag namentlich erwähnt. Prüfen Sie, ob Ihre Daten alle korrekt hinterlegt sind.

Bedenken Sie, dass nicht nur natürliche Personen, sondern auch Erbengemeinschaften, Unternehmen oder allgemein juristische Personen Käufer sein können.

Die Verkaufssache

Hier wird genau definiert, was Sie kaufen. Daher ist bei diesem Abschnitt Ihre besondere Aufmerksamkeit gefordert. Bei Häusern werden hier das Haus und das Grundstück über das Grundbuch definiert. Bei einer Wohnung wird die Definition über die Teilungserklärung vorgenommen.

Aber warum sollten Sie hier genau zuhören beziehungsweise genau lesen? Weil im Grundbuch sogenannte Dienstbarkeiten stehen könnten. Hierzu zählen zum Beispiel:

- ✔ Wegerechte (Ein Nachbar darf über Ihr Grundstück gehen oder fahren.)
- ✔ Wohnrechte (Oma Erna darf in der Wohnung bleiben, bis sie stirbt.)
- ✔ Nutzungsrechte (Auf dem Grundstück steht ein Strommast, und für die Wartung dürfen die Monteure auf Ihr Grundstück.)

Dienstbarkeiten können den Wert der Immobilie stark belasten oder sogar eine Vermietung blockieren. Daher sollten Sie diesen Teil besonders gut lesen.

Eintragung und Vormerkung im Grundbuch

Eigentümer der Immobilie werden Sie erst, wenn Sie als neuer Eigentümer ins Grundbuch eingetragen sind. Die dafür notwendigen Schritte übernimmt normalerweise der Notar. Dieser lässt sich dafür im Kaufvertrag eine Vollmacht erteilen.

Gewährleistung

Bei Immobilien hört man es immer wieder: Es wird gepfuscht und alte Mängel werden vertuscht. Aber wie sieht es da mit der Gewährleistung aus? Das wird ebenfalls im Notarvertrag festgehalten. Hier müssen Sie zwei Varianten unterscheiden:

1. Neubauimmobilien
2. Gebrauchte Immobilien

Wenn Sie eine neue Immobilie kaufen, zum Beispiel vom Bauträger, haben Sie Glück. Hier besteht eine gesetzliche Verpflichtung für den Bauträger. Er muss Ihnen eine Gewährleistung von fünf Jahren geben.

Sollten Sie eine gebrauchte Immobilie kaufen, sieht das Ganze schon anders aus. Hier gibt es üblicherweise keine Gewährleistung, das Risiko für den Verkäufer wäre sonst kaum kalkulierbar. Allerdings ist der Verkäufer verpflichtet, Ihnen alle ihm bekannten Mängel zu melden. Wird ein Mangel verschwiegen, muss der Verkäufer drei Jahre dafür haften. Diese Frist beginnt ab Entdeckung des Mangels.

Es liegt an Ihnen, dem Vorbesitzer nachzuweisen, dass dieser den Mangel gekannt haben muss. Da das oft kaum möglich ist, sollten Sie die Immobilie vor dem Kauf in jedem Fall sorgfältig geprüft haben und im Zweifel einen Sachverständigen eine Begutachtung durchführen lassen.

Übergabetermin im Kaufvertrag

Wann bekommen Sie die Schlüssel für die Immobilie? Das wird ebenfalls im Kaufvertrag geregelt. Normalerweise findet eine Übergabe statt, sobald der Kaufpreis gezahlt wurde. Aber Sie und der Verkäufer können auch individuelle Termine vereinbaren. Hierbei ist nur wichtig:

Der Übergabetermin gehört in den Notarvertrag. Egal, ob es nach dem typischen Vorgehen sein soll oder Sie einen individuellen Termin vereinbaren.

Den Kauf per Kaufvertrag vollziehen

Damit Sie eine grobe Ahnung haben, wie so ein Kauf abläuft, habe ich hier eine kurze Übersicht zusammengestellt.

✔ Notartermin mit Unterschrift

✔ Vormerkung im Grundbuch

✔ Prüfung von Vorkaufsrecht und Grundpfandrecht

✔ Kaufpreiszahlung und Grundbucheintragung

Notartermin mit Unterschrift

Die Beglaubigung und Beurkundung durch den Notar ist für einen Immobilienkaufvertrag gesetzlich vorgeschrieben. Dabei dient der Notar als neutrale Instanz. Er muss Sie und den Verkäufer über den Inhalt und die Auswirkungen des Kaufvertrages aufklären und haftet für den Inhalt. Damit der Notar die nächsten Schritte zur Übertragung der Immobilie vornehmen kann, benötigt er eine Vollmacht. Diese lässt er sich üblicherweise im Kaufvertrag erteilen. Normalerweise bekommen Sie als Käufer von den eher bürokratisch trockenen Vorgängen nicht viel mit – es sei denn, es treten Probleme auf.

Der erste Schritt ist somit immer der Notartermin. Sobald Sie hier Ihre Unterschrift geleistet haben, übernimmt der Notar die nächsten Schritte für Sie.

Vormerkung im Grundbuch

Damit beide Vertragsparteien abgesichert sind, wird der Verkaufsvorgang in zwei Schritten durchgeführt.

✔ **Auflassungsvormerkung**

Nachdem der Vertrag unterzeichnet wurde, veranlasst der Notar für den Käufer eine sogenannte *Auflassungsvormerkung* im Grundbuch. Die Auflassungsvormerkung können Sie sich wie eine Reservierung vorstellen. Die Immobilie kann nun nicht mehr anderweitig verkauft werden und kann auch vom Vorbesitzer nicht mehr belastet werden.

✔ **Grundbucheintragung**

Nähere Informationen finden Sie unter dem Punkt »Kaufpreiszahlung und Grundbucheintragung«.

Prüfung von Vorkaufsrecht und Grundpfandrecht

Damit die Übertragung der Immobilie erfolgen kann, müssen einige Voraussetzungen erfüllt sein. Darum kümmert sich der Notar. Dabei handelt es sich um folgende Voraussetzungen:

✔ Hat die Gemeinde auf ein eventuelles Vorkaufsrecht verzichtet?

✔ Liegen alle Genehmigungen der Kommune oder der Hausverwaltung vor?

✔ Sind noch Lasten des Verkäufers eingetragen (etwa ein Grundpfandrecht)?

Kaufpreiszahlung und Grundbucheintragung

Haben Sie den Kaufpreis gezahlt und sind alle anderen Fragen geklärt, kommt es zum letzten Schritt, dem Grundbucheintrag

Sie werden als neuer Eigentümer der Immobilie eingetragen. Damit kann die Schlüsselübergabe in die Wege geleitet werden. Sie sind nun der Besitzer Ihres ersten Immobilieninvestments, herzlichen Glückwunsch.

> **IN DIESEM KAPITEL**
>
> Aufgaben, die Sie als Vermieter haben
>
> Wie Sie diese Aufgaben bewältigen können

Kapitel 11
Die Pflege der Immobilie

Sie sind nun Eigentümer einer Immobilie, Gratulation! Nun ist die Frage: Was kommt jetzt? Denn Sie müssen für Ihr neues Einkommen auch etwas tun, damit das Geld weitersprudeln kann. Auch nach dem Kauf müssen Sie sich um Ihre Immobilie kümmern. Und darum soll es in diesem Kapitel gehen. Ich möchte Ihnen ein paar Tipps geben, worauf Sie achten sollten.

Nachdem Sie eine Immobilie erworben haben, müssen Sie sich natürlich erst mal mit den Gegebenheiten auseinandersetzen. Hier kommt es ganz darauf an, was für eine Immobilie Sie erworben haben.

- Ist es eine Gewerbeimmobilie?
- Eine Wohnimmobilie?
- Ein Fix-&-Flip-Objekt?

Ich könnte unendlich viele Listen erstellen. Um Ihnen ein Beispiel zu geben, bleiben wir bei den Wohnimmobilien mit einer Buy-&-Hold-Strategie, also das langfristige Halten und Vermieten des Objekts. Hier könnten für Sie folgende Aufgaben anfallen:

- Mieter finden
- Belange der Mieter klären
- Miete anpassen
- Immobilie optimieren
- Immobilie in Schuss halten
- Nebenkostenabrechnung durchführen
- Finanzen im Blick haben

Es gibt natürlich noch eine Menge anderer Aufgaben, die anfallen können, und Sie können die Liste auch gerne ergänzen. Folgende Aufgaben kommen relativ häufig vor.

Die Zufriedenheit des Mieters im Blick

Ihnen als Vermieter sollte es wichtig sein, dass Ihr Mieter zufrieden ist. Nicht nur, weil Sie es vielleicht als soziale Aufgabe begreifen, jemandem ein Zuhause zu ermöglichen, sondern auch, weil Sie sich damit einen häufigen Mieterwechsel ersparen.

Mieter finden

Die Mieter bleiben nicht für immer bei Ihnen. Irgendwann ziehen Sie um oder versterben. Dann müssen Sie sich um einen neuen Mieter kümmern. Wie Sie hier am besten vorgehen, erfahren Sie in Kapitel 9.

Prüfen Sie den Mieter gründlich. Er soll schließlich Ihre Miete bezahlen.

Belange des Mieters klären

Nicht nur Ihre Immobilie benötigt Ihre Aufmerksamkeit, auch Ihr Mieter möchte hin und wieder etwas von Ihnen. Sei es

- ✔ die kaputte Heizung reparieren
- ✔ das Fenster, das nicht mehr geschlossen werden kann, richten
- ✔ den Nachbarn, der jeden Mittwoch eine Party schmeißt, bremsen
- ✔ den komischen Nachbarn von nebenan, der immer um Mitternacht in den Keller geht, ermahnen oder
- ✔ nach dem Wasser schauen, das einfach nicht mehr warm werden möchte

Es kann immer etwas sein, und als Vermieter sind Sie verpflichtet, dem Mieter eine funktionstüchtige Wohnung zur Verfügung zu stellen. Es gibt auch Mieter, die es als ihre Pflicht ansehen, den Vermieter über alles zu informieren. Für solche Mieter sollten Sie die nötige Zeit mitbringen.

Manche Mieter suchen auch nur jemanden zum Plauschen. Hier ist es wichtig, von Anfang an zu kommunizieren, mit welchen Belangen der Mieter zu Ihnen kommen sollte und was er auch für sich klären kann.

Nehmen Sie die Anliegen Ihrer Mieter ernst. Denn oft kommen sie zu Ihnen, damit Sie ihnen helfen.

 Mehr zum Thema Vermietung finden Sie in *Mieten und Vermieten für Dummies.*

Miete anpassen

Ganz schwieriges Thema. Die meisten Mieter möchten natürlich, dass ihre Miete immer gleich bleibt oder sogar, dass sie sinkt. Nur vergessen die Mieter dabei, dass Vermieter nicht nur aus reiner Nächstenliebe Vermieter geworden sind. Sie möchten sich ein zusätzliches Einkommen verdienen. Außerdem steigen nicht nur bei den Mietern die Kosten, auch die Ausgabenseite der Vermieter könnte wachsen:

- ✔ Das neue Bankdarlehen hat einen höheren Zinssatz.
- ✔ Durch einen Umbau oder eine Renovierung an der Immobilie fallen hohe Kosten an und Sie müssen die Instandsetzungsrücklage erhöhen.
- ✔ Ein Verwalter möchte mehr Geld haben.

Da sollten natürlich auch die Einnahmen steigen. Es hat nicht immer etwas mit dem »unstillbaren Renditehunger« zu tun, wenn Sie als Vermieter die Miete anpassen.

 Bitte informieren Sie sich vorab, ob und in welcher Höhe die Miete vom Vorbesitzer angepasst wurde, und welche Möglichkeiten Ihnen noch bleiben.

Allerdings gibt es hier einige Dinge zu beachten.

- ✔ Wie hoch die ortsübliche Miete ist
- ✔ Wann Sie die Miete erhöhen dürfen und wann nicht
- ✔ Wie stark die Erhöhung ausfallen darf
- ✔ Welche Formulierung Sie am besten wählen
- ✔ Der Mieter muss zustimmen

Wann und wie oft Mieterhöhungen erlaubt sind

In § 558 Abs. 1 BGB sind Zeitpunkte erwähnt, wann Sie eine Mieterhöhung durchführen können. Demnach muss:

- ✔ die Miete zuvor 15 Monate lang unverändert geblieben sein
- ✔ die letzte Erhöhung mindestens ein Jahr zurückliegen

Damit möchte das BGB den Mieter gegen willkürliche Erhöhung durch den Vermieter schützen und ihm eine gewisse Planungssicherheit geben.

Das Ausmaß der Mieterhöhung

Jetzt sind Sie Vermieter und wollen die Miete erhöhen. Das ist ja Ihr gutes Recht. Auch wenn das Ihr Recht ist, können Sie nicht immer und überall erhöhen. Nehmen wir eine Mietanpassung auf die ortsübliche Vergleichsmiete. Hier greift der § 558 BGB.

Die Bestimmungen zur ortsüblichen Vergleichsmiete ergeben sich aus dem § 558 Abs. 2 BGB. Demnach richtet sich die ortsübliche Vergleichsmiete nach den vor Ort üblicherweise erhobenen Mieten. Dafür ist es wichtig zu beachten, dass die Immobilien vergleichbar sein müssen:

- in der Größe
- der Ausstattung
- der Art
- der Beschaffenheit
- der energetischen Beschaffenheit

Um die ortsübliche Vergleichsmiete auszurechnen, benötigen Sie mindestens drei vergleichbare Immobilien.

Angenommen, Sie möchten die Miete um mindestens 50 % erhöhen. Dann wäre sie ansatzweise bei der ortsüblichen Vergleichsmiete. Aber halt! Auch hier hat der Gesetzgeber eine Begrenzung gesetzt, damit der Mieter geschützt ist. Die maximale Spanne für eine Erhöhung finden Sie ebenfalls in § 558 BGB. In Abs. 3 BGB steht, dass Sie innerhalb von drei Jahren die Miete um maximal 20 % anheben dürfen.

Leon interessiert sich für eine schöne kleine Wohnung. Diese ist zurzeit zu einem Preis von 7,- Euro / qm vermietet. Das ist etwas wenig, findet Leon, und er informiert sich, was laut Gesetz die aktuelle ortsübliche Vergleichsmiete ist. Nach einiger Recherche findet er heraus, dass diese bei 10,- Euro / qm liegt. Das ist mehr als 40 % höher als die von ihm verlangte Miete. Natürlich möchte Leon die Miete nun in der erlaubten Frist erhöhen. Allerdings fällt ihm da wieder der § 558 Abs. 1 BGB ein. Nach seiner Rechnung wäre dann nur eine Mieterhöhung von:

7,- Euro / qm × 20 % = 1,40 Euro / qm möglich.

Er kann die Miete also lediglich von 7,- Euro / qm auf 8,40 Euro / qm erhöhen. Das reicht bei Weitem nicht für seine erforderliche Rendite aus.

Wenn Sie gerne weitere Informationen zum Thema Vermietung hätten, schauen Sie gerne in das Buch *Immobilien erfolgreich vermieten für Dummies*.

Mieterhöhung: Die richtige Formulierung im Schreiben an den Mieter

Ihrem Mieter müssen Sie die Mieterhöhung schriftlich mitteilen. Das kann per E-Mail oder Fax passieren oder aber auch per Post (§ 558 a Abs. 1 BGB).

Da E-Mails gerne gelöscht werden und Faxe »mal nicht ankommen«, würde ich immer die Post bevorzugen. Das ist zwar teurer als eine E-Mail und umständlicher, dafür gehen Sie auf Nummer sicher, was die Zustellung angeht. Und der Mieter kann den Brief nicht so eben mal »löschen«.

Zusätzlich muss die Mieterhöhung gegenüber Ihrem Mieter begründet werden (§ 558 a Abs. 1 BGB).

Bitte formulieren Sie den Mieterhöhungstext nicht selbst. Es gibt zu viele Fallstricke. Außerdem: Warum selbst formulieren, wenn es im Internet viele (manchmal sogar kostenlose) Vorlagen gibt, die Sie für Ihr Schreiben zur Mieterhöhung verwenden können. Achten Sie hier bitte auf die Seriosität der Quelle. Oder lassen Sie sich von Ihrem Anwalt ein Schreiben erstellen. Dieses ist dann auf alle Fälle rechtssicher. Denn nichts ist ärgerlicher, als die Mieterhöhung nicht durchzubekommen, weil Sie einen Formfehler gemacht haben.

Zustimmung des Mieters

Auch wenn es Ihre Immobilie ist und der Mieter aufgrund des Mietvertrages bei Ihnen wohnt, können Sie nicht so einfach die Miete erhöhen. Selbst wenn Sie die Fristen einhalten, die Formulierung korrekt ist und auch die Höhe im Rahmen liegt. Ihr Mieter muss der Mieterhöhung gemäß § 558 b BGB zustimmen. Anders als Ihr Mieterhöhungsverlangen bedarf die Zustimmung des Mieters keiner speziellen Form. Sie kann also in jeder Form erfolgen:

- ✔ Mündlich
- ✔ Telefonisch
- ✔ Per E-Mail
- ✔ Entsprechendes Verhalten (Überweisung der höheren Miete)
- ✔ Fax
- ✔ Per Brief

Auch wenn die Zustimmung keiner Form unterliegt, ist es dennoch ratsam, den Mieter um eine schriftliche Zustimmung zu bitten. So haben Sie als Vermieter bei Schwierigkeiten etwas Schriftliches in der Hand.

Immobilie in Schuss halten

Wenn Sie die Immobilie verbessern, ist das super. Vergessen Sie aber bitte beim ganzen Optimieren nicht, dass eine Immobilie auch so in Schuss gehalten werden muss. Bei Mehrfamilienhäusern muss schon mal die Fassade neu gestrichen oder das Dach neu gedeckt werden. Bei Eigentumswohnungen muss hin und wieder ein neues Bad her. Es gibt immer etwas zu tun, wenn Sie eine Immobilie besitzen. Ihr Mieter wird es Ihnen danken, wenn Sie sie in Schuss halten. Lassen Sie Ihre Immobilie regelmäßig überprüfen und kümmern Sie sich um die kleinen Wehwehchen. Das sind Aufgaben, die anfallen können:

✔ Die Fassade muss gestrichen werden.

✔ Ein Badezimmer muss ausgetauscht werden.

✔ Die Rohre müssen erneuert werden.

✔ Das Dach muss neu eingedeckt werden.

✔ Die Elektrik muss erneuert werden.

Wenn Sie Ihre Immobilie in Schuss halten, kommt zusätzlich noch eine weitere Aufgabe auf Sie zu: die Koordination der Handwerker. Sollten Sie eine Wohnung oder gar ein ganzes Haus komplett sanieren müssen, dann müssen Sie natürlich auch koordinieren, wann welcher Handwerker wo sein muss. Das kann manchmal ziemlich anspruchsvoll sein. Doch mit ein wenig Übung klappt das.

Versuchen Sie, klein anzufangen. Nicht gleich eine komplette Sanierung einer Immobilie. Vielleicht mal ein neues Bad oder ein neuer Fußboden. So sehen Sie, wie alles funktioniert und bekommen ein Gefühl, wie die Handwerker arbeiten. Sobald Sie etwas sicherer sind, können Sie sich auch größeren Projekten zuwenden.

Immobilie optimieren: Wohnqualität verbessern

Um das Beste aus Ihrer Immobilie herauszuholen, ist es oft sinnvoll, sie zu optimieren. Mit der Optimierung ist nichts anderes als eine Verbesserung der Wohnqualität für Ihren Mieter gemeint, zum Beispiel:

✔ Sie bauen einen Balkon an.

✔ Aus dem grünen 1980er-Bad wird ein modernes weißes Bad.

✔ Sie stellen dem Mieter eine Einbauküche zur Verfügung.

✔ In Ihrem Mehrfamilienhaus errichten Sie einen Waschkeller mit Münz-Waschmaschinen.

Die Optimierung ist enorm wichtig. Warum?

- ✔ **Sie steigern Ihre Einnahmen,** denn Sie können eine höhere Miete verlangen.
- ✔ **Der Wohnkomfort für Ihre Mieter wächst.** Durch den gesteigerten Wohnkomfort wohnen die Mieter gerne bei Ihnen und empfehlen Sie eventuell sogar weiter.

Die Optimierung sollte sich natürlich rechnen. Es bringt nichts, wenn Sie in Ihrem Mehrfamilienhaus ein eigenes Schwimmbecken einbauen und keinen Cent mehr bekommen. Wenn Sie aber für die Benutzung des Schwimmbeckens eine Gebühr oder eine »Miete« verlangen, kann das Ganze schon anders aussehen.

Aber gibt es Standardoptimierungen, die Sie abarbeiten können? Nein, die gibt es nicht. Überlegen Sie sich, was Sie sich als Mieter wünschen würden. Es liegt also an Ihnen, Optimierungspotenziale herauszufinden. Versuchen Sie, mit den Augen Ihrer Mieter zu sehen oder fragen Sie Ihre Mieter, was Sie sich wünschen würden.

Sie sollten bedenken, dass es aber auch Mieter gibt, die auf zusätzlichen Komfort gerne verzichten, solange sie dadurch eine Mieterhöhung umgehen können. Daher sollten Sie immer mit Ihren Mietern sprechen. So gibt es keine bösen Überraschungen.

Nebenkostenabrechnung

Das Lieblingsthema vieler Investoren. Als Vermieter sind Sie gemäß § 556 BGB dazu verpflichtet, einmal jährlich eine Nebenkostenabrechnung aufzustellen und diese dem Mieter zu schicken.

Bei Nebenkosten handelt es sich um die Kosten, die Sie als Vermieter belasten, weil Sie die Immobilie besitzen und diese vom Mieter genutzt wird.

Kosten, die Sie abrechnen dürfen

Welche Nebenkosten Sie abrechnen können, ist im § 2 Betriebskostenverordnung (BetrKV) geregelt. Als Nebenkosten können Sie Folgendes abrechnen:

- ✔ Fahrstuhlbetrieb
- ✔ Beleuchtung
- ✔ Grundsteuer
- ✔ Hausreinigung
- ✔ Gartenpflege
- ✔ Hausmeister

- ✔ Müllabfuhr und Straßenreinigung
- ✔ Schornsteinfeger
- ✔ Warmwasser- und Heizkosten
- ✔ Wasser- und Abwassergebühren
- ✔ Gemeinschaftsantenne/Breitbandkabel
- ✔ Versicherungen
- ✔ Sonstige Betriebskosten

Diese Kosten müssen Sie als Vermieter nicht tragen, sondern können sie auf den Mieter umlegen.

Kosten, die Sie selbst tragen müssen

Dagegen gibt es auch Kosten, die Sie als Vermieter nicht auf den Mieter umlegen dürfen. Dazu gehören:

- ✔ Reparaturkosten (zum Beispiel Reparaturen von Sanitäranlagen oder Heizung)
- ✔ Instandhaltungskosten (beispielsweise Fassadenanstrich, Dacheindeckung oder Badezimmersanierung)
- ✔ Verwaltungskosten (zum Beispiel Kosten für die Erstellung der Nebenkostenabrechnung)
- ✔ Grunderwerbsteuer, Erbschaftssteuer, Einkommensteuer auf Mieteinnahmen
- ✔ Anschlussgebühren für Kabel oder Satellitenschüssel
- ✔ Rechtsschutz- oder Hausratversicherung
- ✔ Prüfung und Wartung von Gasleitung und Hauselektrik
- ✔ Nebenkosten für Leerstand

Das sind alles Kosten, die Sie als Vermieter allein tragen müssen. Es sind Instandhaltungskosten, die den Mieter nicht tangieren.

Fristen, die Sie beachten müssen

Gemäß § 556 Abs. 3 BGB müssen Sie dem Mieter die Nebenkostenabrechnung spätestens zwölf Monate nach dem Abrechnungszeitraum vorlegen. Sollten Sie diese Frist nicht einhalten, haben Sie kein Recht auf eine Nachforderung von Zahlungen.

Leon hat seine Wohnung an ein nettes Pärchen vermietet. Nun muss er sich an die Nebenkostenabrechnung setzen. Nach längerem Suchen hat er eine gute Vorlage gefunden und weiß nun, bis wann er dem Mieter die Abrechnung übergeben muss. Der Abrechnungszeitraum ist vom 01.01.2018 bis 31.12.2018. Somit muss er die Abrechnung bis spätestens zum 31.12.2019 übergeben. Das ist auch nötig, denn er bekommt noch 500,- Euro zurück, die das Pärchen über die Nebenkostenpauschale zu wenig gezahlt hat. Leider ist Leon nicht besonders gut organisiert und verzettelt sich immer wieder. Er kommt erst am 01.01.2020 dazu, den Mietern die Abrechnung zu schicken. Diese weigern sich, die Nachforderung zu zahlen, weil Leon die Frist überschritten hat. Zu Recht! Leon bleibt auf seinen 500,- Euro Kosten sitzen und weiß nun, dass er die Nebenkostenabrechnung rechtzeitig machen sollte.

Finanzen im Blick haben

Da Sie mit Ihren Immobilien ein zusätzliches Einkommen aufbauen wollen, ist es erforderlich, dass monatlich Geld übrig bleibt. Überprüfen Sie deshalb regelmäßig, ob die Mieten pünktlich eingehen und die Kosten abgehen. Sollte mal eine Miete ausbleiben, etwas nicht abgebucht werden oder es wird mehr abgebucht als vereinbart, sehen Sie das sofort und können dementsprechend reagieren.

Viele Vermieter neigen dazu, einem Mieter, der seine Miete nicht gezahlt hat, sofort eine Mahnung zu schicken. Das verursacht aber oft eine schlechte Stimmung zwischen Mieter und Vermieter. Wie würden Sie sich fühlen, wenn Sie einmal die Miete nicht zahlen konnten oder es nur vergessen haben und gleich eine Mahnung kommt? Stellen Sie sich folgende Situation vor:

Michael vermietet seine Wohnung an Tom. Tom war bisher immer ein lobenswerter Mieter. Stets kam die Miete rechtzeitig und die Wohnung sah immer super aus. Aber diesen Monat blieb die Miete plötzlich aus. Da Tom aber immer ein guter Mieter war, wartet Michael noch mal eine Woche. Eventuell hat Tom es einfach vergessen. Aber auch nach eineinhalb Wochen kommt noch keine Miete. Nun wird Michael langsam etwas ärgerlich und überlegt, Tom eine Mahnung zu schicken. Aber bevor er das macht, möchte er einmal persönlich mit Tom sprechen und ihn erinnern. Als Michael am nächsten Tag vor Toms Wohnungstür steht, ist diesem das sichtlich unangenehm. Zögernd bittet er Michael rein und beim Gang zum Wohnzimmer bemerkt Michael, dass Tom humpelt. Dieser erklärt ihm, dass er bei der Arbeit vom Dach gefallen ist. Das ist sein Risiko als Zimmermann. Das Blöde ist nur: Er hatte schwarz gearbeitet und ist deshalb nicht versichert gewesen. Da er selbstständig ist und nun nicht arbeiten kann, kommt natürlich auch kein Geld rein. Es sei ihm sehr unangenehm, dass er deshalb die Miete noch nicht zahlen konnte. Er habe sich nicht getraut, Michael anzurufen, und gehofft, die Miete noch irgendwie zusammenzubekommen. Das sei ihm auch bis auf 50,- Euro gelungen. Michael ist froh, mit Tom gesprochen zu haben. Er macht mit Tom aus, dass er die Miete überweist, sobald er das Geld zusammen hat, und schon ist die Sache geklärt.

Oft ist es ratsam, einfach mit dem Mieter zu sprechen. Wir sind alle Menschen und bei jedem kann mal etwas schiefgehen. Und Ihr Mieter weiß es bestimmt zu schätzen, einen so verständnisvollen Vermieter zu haben.

Allerdings sollten Sie aufpassen, dass der Mieter diese Nettigkeit nicht ausnutzt. Leider gibt es Menschen, die freundliches Verhalten mit Schwäche gleichstellen und versuchen, das auszunutzen. Schieben Sie solchen Menschen gleich einen Riegel vor.

Jeder Vermieter klärt seine Finanzen anders. Einige schauen nur auf die Konten, ob die Miete gezahlt wird und die Kosten grob stimmen. Andere machen sich eine Excel-Tabelle, in der sie jeden Mieter aufführen und festhalten, wann die Miete gezahlt wurde. Ein Beispiel für eine solche Aufstellung finden Sie in Tabelle 11.1.

Mieter	Höhe der Miete	Eingang
Max Mustermann	340,- Euro	am 02.09.xxxx
Michael Entenmann	400,- Euro	am 05.09.xxxx

Tabelle 11.1 Mieteinnahmen im Überblick

Teil III
Fonds und Co.: Indirekt in Immobilien investieren

> **IN DIESEM TEIL...**
>
> Neben dem klassischen direkten Investment gibt es noch andere Möglichkeiten, in Immobilien zu investieren: das indirekte Investment. Hierzu zählen Immobilienfonds und REIT-ETF. Diese beiden interessanten Anlagemöglichkeiten werden wir uns in diesem Kapitel genauer ansehen.

> **IN DIESEM KAPITEL**
>
> Unterschied offener und geschlossener Fonds
>
> Der Durchschnittskosteneffekt
>
> Regulierung der Entnahme

Kapitel 12
Immobilienfonds: Was das ist und warum sich ein Investment lohnt

Was ist ein Immobilienfonds? Die häufigste Antwort auf diese Frage ist: »Ein Fonds, der in Immobilien investiert.«

Das ist auch so weit richtig. Aber so richtig bringt Sie diese Antwort nicht weiter. Deshalb erfahren Sie in diesem Kapitel mehr über Immobilienfonds.

Was ein Immobilienfonds ist

Der Begriff besteht aus den Worten: Immobilie und Fonds. Sie wissen bereits, was eine Immobilie ist. Aber was hat es mit diesem Fonds auf sich?

Ihre Freunde und Sie möchten für einen guten Freund ein größeres Geschenk kaufen. Alleine könnte sich keiner dieses Geschenk leisten. Daher legen sie alle Geld in einen Topf und kaufen davon das Geschenk.

Das ist die Funktion eines offenen Investmentfonds. Sie möchten ein oder mehrere große Investments (das große Geschenk) tätigen. Da Sie sich das nicht alle leisten können, legen Sie mit anderen Investoren (Ihre Freunde) das Geld in einen Topf (der Fonds). Aus diesem wird dann das Investment getätigt. Natürlich gibt es noch weitere rechtliche Aspekte drum herum. Dieses Beispiel veranschaulicht aber das Grundprinzip.

Geschlossene und offene Fonds

Ihnen ist bestimmt schon der Begriff »offener Investmentfonds« aufgefallen. Der Begriff kommt daher, dass bei Fonds zwischen offenen und geschlossenen unterschieden wird. Nur was genau sind diese Unterschiede? Schauen wir es uns an.

Flexibel: Der offene Immobilienfonds

Offene Immobilienfonds und auch offene Investmentfonds funktionieren so:

Es gibt:

- Mehrere Anleger,
- die ein größeres Investment tätigen möchten,
- und dafür ihr Geld bündeln.

Bei Immobilienfonds liegt der Anlageschwerpunkt auf Immobilien. Logisch! Der Investmentfonds hat seinen Schwerpunkt dagegen bei Aktien, Zinspapieren und so weiter. Die Zielsetzung des Immobilienfonds ist es, auch Kleinanlegern die Möglichkeit zu bieten, ihr Geld in lukrative Immobilieninvestments zu stecken. Beim offenen Immobilienfonds ist eine Information noch wichtig: Sie können Anteile davon jederzeit kaufen und auch wieder verkaufen. Damit sind Sie relativ flexibel.

Die Flexibilität wurde aber leider mittlerweile eingeschränkt. Aufgrund der Immobilienblase im Jahr 2008 wurden von der Regierung eine Mindesthaltedauer und Höchstbeträge bei der Rückgabe von Anteilen eingeführt (Siehe weiter unten).

Gebunden: Der geschlossene Immobilienfonds

Abzockerpapiere! Oder der »böse« Bruder des offenen Immobilienfonds. Das muss sich der geschlossene Immobilienfonds öfters anhören. Nein, er ist in den Medien nicht sehr beliebt. Dabei ist der geschlossene Immobilienfonds gar nicht böse. Seinen schlechten Ruf hat er daher, dass die Menschen nicht richtig aufgeklärt werden, was ein geschlossener Immobilienfonds ist, und sich dann wundern, was sie denn für einen »Müll« im Depot haben.

Einen geschlossenen Fonds können Sie sich wie ein großes Projekt vorstellen. Jedes Projekt braucht Geld und ist zu einem bestimmten Zeitpunkt fertig. Es steht am Anfang fest, welches Kapital benötigt wird und wie lange der Fonds gebunden ist. Das benötigte Kapital wird dann wie beim offenen Fonds von den Anlegern eingesammelt und in das Projekt investiert. Hier folgt aber nun der größte Unterschied. Während Sie einen offenen Fonds jederzeit handeln können, kommen Sie an Ihren geschlossenen Fonds nicht ran. Das Geld ist fest angelegt, komme, was wolle.

Natürlich ist das mit einem gewaltigen Risiko belastet. Wer hat schon eine Glaskugel und weiß, was in X Jahren auf der Welt los ist, oder ob das Projekt überhaupt ein Erfolg wird. Daher sollten Sie bei geschlossenen Fonds immer genau prüfen und abwägen.

Gesetzliche Vorschriften zur Entnahme

Möchten Sie Ihre Anteile an offenen Immobilienfonds zurückgeben, gibt es eine Besonderheit: Sie müssen gewisse Fristen beachten. Normalerweise können Sie Investmentfondsanteile ohne großes Drama an die Fondsgesellschaft zurückgeben. Bei Immobilienfonds ist das nicht so leicht möglich. Aber warum?

Das liegt am Anlageschwerpunkt der Immobilienfonds. Der liegt, wie der Name sagt, in Immobilien. Diese sind nicht so schnell zu verkaufen. Wenn nun mehrere Anleger kurzfristig große Summen entnehmen wollen, kann das zu Problemen führen. Denn dann könnte der Fonds nicht alle Anleger bedienen und müsste unter Umständen Immobilien zu einem Schleuderpreis verkaufen. Und das will natürlich keiner der Beteiligten. Um das zu verhindern, hat der Gesetzgeber die Fristen eingeführt.

Welche Fristen gelten, hängt vom Erwerbsdatum und der Haltedauer ab.

Altbestand Fondsanteile

Fondsanteile, die vor dem 21. Juli 2013 im Depot lagen, genießen einen Altbestandsschutz. Hier gelten folgende Rückgabefristen:

Erwerb vor dem 1. Januar 2013:

- ✔ Es muss bei der Rückgabe eine Kündigungsfrist von 12 Monaten eingehalten werden.

Erwerb zwischen dem 1. Januar 2013 und 21. Juni 2013

- ✔ Anteile müssen 24 Monate gehalten werden.
- ✔ Die Anteile können erst nach einer Kündigungsfrist von 12 Monaten zurückgegeben werden.
- ✔ Die Fristen bei beiden Kategorien gelten nur für die Rückgabe ab einer Summe von 30.000,- Euro pro Kalenderjahr.

Neubestand Fondsanteile

Sind die Fondsanteile erst seit dem 22. Juli 2013 im Depot des Anlegers, gelten die nachfolgend dargestellten Fristen.

- ✔ Anteile müssen vor der Rückgabe an die Fondsgesellschaft mindestens 24 Monate gehalten werden.
- ✔ Der Anleger muss ein Jahr vorher ankündigen, dass er die Anteile zurückgeben möchte.
- ✔ Freibeträge entfallen.

Wenn Sie in Immobilienfonds investieren wollen, bedenken Sie bitte immer die Rückgabefristen und verwenden Sie nur Geld, das Sie nicht kurzfristig benötigen.

Vor- und Nachteile von Immobilienfonds

Nun wissen Sie genau, was ein Immobilienfonds ist. Aber welche Vor- und welche Nachteile hat so ein Immobilienfonds für Sie?

Vorteile: Was für Immobilienfonds spricht

Das spricht für Immobilienfonds:

1. Kleine Investmentsumme
2. Automatisierung des Investierens möglich
3. Keine Suche nach der Nadel im Heuhaufen
4. Große Risikostreuung
5. Durchschnittskosteneffekt

Schauen wir uns die Vorteile mal im Detail an:

Kleine Investmentsumme

Der erste große Vorteil von Immobilienfonds ist, dass Sie mit einem sehr geringen Kapitaleinsatz starten können. Bei direkten Investments brauchen Sie ungemein viel Kapital. Bei Immobilienfonds kann es schon ab 25,- Euro losgehen. Also kann sich praktisch jeder einen Immobilienfonds leisten.

Einmal suchen, dauerhaft freuen

Da Fonds sehr breit aufgestellt sind, müssen Sie nicht immer einen neuen Fonds suchen. Sie suchen sich einen Fonds aus und investieren in diesen. Das Einzige, was Sie hin und wieder machen müssen, ist zu schauen, ob der Fonds noch Ihre Auswahlkriterien erfüllt. Mehr Informationen zu den Kriterien finden Sie im Kapitel 13.

Automatisierung möglich

Da Sie nicht immer nach einem neuen Fonds Ausschau halten müssen, können Sie das Investieren auch automatisieren. Denn die meisten Immobilienfonds sind sparplanfähig. Das bedeutet, dass Sie einen Sparplan (meist ab 25,- oder 50,- Euro) für diesen Fonds anlegen können.

Sie vergrößern Ihr Vermögen von Monat zu Monat, ohne viel tun zu müssen.

Große Risikostreuung

Wenn Sie in nur einen offenen Immobilienfonds investieren, streuen Sie Ihr Risiko schon enorm. Denn ein Fonds investiert in mehrere verschiedene Immobilien. Dadurch können Sie auch mit kleinem Budget eine breite Streuung erreichen und Ihre Sicherheit so erhöhen.

Den Durchschnittskosteneffekt nutzen

Der Durchschnittskosteneffekt (oder englisch cost average effect) ist eine Eigenschaft von Sparplänen. Wenn Sie regelmäßig Geld in eine Anlageform (Aktien, Fonds, ETFs und so weiter) investieren, führt das aufgrund der Kursschwankungen dazu, dass Sie im Schnitt günstige Kurse für Ihre Fondsanteile erzielen. Klingt zu kompliziert? Hier ein Beispiel:

Dieter hat zwei Sparpläne. In einem kauft er immer genau fünf Anteile vom Fonds x und beim zweiten Sparplan kauft er immer Fondsanteile im Wert von 200 Euro, ebenfalls vom Fonds x. In den ersten drei Monaten des Jahres sehen Dieters Sparpläne wie in Tabelle 12.1 gezeigt aus.

Monat und Kurs	Sparplan 1	Sparplan 2
Januar: 50,- Euro	4,1 Anteile zu 205,- Euro	200,- Euro = 4 Anteile
Februar: 40,- Euro	4,1 Anteile zu 164,- Euro	200,- Euro = 5 Anteile
März: 60,- Euro	4,1 Anteile zu 246,- Euro	200,- Euro = 3,3 Anteile
Gesamt	12,3 Anteile für 615,- Euro	600,- Euro = 12,3 Anteile

Tabelle 12.1: Dieters Sparpläne

Damit hat Dieter für 12,3 Anteile folgende Sparleistung erbracht:

- ✔ 615,- Euro für immer die gleichen Anteile
- ✔ 600,- Euro mit dem Durchschnittskosteneffekt

Somit hat Dieter für die gleichen Anteile 15,- Euro weniger bezahlt, und das nur in drei Monaten.

Die Differenz in unserem Beispiel liegt am Durchschnittskosteneffekt. Da Dieter im zweiten Sparplan immer den gleichen Betrag spart, werden bei einem niedrigeren Kurs mehr Anteile gekauft und bei einem höheren Kurs weniger. Dieses Vorgehen verschafft Ihnen oft einen durchschnittlich günstigeren Einkaufspreis.

Nachteile: Die Kehrseite der Medaille

So, die Vorteile haben wir nun abgehakt. Was sind nun aber die Nachteile eines Immobilienfonds?

1. Geringere Rendite
2. Hohe Managementkosten

3. Verfügbarkeit
4. Keine Kontrolle
5. Der Immobilienfonds investiert nicht nur in Immobilien

Geringere Rendite

Ein gewaltiger Nachteil der Immobilienfonds ist die Rendite. Im Vergleich zu den anderen Möglichkeiten, in Immobilien zu investieren, hat der Immobilienfonds mit Abstand die geringste Rendite. Das liegt an den oft hohen Fixkosten der Immobilienfonds.

Hohe Managementkosten

Ein Grund für die geringe Rendite sind die hohen Managementkosten eines Fonds. Denn das Ziel des Fonds ist es, den Markt zu schlagen. Und das lassen sich die Manager gut bezahlen. Diese Kosten werden Ihnen einmal jährlich von Ihrer Rendite abgezogen, sodass Sie es gar nicht bemerken.

Beim Fonds geben Sie das Steuer ab. Dadurch haben Sie weniger Arbeit damit, dadurch entstehen aber auch Kosten, die Ihre Rendite schmälern.

Schauen Sie daher immer genau auf die Kosten, die der Fonds verursacht, und schauen Sie, ob die Rendite diese Kosten rechtfertigt oder nicht.

Verfügbarkeit

Wenn Sie an Ihr Geld wollen, müssen Sie bei Immobilienfonds Geduld haben. Es gibt Fristen, die bei der Rückgabe eingehalten werden müssen. Bei geschlossenen Fonds kommen Sie meist gar nicht vor Laufzeitende an Ihr Geld und bei offenen Fonds erst nach Ablauf der Frist.

Auch beim direkten Investment in Immobilien müssen Sie Zeit beim Verkauf einplanen. Das ist bei beiden Investmentmöglichkeiten ein großer Nachteil.

Keine Kontrolle

Sie wissen nicht, welche Immobilien im Fonds hinterlegt sind. Sie können nicht bestimmen, welcher Handwerker die Arbeiten macht oder welcher Manager im Vorstand sitzt. Wenn Sie in einen Immobilienfonds investieren, sind Sie nur Beifahrer.

Bei einem Fonds haben Sie nicht die Möglichkeit einzugreifen, wenn etwas schiefgeht. Sie können den Fonds nur verkaufen (natürlich innerhalb der Fristen).

Der Immobilienfonds investiert nicht nur in Immobilien

Ein weiterer Nachteil von Immobilienfonds ist, dass Sie nicht nur in Immobilien investieren. Das kommt daher, dass ein Fonds mindestens 5 % seines Vermögens als Liquiditätsreserve halten muss, um Anleger jederzeit ausbezahlen zu können. Maximal darf der Liquiditätsanteil zumeist bis 45 % reichen. Er wird in der Regel in kurzfristige Zinsanlagen investiert, die aktuell keine Rendite bringen.

 Sie sollten sich dessen immer bewusst sein: Ein Immobilienfonds investiert zwar in Immobilien, aber nicht das gesamte Vermögen.

IN DIESEM KAPITEL

Fragen, die Sie vor dem Fondskauf beantworten müssen

Einen Fonds in vier Schritten bestellen

Kapitel 13
Immobilienfonds kaufen

Sie haben sich entschieden, einen Immobilienfonds zu kaufen? Großartig!

In diesem Kapitel erfahren Sie, wie Sie am besten vorgehen sollten. Zuerst sind ein paar Fragen zu klären und danach geht es ganz einfach mit dem Kauf weiter.

Kriterien für die Fondsauswahl

Wenn Sie neu in einem Thema sind, kann die Entscheidung für oder gegen ein Produkt sehr schwerfallen. Auch welche Kriterien wichtig und welche unwichtig sind, ist nicht immer ganz einfach. Daher gebe ich Ihnen hier eine Tabelle mit, in der Sie die wichtigsten Kriterien für die Auswahl Ihres Fonds finden. Zusätzlich sehen Sie in dieser Tabelle auch die Werte, die ich für meine Auswahl getroffen habe (siehe Tabelle 13.1).

Kriterium	Meine Bedingung	Erfüllt?
Währung	Euro	
Niedrige Kostenstruktur	maximal 1,5 % Gesamtkostenquote (Total Expense Ratio, kurz TER)	
Fondsdomizil (Wo kommt der Fonds her?)	Deutschland oder allgemein Europa	
Renditeverwendung	Ausschüttend (Ich brauche eine sichtbare Motivation)	
Anlageschwerpunkt	Immobilien in Europa	
Sparplanfähigkeit	Ja, da ich eher per Sparplan investiere	
Offener oder geschlossener Fonds?	Offen	

Tabelle 13.1: Kriterien für Fondsauswahl

Selbstverständlich können Sie diese Tabelle noch weiter anpassen und eigene Kriterien einfügen. Diese Punkte waren mir nur sehr wichtig bei meiner Auswahl. Sie finden die Tabelle unter www.downloads.fuer-dummies.de.

Fragen, die Sie sich stellen sollten

Bevor Sie einfach irgendeinen Immobilienfonds kaufen und dann nach einem Jahr den Kauf bereuen, sollten Sie sich vorab ein paar Fragen stellen. So wissen Sie, was Sie ungefähr suchen und können so einige Fonds bereits von vorneherein ausschließen. Das spart Ihnen eine Menge Arbeit. Also lassen Sie uns loslegen.

Selber suchen oder den Bankberater fragen?

Die erste Frage ist relativ simpel. Wollen Sie sich die Arbeit selber machen, einen Fonds für sich zu finden, oder wollen Sie ganz die alte Schule Ihren vertrauenswürdigen Bankberater fragen?

Die Antwort auf diese Frage kann sich in Ihrer Rendite und in Ihrer Zufriedenheit mit dem Fonds widerspiegeln. Also wählen Sie mit Bedacht.

Was spricht denn für den Fonds des Bankberaters?

- ✔ **Sie haben keine Arbeit**

    Zuerst spricht für den Fonds des Bankberaters, dass Sie keine Arbeit damit haben. Der Bankberater sucht aus den Fonds den besten für Sie heraus. Sie müssen vorab nur ein paar kleine Fragen beantworten, den Rest erledigt der Bankberater für Sie. Sie bekommen noch ein paar Unterlagen zum Lesen, was die meisten Anleger allerdings nie tun, und dann sind Sie glücklicher Besitzer eines Immobilienfonds.

    Auch wenn Sie schon einen Immobilienfonds besitzen, übernimmt der Berater gerne die weitere Betreuung Ihres Depots und schickt Ihnen immer die entsprechenden Unterlagen zu.

- ✔ **Die Schuld trägt der Berater**

    Ein weiterer schöner Vorteil eines Fonds des Beraters: Die Schuld trägt immer der Berater! Immer! Das Leben kann so schön einfach sein, warum selber eine Entscheidung treffen und das Risiko eingehen, falschzuliegen? Da ist es doch einfacher, den Berater loszuschicken und ihn die Entscheidung treffen zu lassen. Wenn sie falsch war, dann haben Sie auch gleich einen Sündenbock.

Was spricht gegen den Fonds eines Beraters?

- ✔ **Es ist selten der beste Fonds für Sie**

    Egal, wie gut der Berater ist: Viele sind an die Produkte der Bank gebunden. Das bedeutet für Sie, dass Sie bei etwas Pech nie den richtigen Fonds für Ihre Auswahl bekommen.

Ganz einfach, da die Bank diesen Fonds nicht anbietet. Das liegt daran, dass einige Banken mit speziellen Fondsanbietern eine Partnerschaft haben und daher nur diese Fonds im Angebot haben. Somit können Sie den kompetentesten Berater haben, aber dieser kann Ihnen nicht den »richtigen« Fonds anbieten, und somit wird Ihnen dann oft bloß ein »guter« Fonds angeboten.

Das soll nun nicht heißen, dass Ihnen immer etwas Falsches angedreht wird. Viele angebotene Fonds sind trotzdem gut, passen nur nicht immer zu 100 % zu Ihren Vorstellungen.

✔ **Der Berater und seine Ziele**

Ein weiterer Grund, warum Sie nicht immer den besten Fonds für sich erhalten können, ist dieser: Der Berater hat seine Ziele, darunter auch den Verkauf von bestimmten Fonds. Es kann also sein, dass der Berater genau diesen Immobilienfonds verkaufen »muss«, um sein Ziel zu erreichen. Wenn Sie die Kontrolle an den Berater abgeben, wissen Sie nicht, ob es nun nur ein Zielfonds war oder der beste Fonds für Sie.

Nicht alle Berater verkaufen, was in Ihren Zielen vorgegeben ist. Es gibt genug Berater, die trotzdem objektiv den besten Fonds für Ihre Kunden raussuchen, den sie anbieten können.

✔ **Sie haben mehr Kontrolle**

Wenn Sie den Fonds selber kaufen und nicht vom Berater kaufen lassen, dann haben Sie mehr Kontrolle über Ihr Geld. Sie informieren sich über den Fonds, seine Kosten, seine Strategie und seine Entwicklung und treffen somit eine fundierte Entscheidung. Diese können Sie auch begründen und können selber entscheiden, ob Sie den Fonds wieder verkaufen wollen oder nicht. Denn Sie haben sich bereits mit der Materie auseinandergesetzt. Natürlich kann es passieren, dass Sie einen Fehler machen und dann keinen Sündenbock haben. Aber Sie können so aus Ihren Fehlern lernen und bei der nächsten Entscheidung diesen Fehler vermeiden. Dadurch werden Sie immer besser.

Ich bevorzuge den selbst gewählten Fonds, da Sie so die Möglichkeit haben, einen Fonds zu finden, der Ihren Erwartungen am meisten entspricht.

Offener oder geschlossener Fonds?

Nun ist die Frage, ob Sie lieber in einen offenen oder in einen geschlossenen Fonds investieren wollen. Beide haben ihre Vor- und Nachteile. Hier liegt die Entscheidung ganz bei Ihnen.

Haben Sie den Unterschied zwischen offen und geschlossen nicht mehr im Kopf? Kapitel 12 erklärt ihn.

Ausrichtung des Fonds

Wenn Sie einen Fonds kaufen wollen, sollten Sie sich zumindest grob mit dessen Strategie auseinandergesetzt haben. Dazu zählen Fragen wie:

- ✔ Welche Strategie verfolgt der Fonds?
- ✔ Investiert er in Immobilien auf der ganzen Welt oder beschränkt er sich eher auf Deutschland?
- ✔ Sind es eher Büros, Einkaufszentren, Hotelanlagen oder Wohnungen, in die der Fonds investiert?

Sie müssen hier nicht zu tief ins Detail gehen, aber Sie möchten schon wissen, was hinter dem Fonds steckt. Denn nur so wissen Sie, ob der Fonds eine Zukunft hat oder nicht.

Bisherige Entwicklung

Natürlich ist die Vergangenheit keine Garantie für die Zukunft. Trotzdem ist es oft so, dass Fonds, die in der Vergangenheit gut abgeschnitten haben, in der Zukunft ebenfalls Erfolge verzeichnen können. Daher ist es für Sie als Investor interessant, sich die Vergangenheit des Fonds anzusehen.

Preis

Fonds sind teuer. Da müssen wir nicht um den heißen Brei herumreden. Trotzdem gibt es unter den verschiedenen Fonds Unterschiede. Manche sind günstiger als andere. Schauen Sie sich die Kosten einmal genau an. Wie viel bleibt für Sie übrig? Die Kosten jedes Fonds finden Sie in den Fondsbroschüren, die Sie von der jeweiligen Fondsgesellschaft bekommen.

Umgang mit Erträgen

Bei Fonds gibt es zwei Varianten, wie mit Ihren Erträgen umgegangen wird.

Ausschüttend

Bei dieser Variante wird Ihnen das Geld auf ein vorher ausgewähltes Konto gutgeschrieben. Sie sehen somit immer, dass Sie einen Gewinn verzeichnen. Danach müssen Sie sich allerdings auch um die Wiederanlage des Geldes kümmern.

Thesaurierend

Hier wird das Geld gleich wieder in den Fonds selber investiert. Sie sehen somit keine Bewegung auf dem Konto, müssen sich aber auch nicht um die Wiederanlage kümmern.

Für viele Anleger hat die ausschüttende Variante einen größeren Motivationspunkt. Denn Sie sehen, dass etwas passiert und dass Ihre Geldanlage einen Gewinn abwirft. Offene Immobilienfonds schütten in der Regel aus.

Steuerbefreiung der Erträge

Immobilienfonds haben gegenüber normalen Fonds noch einen Vorteil:

Sie sind oft steuerbefreit.

Bei offenen Immobilienfonds mit dem Anlageschwerpunkt Deutschland sind die Ertragsanteile (Ausschüttungen, Kursgewinne) zu 60 % steuerbefreit. Wenn der Anlageschwerpunkt im Ausland ist, können Sie sich auf 80 % Steuerbefreiung freuen.

Das bedeutet für Sie, dass Sie auf diesen Prozentsatz Ihrer Erträge keine Steuern zahlen müssen. Wo der Anlageschwerpunkt des Fonds liegt, können Sie im jeweiligen Fondsprospekt herausfinden.

Vier Schritte zum Fondskauf

Nachdem Sie nun die wichtigsten Fragen geklärt haben, geht es nun Schritt für Schritt zum Kauf Ihres ersten Immobilienfonds.

Betrag festlegen

Bevor Sie überhaupt den Fonds auswählen, müssen Sie sich entscheiden:

1. Wollen Sie das Geld einmal anlegen?
2. Wollen Sie einen Sparplan einrichten?
3. Oder wollen Sie beides miteinander kombinieren? Sie legen einmal eine größere Summe an und besparen den Fonds dann laufend weiter.

 Beim Sparplan besparen Sie regelmäßig den Fonds. Sie haben die Auswahl zwischen monatlichem, zweimonatlichem oder quartalsweisem Sparen. Es wird Ihnen dann im vereinbarten Rhythmus das Geld vom Konto abgebucht und in den entsprechenden Fonds investiert.

Wenn Sie sich entschieden haben, ob Sie Variante eins, zwei oder drei wählen, ist es wichtig zu wissen, wie viel Sie anlegen wollen. Wie hoch ist der Betrag, der in den Fonds fließen soll?

Fonds auswählen

Wenn Ihnen nun klar ist, wie viel Sie investieren wollen und ob es sich um eine einmalige Investition handelt oder Sie monatlich etwas investieren, ist es Zeit, sich für einen Fonds zu entscheiden. Die oben stehenden Punkte sollten Ihnen die Auswahl des Fonds erleichtern.

Fondsvergleich

Thomas hat sich dafür entschieden, in Fonds zu investieren – und zwar in keinen vom Berater vorgeschlagenen Fonds. Er möchte sich den Fonds selber aussuchen. Aber wie soll er starten? Thomas gibt zunächst bei der Suchmaschine seines Vertrauens den Begriff »Immobilienfonds suchen« ein. Dort kommen auch schon zwei interessante Seiten. Die erste schaut er sich an.

Hier hat er auch gleich ein paar Suchfelder, in die er seine Parameter eingeben kann. Ihm sind folgende Dinge wichtig:

- ✔ Größe: Mindestens 100 Millionen Euro
- ✔ Alter: Mindestens 5 Jahre
- ✔ Gewinnverwendung: Ausschüttend
- ✔ Anlageschwerpunkt: Immobilien in Europa
- ✔ Währung: Euro
- ✔ Kosten: Höchstens 10 %
- ✔ Sparplanfähig: Ja
- ✔ Offen oder geschlossen: Offen

Nachdem Thomas alle Daten eingegeben hat, bleiben ihm zwei Fonds zur Auswahl.

Fonds	Größe in Mio. Euro	Alter	Kosten	Ausgabeaufschlag
ImmoFonds1	150	6 Jahre	1,4 %	5 %
ImmoFonds2	300	10 Jahre	1,2 %	0 % Sonderaktion

Tabelle 13.2: Immobilienfondsvergleich

Nachdem sich Thomas die beiden Fonds genauer angesehen hat, fällt seine Wahl auf den ImmoFonds2. Dieser ist schon länger am Markt und ist deutlich größer. Zusätzlich hat er noch geringere Kosten und aufgrund der Sonderaktion muss Thomas keinen Ausgabeaufschlag zahlen. Dass er etwas mehr schwankt als der andere Fonds, stört Thomas dabei nicht. Er will den Fonds ja nicht aktiv handeln, sondern im Bestand behalten und besparen.

Exkurs Ausgabeaufschlag

Grundsätzlich müssen Sie beim Kauf eines Fonds einen Ausgabeaufschlag zahlen. Sie können sich diesen wie eine Verkaufsprovision vorstellen. Diese führt leider nicht zu einer besseren Fondsentwicklung, sondern dient dem Ausgleich für den Aufwand für die Verwaltung und den Verkauf des Fonds.

Die Höhe des Ausgabeaufschlags kann zwischen 0 und 7 % liegen. Die meisten Fonds in Deutschland haben einen Ausgabeaufschlag von 5 % vom Rückkaufswert. Damit ist der Wert gemeint, den die Fondsgesellschaft zahlt, um den Fonds zurückzunehmen, sprich, der aktuelle Kurs, den die Fondsgesellschaft festgelegt hat.

Sie starten bei Ihrem Investment also erst mal mit einer roten Zahl und der Fonds muss das Geld wieder verdienen. Das ist sehr ärgerlich, muss aber nicht sein.

Viele Onlinebanken bieten mittlerweile Fonds ohne Ausgabeaufschlag an und auch einige Filialbanken haben ab und zu Sonderaktionen, wo der Ausgabeaufschlag reduziert wird oder gar ganz entfällt. Daher gilt hier:

Informieren Sie sich vorab!

Dieser Ausgabeaufschlag fällt auch bei Sparplänen an. Hier gibt es aber auch wieder verschiedene Regelungen. Manche Banken ziehen bei jeder Sparplanausführung den Ausgabeaufschlag ab, denn es ist ja immer ein neuer Kauf. Andere wiederum ziehen ihn nur einmal ab und danach wird der volle Sparbetrag investiert. Manche Institute gewähren auch dauerhaft Rabatte.

Depotbank auswählen

Der Betrag steht und den Fonds kennen Sie nun auch. Als Nächstes müssen Sie sich eine Depotbank aussuchen. Wo möchten Sie den Fonds kaufen? Die Depotbank wählen Sie erst jetzt aus, da manche Fonds von einigen Banken nicht angeboten werden. Daher müssen Sie erst den Fonds wissen, um nun herauszufinden, ob zum Beispiel Ihre Hausbank diesen Fonds anbietet oder Sie sich eine andere Depotbank suchen müssen.

Order erteilen, Sparplan einrichten

Nun haben Sie alle Vorbereitungen getroffen, um Ihren Fonds zu kaufen. Es wird also Zeit für die Erteilung der Order oder die Einrichtung des Sparplans (oder beides, wenn Sie Variante drei gewählt haben)

Die Order platzieren

Um die Order zu platzieren, gehen Sie wie folgt vor:

1. Fonds auswählen
2. Betrag eingeben
3. Order abschicken

Ganz einfach, oder?

 Die Fondsanteile werden grundsätzlich von der Fondsgesellschaft ausgegeben und wieder zurückgenommen. Zwar sind viele Fonds auch an der Börse handelbar, trotzdem wird die Fondsgesellschaft bevorzugt.

Sparplan voraus

Für die Einrichtung des Sparplans sind es folgende Schritte:

1. Fonds auswählen
2. Betrag angeben
3. Festlegen, wie der Anlagerhythmus sein soll
4. Einen Zweck hinterlegen (nicht immer notwendig)
5. Sparplan anlegen

Herzlichen Glückwunsch, Sie sind nun stolzer Besitzer eines Immobilienfonds.

IN DIESEM KAPITEL

Warum REITs und REIT-ETFs so interessant sind

Vor- und Nachteile

Kapitel 14
REIT-ETFs verstehen

Sie möchten in Immobilien investieren, haben aber nicht den prall gefüllten Geldbeutel? In diesem Kapitel erfahren Sie etwas über eine Anlagemöglichkeit mit dem kryptischen Namen REIT-ETF.

Was REIT-ETFs sind

Bei REIT-ETFs handelt es sich um eine Fusion zweier Anlageklassen. Auf der einen Seite der REIT und auf der anderen Seite der ETF.

- ✔ **REITs (Real Estate Investment Trusts)** sind eine besondere Form der Immobilienaktien.

  Sie vereinen die Vorteile von Aktien, wie zum Beispiel tägliche Handelbarkeit, mit den Vorteilen von Immobilieninvestments, zum Beispiel die steuerlichen Vorteile, und sind daher ein Hybridprodukt.

  Immobilienaktien sind Anteile an einem börsennotierten Unternehmen, welches überwiegend in Immobilien investiert. Ihr Geschäft machen diese Unternehmen mit Immobilien und Grundstücken. Diese vermieten, verpachten oder verkaufen sie. Ansonsten können Sie sich Immobilienaktien wie alle anderen Aktien vorstellen.

- ✔ **ETFs (Exchange Traded Funds)** sind börsengehandelte Indexfonds, die die Wertentwicklung eines Index, wie beispielsweise des DAX, abbilden.

  Im Gegensatz zu normalen Fonds werden ETFs nicht aktiv gemanagt. Es sitzt also kein Team von Experten dahinter, die versuchen, den Markt zu schlagen. Die ETFs orientieren sich an einem Index, der einfach nachgebildet wird. Allerdings kann es sein, dass der Index häufiger angepasst und aktualisiert wird.

  Im Kern vereinen ETFs die Vorteile von Aktien, zum Beispiel die tägliche Kursfeststellung, mit den Vorteilen von Fonds, wie beispielsweise die breite Streuung des Anlagebetrages, in einem Produkt.

Wenn man nun beide Anlageklassen verknüpft, hat man ein Anlageprodukt, das die Vorteile von zwei Anlageklassen verbindet.

✔ Schnelle Verfügbarkeit durch den täglichen Handel an der Börse

✔ Hohe Ausschüttungsquote dank der Voraussetzung für den REIT

✔ Kleine Investmentsumme durch die Aktien- und ETF-Eigenschaft

✔ Niedrigere Korrelation zum Aktienmarkt durch den Immobilienanteil

✔ Kein Klumpenrisiko, weil in mehrere REITs investiert wird

Durch die Kombination von REITs und ETFs erhalten Sie also ein Produkt, das Ihnen viele Vorteile bietet!

Aber warum gibt es überhaupt REITs, wenn Sie auch direkt in Immobilien investieren können?

Der Gedanke, der hinter den REITs (und somit auch den REIT-ETFs) steht, ist relativ simpel.

Immobilien sind sehr teuer. Selbst eine kleine Eigentumswohnung kostet mindestens 50.000,- Euro. Viele Menschen haben nicht so viel Geld, möchten aber in Immobilien investieren. Deshalb wurden REITs in den 1960er-Jahren in den USA entwickelt. Es sollten auch Kleinanleger die Möglichkeit bekommen, in Immobilien zu investieren.

REITs sind eine clevere Möglichkeit, in Immobilien zu investieren, wenn Sie nicht genug Geld haben, um es direkt in Immobilien anzulegen.

Einen Anteil an einem REIT (und auch an einem REIT-ETF) können sie bereits ab 50,- Euro (manchmal auch für deutlich weniger) erwerben. Sprich, ein Tausendstel dessen, was Sie für eine Eigentumswohnung benötigen.

Aktuell können an der deutschen Börse nur Immobilien-ETFs erworben werden, die gleichzeitig in normale Immobilienaktien UND in REITs investieren. Grund dafür sind die MIFID2-Regularien für strukturierte Finanzprodukte.

Mindestens 90 % Gewinnausschüttung

Damit ein Immobilienunternehmen auch als REIT eingestuft wird, muss es insgesamt sieben Voraussetzungen erfüllen:

1. Fast 100 % Ertragsausschüttung müssen garantiert sein.

2. Seine Aktie muss an einem organisierten Markt notieren.

3. Es muss überwiegend in Immobilien und Grundstücken investiert sein.

4. In Deutschland darf es nicht in Wohnimmobilien investieren.

5. Der Streubesitz muss mindestens 15 % betragen.

6. Der Verschuldungsgrad darf maximal 55 % des Gesellschaftsvermögens erreichen, das Eigenkapital entsprechend mindestens 45 %.

7. Es darf kein aktiver Handel mit Immobilien stattfinden.

8. Schauen wir uns kurz und knapp die einzelnen Voraussetzungen an:

Fast 100 % Ertragsausschüttung

Um als REIT zu gelten, muss das Unternehmen fast den gesamten Gewinn ausschütten. Wie viel genau, hängt vom jeweiligen Land ab – in Deutschland sind es 90 %. Für die Berechnung des Gewinns wird die HBG-Bilanzierung zugrunde gelegt.

Notierung am organisierten Markt

Einfach gesagt: Der REIT muss an einer regulierten Börse notiert sein. Was für eine Aktie logisch ist, denn wie soll sie sonst gehandelt werden?

Investment überwiegend in Immobilien und Grundstücken

Der REIT muss mindestens zu 75 % in Immobilien und Grundstücken investiert sein. Sonst ist er kein REIT. Den Rest kann er in Bankguthaben oder sonstige Anlagen investieren.

Keine Investition in Wohnimmobilien

Bei einem deutscher REIT darf keine Investition in Wohnimmobilien erfolgen. Das dient der Prävention einer Immobilienblase. Stattdessen kann in Gewerbeimmobilien wie Einkaufszentren, Bürohäuser, Hotels oder Krankenhäuser investiert werden.

Streubesitz mindestens 15 %

Damit die Handelbarkeit des REIT gewährleistet ist.

Verschuldungsgrad maximal 55 % des Gesellschaftsvermögens

Ein REIT muss mindestens 45 % Eigenkapitalquote besitzen. Dadurch ist der Verschuldungsgrad automatisch auf 55 % begrenzt.

Kein aktiver Handel mit Immobilien

Das Unternehmen darf nicht aktiv mit den Immobilien handeln. Das Ziel sind der Kauf und die Vermietung oder Verpachtung der Immobilien.

 Für Sie als Anleger sind wahrscheinlich die fast 100% Ertragsausschüttung am interessantesten.

Vorteile von REITs

REITs haben eine ganze Reihe an Vorteilen:

1. Niedrigere Korrelation mit dem Aktienmarkt
2. Hohe Ausschüttungsquote
3. Inflationsschutz
4. Hohe Streuung
5. In Immobilien investieren mit kleinen Summen
6. Hohe Flexibilität
7. Aufbau eines passiven Einkommens
8. Günstige Kostenstruktur

Lassen Sie uns die einzelnen Vorteile genauer unter die Lupe nehmen.

Niedrige Korrelation mit dem Aktienmarkt

Bei diesem Vorteil hatte ich zuerst ein großes Fragezeichen gesetzt. Wie sieht es bei Ihnen aus?

REITs sind Immobilieninvestments und die sollen eine niedrige Korrelation zum allgemeinen Trend am Aktienmarkt haben. Wie soll das gehen?

Mit niedriger Korrelation ist gemeint, dass die einzelnen Jahresrenditen zweier Anlageklassen in einem bestimmten Zeitraum voneinander abweichen, sich also unterschiedlich entwickeln können. Bei Aktien und Immobilien ist das logisch – aber bei REITs? Schwer zu glauben, aber ja.

»Normale« Aktien sind Anteile an Unternehmen aus den unterschiedlichsten Branchen. Dagegen ist ein REIT ein Hybridprodukt.

Es vereint die »normalen« Aktien mit der Anlageklasse der Immobilien. Dadurch entsteht eine Kombination, die diese niedrige Korrelation ermöglicht.

Hohe Ausschüttungsquote

Bei diesem Vorteil leuchten bestimmt die Augen vieler Dividendensammler. Denn die Ausschüttungsquote ist wegen der Pflicht zur Ausschüttung von 90 % des Gewinns sehr hoch.

Und nicht zu vergessen:

Der Gewinn des Unternehmens unterliegt weder der Körperschafts- noch der Gewerbesteuer. Dadurch steigt er nochmals deutlich. Durch die hohe Ausschüttung kommt der Fiskus dann durch die Besteuerung beim Anleger auf seine Kosten.

Inflationsschutz

Da REITs vorrangig in Immobilien investieren, bieten sie einen hohen Inflationsschutz. Denn Immobilien sind Sachwerte. Und Sachwerte behalten bei Inflation in der Regel ihren Wert bei oder steigern ihn sogar.

Hohe Streuung

Was ist ein riesiger Nachteil bei einem direkten Investment, wenn Sie gerade erst starten? Die geringe Risikostreuung.

Weil Immobilien ziemlich teuer sind, können Sie meist nur in ein Objekt investieren, meistens in eine Eigentumswohnung. Dann ist das Geld, das Sie anlegen können, schon weg. Fällt nun zum Beispiel die Miete aus, müssen Sie die gesamten Kosten tragen. Vielleicht wird die Miete nachgezahlt, aber zuerst müssen Sie den Mietausfall kompensieren.

Hier bietet Ihnen ein REIT eine bessere Streuung. Das Unternehmen investiert gleichzeitig in etliche Objekte. Dadurch fällt es nicht so stark ins Gewicht, wenn mal eine Miete nicht gezahlt wird. Die anderen Mieten fangen das auf. Ihr Gewinn könnte höchstens mal etwas geringer ausfallen. Aber immer noch besser, als die Kosten selber zu tragen.

In Immobilien investieren mit kleinen Summen

Wenn Sie eine Eigentumswohnung kaufen möchten – was brauchen Sie dafür? Eine Menge Geld. Unter 50.000 läuft gar nichts.

In REITs können sie bereits ab 50,- Euro investieren (je nach aktuellem Kurs). Sie benötigen also nur ein Tausendstel des Betrages, den Sie für eine Eigentumswohnung bräuchten.

Auch brauchen Sie bei einer Finanzierung der Eigentumswohnung mindestens 10 % an Eigenkapital. Bei 50.000 Euro sind das bereits 5.000 Euro. Bei REITs sind Sie schon mit 50,- Euro im Immobilieninvestment dabei.

Hohe Flexibilität

Eine Immobilie zu verkaufen, braucht vor allem eins: Zeit! Sie müssen:

- ✔ einen Gutachter oder Makler bestellen, um den Wert zu schätzen.
- ✔ Schönheitsreparaturen vornehmen, um den Wert zu steigern.
- ✔ das Objekt inserieren.
- ✔ Besichtigungen durchführen
- ✔ einen Notartermin vereinbaren.

Es dauert also seine Zeit, bis sie Ihr Objekt loswerden. Schnell an Ihr Geld kommen, sieht anders aus.

Anders ist es bei REITs. Da es sich um Aktien handelt, können Sie sie werktäglich an der Börse verkaufen. Ihr Geld haben Sie damit innerhalb von zwei bis vier Tagen auf Ihrem Konto. Und können somit viel flexibler reagieren.

Aufbau eines passiven Einkommens

Durch die regelmäßigen Mieterträge ihrer Objekte zahlen viele REITs jährlich, REITs aus anderen Ländern auch quartalsweise eine Dividende. Damit können Sie sich wunderbar ein passives Einkommen (mehr zum Thema passives Einkommen in Kapitel 1) aufbauen. Das wird zusätzlich durch die hohe Ausschüttungsquote (siehe Punkt »Mindestens 90 % Gewinnausschüttung«) begünstigt.

Günstige Kostenstruktur

Bei einem direkten Investment zahlen Sie Notargebühren, Grunderwerbsteuer, die Courtage für den Makler und eventuell noch einige Reparaturkosten. Diese Kosten müssen Sie mit Ihrer Immobilie dann erst wieder reinholen.

Beim Immobilienfonds sieht das ähnlich aus. Da zahlen Sie einen Ausgabeaufschlag und jährlich noch eine Verwaltergebühr.

Bei REITs zahlen Sie nur die Gebühren für den Aktienhandel – mehr nicht. Damit kann sich Ihr Geld auf das Wesentliche konzentrieren: Dass es für Sie arbeitet.

Nachteile von REITs

Natürlich haben REITs auch Nachteile. Die Kehrseite der Medaille sind:

1. Kursschwankungen
2. Steuerliche Nachteile

3. Finanzierungsrisiko

Daher schauen wir uns diese doch mal genauer an.

Kursschwankung

Bei REITs handelt es sich um Aktien. Und Aktien können erheblich im Kurs schwanken. Je nach Marktlage kann es bergauf oder bergab gehen. Damit müssen Sie als Investor klarkommen.

Steuerlicher Nachteil

Bei der Gewinnbesteuerung auf Unternehmensseite haben REITs einen Vorteil.

Aber beim Verkauf haben sie, gegenüber dem direkten Investment, einen erheblichen Nachteil: Beim direkten Investment können Sie nach zehn Jahren ihr Objekt steuerfrei verkaufen. Wenn Sie Ihre REITs verkaufen, müssen Sie auf Gewinne immer die Abgeltungsteuer und den Solidaritätszuschlag zahlen, egal, ob Sie die REITs 10 oder 20 Jahre gehalten haben.

Finanzierungsrisiko

Immobilieninvestments werden mit einer hohen Quote an Fremdkapital finanziert. Das führt zu einem dritten Nachteil von REITs.

Wenn mehrere Mietzahlungen hintereinander ausfallen, können die Fixkosten nicht mehr bezahlt werden. Damit wäre der REIT nicht mehr tragbar und müsste in die Insolvenz gehen.

 Die Wahrscheinlichkeit, dass ein REIT pleitegeht, ist zwar relativ gering, trotzdem muss diese Möglichkeit im Hinterkopf behalten werden.

Keine reinen REIT-ETFs in Deutschland

Zum Thema REIT-ETF noch ein wichtiger Hinweis: Aufgrund der MIFID2-Regularien für strukturierte Finanzprodukte gibt es bei uns in Deutschland keine reinen REIT-ETFs. Es handelt sich meist um Immobilien-ETFs, die gleichzeitig in normale Immobilienaktien und in REITs investieren.

Wenn Sie nur in einen reinen REIT-ETF investieren wollen, ist es erforderlich, ein Depot im Ausland zu eröffnen und sich dort einen REIT-ETF zu kaufen. Vorreiter sind hier die USA.

Dabei müssen Sie ein paar Dinge beachten:

✔ Die Besteuerung

✔ Die Voraussetzungen für den REIT-Status

Die Besteuerung

Sobald Sie ins Ausland gehen, sollten Sie immer einen besonderen Blick auf die Steuern haben. Oft müssen Sie zusätzlich zur deutschen auch noch die ausländische Steuer bezahlen. Diese doppelte Besteuerung kann den Ertrag eines guten Investments erheblich schmälern.

Mit einigen Ländern besteht ein Doppelbesteuerungsabkommen, das genau diese doppelte Besteuerung verhindern soll. Wenn Sie sich für das Thema interessieren, am besten einfach informieren.

Die Voraussetzungen für den REIT-Status

Im Ausland kann es vorkommen, dass die Immobilienaktien andere Voraussetzungen erfüllen müssen, um den Status des REIT zu erhalten. Daher sollten Sie hier auch immer prüfen, welche Bedingungen erfüllt sein müssen.

> **IN DIESEM KAPITEL**
>
> Was Sie vor dem Kauf klären sollten
>
> In Schritten zum REIT-ETF

Kapitel 15
REIT-ETFs erwerben

Sie wollen nun einen REIT-ETF kaufen? Prima! Dann erfahren Sie in diesem Kapitel, wie Sie am besten vorgehen.

Kriterien für die Auswahl von REIT-ETFs

Wenn Sie neu in einem Thema sind, kann die Entscheidung für oder gegen ein Produkt sehr schwerfallen. Auch welche Kriterien wichtig und welche unwichtig sind, ist nicht immer ganz einfach. Tabelle 15.1 kann Ihnen bei der Entscheidung helfen. Sie enthält die wichtigsten Kriterien für die Auswahl Ihres REIT-ETFs. In dieser Tabelle finden Sie außerdem die Werte, die ich bei meiner Auswahl zugrunde lege.

 Diese Tabelle finden Sie unter www.downloads.fuer-dummies.de zum Download. Selbstverständlich können Sie sie an Ihre Vorstellungen anpassen und eigene Kriterien ergänzen.

Kriterium	Meine Bedingung	Erfüllt?
Volumen des REIT-ETFs	Mindestens 100 Millionen Euro (Bei kleineren ETFs ist oft ein deutlich geringerer Handel und somit eine geringere Verfügbarkeit zu beobachten.)	
Währung	Euro	
Niedrige Kostenstruktur	Maximal 0,5 % Gesamtkostenquote (Total Expense Ratio, kurz TER)	
Volatilität auf Jahressicht	Bis 15 %	
Maximaler Verlust auf 5-Jahressicht	Maximal 15 %	
REIT-ETF-Domizil (Wo kommt der ETF her?)	Deutschland oder allgemein Europa	

Kriterium	Meine Bedingung	Erfüllt?
Renditeverwendung	Ausschüttend (Ich brauche eine sichtbare Motivation.)	
Sparplanfähigkeit	Ja, da ich eher per Sparplan investiere	
Replikationsmethode	Physische Replikation	
Anbieter	Die größeren Anbieter (iShares, db X-Tracker, Lyxor und so weiter)	

Tabelle 15.1: Kriterien für die Auswahl von REIT-ETFs

Wenn Sie einen REIT-ETF kaufen wollen, gibt es eine Vielzahl von Kriterien, die Sie abklären müssen. Am besten machen Sie das anhand von folgenden Fragen:

✔ Ist der REIT-ETF groß und alt genug?

✔ Ausschüttend oder reinvestierend?

✔ Wer ist der Ersteller?

✔ Ist der REIT-ETF sparplanfähig?

✔ Wie sieht es mit den Kosten aus?

✔ Wie gestaltet sich die Replikationsmethode?

✔ Inländischer oder ausländischer REIT-ETF?

Im Folgenden schauen wir uns die Fragen mal genauer an.

Ist der REIT-ETF groß und alt genug?

Wie überall gibt es große und kleine, alte und junge REIT-ETFs. Welcher ist für Sie der richtige? Dabei gelten natürlich folgende Annahmen:

✔ Je größer der REIT-ETF, desto geringer ist die Wahrscheinlichkeit, dass der ETF geschlossen wird. Wenn das passiert, bekommen Sie zwar Ihr Geld zurück, Sie müssen sich aber einen neuen REIT-ETF suchen. Was somit alles andere als eine passive Anlagestrategie ist.

✔ Kleinere ETFs werden gerne aus dem Sortiment genommen, da sie für den Emittenten unrentabel werden, was die gleichen Folgen mit sich bringt.

✔ Bei jungen REIT-ETFs sollten Sie genauer schauen. Nicht, dass sie bald nicht mehr da sind.

Meine Kriterien sind, dass der REIT-ETF mindestens ein Volumen von 100 Millionen Euro haben muss und mindestens fünf Jahre alt sein sollte. Bei kleineren Volumen ist mir oft der Handel zu gering.

Ausschüttend oder reinvestierend?

Möchten Sie die Erträge ausgeschüttet bekommen oder möchten Sie, dass das Geld automatisch sofort reinvestiert wird?

Ausgeschüttete Erträge können sehr motivierend sein, da Sie sehen, dass was passiert. Jedoch müssen Sie sich dann um die Wiederanlage kümmern.

Fonds, die erzielte Erträge einbehalten (thesaurieren), ersparen Ihnen die Arbeit, das Geld zu reinvestieren. Allerdings kann die Motivation schnell nachlassen, denn rein vom Gefühl her passiert nichts.

Hier gibt es kein Richtig oder Falsch, sondern es zählt, was Ihnen mehr zusagt.

Wer ist der Ersteller oder Emittent?

Für die relevanten Märkte gibt es mehrere Anbieter, die im Großen und Ganzen dasselbe abbilden.

iShares, Deutsche Bank und Lyxor sind die bekanntesten Anbieter – daneben gibt es viele weitere! Schauen Sie sich an, worin sich die REIT-ETFs der Anbieter unterscheiden. Legen Sie fest, was für Sie bei einem REIT-ETF wichtig ist (schauen Sie sich zum Beispiel Tabelle 15.1 weiter oben an) und entscheiden Sie dann, welchem Anbieter Sie vertrauen möchten.

Ich persönlich habe keinen »Liebling« unter den Anbietern. Wenn ich die Auswahl habe, nehme ich immer einen REIT-ETF der größeren und bekannteren Anbieter.

Ist der REIT-ETF sparplanfähig?

»Ich habe kein Geld zum Investieren« ist eine häufige Ausrede, um sich mit dem Thema nicht zu beschäftigen. Sagen Sie das auch oft? Das ist mit dem Sparplan nicht mehr möglich. Denn so können Sie schon ab 25,- Euro anfangen zu investieren. Und 25,- Euro im Monat kriegt doch jeder irgendwie zusammen. Ein Beispiel?

Sie kaufen sich jeden Morgen beim Bäcker ein belegtes Brötchen für 3,- Euro. Das macht in der Woche 15,- Euro und im Monat ganze 60,- Euro. Wenn Sie sich nun ein Brötchen selber belegen, geben Sie 1,- Euro statt 3,- Euro täglich aus. Damit wären Sie bei monatlichen Kosten von 20,- Euro statt 60,- Euro. Das sind ganze 40,- Euro, die Sie nun investieren können.

Da Sie Ihr Geld in REIT-ETFs statt in belegte Brötchen investieren, müssen Sie klären, ob Ihr REIT-ETF sparplanfähig ist. Konkret: Ob Ihre Bank einen Sparplan in dem entsprechenden ETF anbietet.

Wie sieht es mit den Kosten aus?

Die Kosten eines REIT-ETF sind aufgrund des passiven Managementansatzes meist deutlich geringer als bei aktiven Fonds.

Mit dem passiven Managementansatz ist gemeint, dass hinter REIT-ETFs kein aktives Management steht. Der REIT-ETF orientiert sich an einem Index, diesen bildet er blind nach. Es gibt keine Fondsmanager, die versuchen, den Markt zu schlagen, wie bei einem herkömmlichen, aktiv gemanagten Fonds. Das Ziel eines ETF ist es, den Index so genau wie möglich nachzubilden.

Das ist schon einmal super. Dennoch gibt es einige Unterschiede zwischen den Anbietern und Märkten, die abgebildet werden.

Die Gesamtkosten des REIT-ETF bestehen aus:

✔ der Total Expense Ratio (TER), die bei einem REIT-ETF in der Regel zwischen 0,2 und 0,8 % pro Jahr liegt und

✔ den Orderkosten Ihrer Depotbank.

Die Kosten schmälern Ihre Rendite. Behalten Sie sie also im Blick!

Wie gestaltet sich die Replikationsmethode?

Das Wort Replikationsmethode klingt schlimmer, als es ist. Es handelt sich dabei um die Art, wie der ETF den Index nachbildet. Hierfür stehen drei Möglichkeiten zur Verfügung:

1. Physische Replikation
2. Sampling
3. Synthetische Nachbildung

Schauen wir uns die drei Möglichkeiten kurz an:

Physische Replikation

Die physische Replikation ist die genaue Nachbildung des Indexes mit Aktien. Das bedeutet, dass alle Aktien, die im Index enthalten sind, tatsächlich auch gekauft werden. Und das im selben Verhältnis, wie sie auch im Index vertreten sind.

Sampling

Einzelne Aktien sollen den ganzen Index abbilden. Der Index besteht beispielsweise aus 1000 verschiedenen Aktien. Der ETF investiert jedoch nur in die Hälfte davon und geht zum Beispiel davon aus, dass die sechs im Index vertretenen Auto-Aktien auch durch nur zwei davon ausreichend abgebildet werden können. Die Auswahl erfolgt so, dass der ETF möglichst identisch wie der zugrunde liegende Index verläuft.

Synthetische Nachbildung

Durch Swaps (Tauschgeschäfte) wird der Index nachgebildet, ohne die enthaltenen Aktien überhaupt zu besitzen. Dies darf der Anbieter nur mit maximal 10 % des Fondsvolumens machen – denn das Risiko ist deutlich höher. Die restlichen 90 % werden zumeist in Anleihen investiert.

Replikationsmethoden im Vergleich

Tabelle 15.2 zeigt die Replikationsmethoden im Überblick.

Physische Replikation	Sampling	Synthetische Nachbildung
Genaue Nachbildung des Indexes	Einzelne Aktien sollen den ganzen Index abbilden	Keine echte Nachbildung des Indexes mit Aktien, sondern lediglich durch Tauschgeschäfte
Dieselbe Aktienanzahl wie im Index wird gekauft	Es werden nur Teile der Aktien des Indexes gekauft (zum Beispiel nur zwei von sechs Auto-Aktien)	

Tabelle 15.2: Replikationsmethoden im Vergleich

Welche Methode Sie für sich wählen, ist Geschmackssache und natürlich auch abhängig von Ihrem Risikoprofil. Beim Sampling oder der synthetischen Nachbildung besteht immer ein gewisses Risiko, da der Index nicht eins zu eins nachgebildet wird. Dafür sind sie oft kostengünstiger, da nicht so viele Käufe und Verkäufe getätigt werden müssen.

Ich persönlich habe mich für die physische Replikationsmethode entschieden. Es ist für mich die sicherste und am leichtesten zu verstehende Methode.

Inländische oder ausländische REIT-ETFs?

Wollen Sie im Inland oder Ausland investieren? Beim Investment im Ausland sollten Sie sich vorher schlaumachen, was das steuerlich für Sie bedeutet. Denn die Erträge, die Sie erhalten, werden dann meist im Ausland bereits einmal versteuert.

Verbunden mit der Frage nach inländischen oder ausländischen REIT-ETFs ist die Entscheidung, ob es ein reiner REIT-ETF werden soll oder ob es auch in Ordnung ist, wenn in dem REIT-ETF normale Immobilienaktien vorkommen.

In einigen Ländern (wie in Deutschland) gibt es keine reinen REIT-ETFs, sondern im Index sind immer auch normale Immobilienaktien hinterlegt. Das schlägt sich natürlich auch auf die Rendite nieder (schauen Sie hierzu in das Kapitel 14 unter dem Punkt »Die Voraussetzungen für den REIT-Status«).

 Bedenken Sie bei ausländischen REIT-ETFs immer die Steuer!

Schritte zum REIT-ETF-Kauf

Nachdem Sie nun die Fragen geklärt haben, sind die vier Schritte zum REIT-ETF ganz einfach zu gehen:

Festlegen, welchen Betrag Sie anlegen möchten

Wollen Sie einen einmaligen Betrag anlegen oder doch eher monatlich etwas ansparen? Hier treffen Sie die Entscheidung. Sie können natürlich auch eine Kombination aus beidem wählen. Wichtig ist, dass Sie das Geld, das Sie investieren, in näherer Zukunft nicht benötigen. Sie investieren ja, damit Ihr Kapital wachsen kann, und das braucht seine Zeit.

REIT-ETF auswählen

Anhand der oben beschriebenen Kriterien sollte Ihnen die Entscheidung leichter fallen. Hierbei ist es wichtig, nach Ihren Kriterien vorzugehen. Ist Ihnen eine hohe Rendite wichtig? Klären Sie das alles für sich ab. So werden Sie den besten REIT-ETF für sich finden.

 Aber zögern Sie nicht zu lange. Es gibt auch Investoren, die zu lange gewartet und so Chancen verpasst haben. Lieber ein paar Prozentpunkte schlechter stehen, als gar keine Entscheidung treffen.

Oben haben Sie ein paar Kriterien für die Auswahl eines REIT-ETF gesehen. Aber wie gehen Sie nun bei der Auswahl genau vor? Dafür möchte ich Ihnen hier ein kurzes Beispiel geben.

Die REIT-ETF-Suche

Thomas hat von den REIT-ETFs gehört und ist von diesem Konzept fasziniert. Er wollte schon immer in Immobilien investieren, aber es fehlte ihm stets das nötige Kleingeld. Auch möchte er keine Schulden aufnehmen. Selbst wenn er dadurch seine Rendite hebeln kann, ist das nicht so sein Ding. Daher sind REIT-ETFs sehr interessant. Nun fragt er sich aber, wie er bei der Auswahl vorgehen soll. Ein guter Bekannter gibt ihm eine Tabelle mit Kriterien, die erfüllt sein müssen. Mit dieser Tabelle soll sich Thomas über das Internet die Daten heraussuchen und dort seinen REIT-ETF auswählen.

Thomas beginnt seine Suche und gibt bei seiner Suchmaschine den Begriff »ETF suchen« ein.

Es gibt keine deutschen Seiten nur mit REIT-ETFs. Daher kommen Sie mit dem Begriff »ETF suchen« am weitesten.

Als Erstes wird ihm die Seite justetf.com angezeigt. Prompt klickt er auf den Link und kommt gleich in die Suchmaske. Da Thomas noch keine Ahnung von irgendwelchen Indizes für den Immobilienaktienmarkt hat, sucht er erst mal nach Immobilien-ETFs. Zusätzlich gibt er noch alle Kriterien ein, die er in der Suchmaske hinterlegen kann:

✔ In welche Region investiert werden soll

✔ Größe des ETFs

✔ Ob ausschüttend oder thesaurierend

✔ Wie alt soll der ETF sein?

✔ Welche Replikationsmethode gewünscht wird

✔ Fondsdomizil

✔ Anbieter

 Da es in Deutschland keine reinen REIT-ETFs gibt, müssen Sie nach Immobilien-ETFs auf den jeweiligen Seiten suchen.

Ihm bleiben sieben ETFs, die Sie in Tabelle 15.3 sehen.

	Währung	Größe in Mio. Euro	TER in %	Rendite 5 Jahre in %	Volatilität 1 Jahr in %
ETF1	Euro	231	0,25	52,38	11,16
ETF2	Euro	1.494	0,40	57,06	11,90
ETF3	Euro	327	0,40	56,36	11,82
ETF4	US-Dollar	137	0,40	57,14	11,22
ETF5	US-Dollar	795	0,40	71,53	16,78
ETF6	US-Dollar	384	0,59	55,99	11,00
ETF7	US-Dollar	2.832	0,59	60,90	11,56

Tabelle 15.3: Die ETF-Auswahl

Um diese weiter einzugrenzen, schaut er nun auf die Kriterien, die er nicht auswählen konnte:

✔ Die Gesamtkostenquote (TER)

✔ Die jährliche Volatilität

✔ Die Rendite über die vergangenen fünf Jahre

✔ Währung

✔ Sparplanfähigkeit

Da von den sieben ETFs vier in US-Dollar gehandelt werden, fliegen diese gleich raus. Somit bleiben in Tabelle 15.4 drei ETFs übrig.

	Größe in Mio. Euro	TER in %	Rendite 5 Jahre in %	Volatilität 1 Jahr in %
ETF1	231	0,25	52,38	11,16
ETF2	1.494	0,40	57,06	11,90
ETF3	327	0,40	56,36	11,82

Tabelle 15.4: Die engere Auswahl

Nun muss Thomas sich entscheiden, was für ihn mehr wiegt: Rendite, ETF-Größe oder die TER? Zwar ist Thomas wichtig, dass der ETF wenig kostet, aber trotzdem sind ihm 231 Millionen Euro doch etwas klein im Vergleich zu 1.494 Millionen Euro. Aus diesem Grund entscheidet er sich für ETF2. Zusätzlich ist ETF1 noch von einem eher unbekannteren Anbieter. Dass der ETF etwas mehr schwankt als die anderen, findet er in Ordnung. Er möchte den ETF ja nicht sofort wieder verkaufen.

Depotbank auswählen

Jede Bank hat eigene Konditionen. Es macht also einen Unterschied, bei welcher Bank Sie Ihre REIT-ETFs kaufen. Sollten Sie also noch kein Depot haben, suchen Sie sich nun eine Bank für Ihren REIT-ETF aus. Wenn Sie schon ein Depot haben, lohnt es sich oft, einmal zu schauen, ob es für Ihre Zwecke die beste Wahl ist oder ob sich ein Wechsel lohnen würde.

Überlegen Sie sich aber bitte vorher, ob es Ihnen wert ist, den Aufwand eines Depotwechsels auf sich zu nehmen, wenn die Gebühren nur minimal abweichen.

Order aufgeben oder Sparplan einrichten

Jetzt haben Sie sich für einen Betrag und einen REIT-ETF entschieden, das Depot ist auch schon da. Nun müssen Sie nur noch die Order aufgeben oder den Sparplan anlegen. (Oder auch beides, wenn Sie sich für diese Variante entschieden haben.)

Die einzelnen Schritte hierfür kurz in der Übersicht:

Einzelorder

So geht's:

1. Wählen Sie den REIT-ETF über die Wertpapierkennnummer aus.
2. Rechnen Sie aus, wie viele Anteile Sie sich leisten können.
3. Erfassen Sie die Order mit einem Limit bei Ihrer Depotbank.
4. Freuen Sie sich über Ihren REIT-ETF.

Das Limit bei der Order sorgt dafür, dass Sie sich vor bösen Überraschungen schützen. Nicht, dass der Kurs auf einmal in die Höhe schnellt und Sie somit mehr Kapital einsetzen müssen als geplant.

Sparplan

1. Wählen Sie den REIT-ETF über die Wertpapierkennnummer aus.
2. Geben Sie dem Sparplan einen Namen.
3. Entscheiden Sie sich, in welchem Rhythmus Sie sparen wollen (monatlich, quartalsweise, halbjährlich).
4. Legen Sie fest, an welchem Tag gespart werden soll.
5. Geben Sie das Startdatum ein.
6. Legen Sie die Sparrate fest, also welchen Betrag Sie regelmäßig anlegen möchten.
7. Geben Sie an, von welchem Konto das Geld eingezogen werden soll.
8. Fertig!

Wenn Sie die Kombination von beiden Varianten wünschen, können Sie zuerst die Einzelorder abgeben und dann den Sparplan einrichten.

Teil IV
Crowdinvesting

> **IN DIESEM TEIL...**
>
> In diesem Teil erfahren Sie, was es mit dem mysteriösen Crowdinvesting auf sich hat. Welche Vor- und Nachteile sich daraus für Sie ergeben können und natürlich, wie Sie Ihr Geld in Crowdinvesting-Projekte investieren können.

IN DIESEM KAPITEL:

Das Wesen des Crowdinvesting

Die Vor- und Nachteile

Kapitel 16
Gemeinsam erfolgreich: Crowdinvesting

Fonds und REIT-ETFs sind nicht so ganz Ihres? Aber das direkte Investment ist Ihnen doch noch zu teuer? Dann könnte das Crowdinvesting etwas für Sie sein. Was das genau ist und welche Vor- und Nachteile diese Form des Investierens hat, das erfahren Sie in diesem Kapitel.

Was Crowdinvesting ist

Mittlerweile begegnen Sie diesem Begriff an jeder Straßenecke. Aber was genau versteht man darunter? Das erfahren Sie jetzt.

Vom Crowdfunding zum Crowdinvesting

Das Crowdinvesting ist eine Unterstufe des Crowdfundings. Ein weiterer schöner Begriff. Nun gehen wir vom Crowdinvesting einen Schritt zurück zum Crowdfunding.

Beim Crowdfunding handelt es sich um eine neuere Form der Projektfinanzierung. Es setzt sich aus den zwei Wörtern »Crowd«, was für »Menge" oder "Masse« steht, und dem Begriff »Funding«, also »Finanzierung«, zusammen. Wodurch schon das größte Geheimnis gelüftet ist. Es wird beim Crowdfunding ein Projekt durch eine Menschenmasse finanziert.

 Aus diesem Grund wird in Deutschland auch oft von der »Schwarmfinanzierung« gesprochen.

Seinen Ursprung hat das Crowdfunding im Start-up-Bereich. Wenn Sie ein Unternehmen gründen und ein Produkt entwickeln wollen, ist das nicht immer billig. Da nicht jeder über das nötige Kleingeld verfügt, haben sich einige Start-ups dafür entschieden, Geld von der Masse zu sammeln. So können sie ihre Ideen verwirklichen.

Die Geldgeber sind dabei keine Investoren. Sie wollen keine Rendite, sondern das Projekt unterstützen. Daher werden Sie eher als Spender gesehen. Sie spenden dem Unternehmer das Geld, damit das Projekt verwirklicht wird. Als Dankeschön erhalten Sie dann ein kleines Geschenk.

Tom ist ein noch unbekannter Regisseur. Ihm ist gerade eine geniale Idee für einen Film gekommen. Aber leider gibt es ein Problem. Tom hat nicht genügend Geld, um den Film zu produzieren. Was soll er tun? Leonardo, ein guter Freund von Tom, erzählt ihm von einer neuen Form, Geld für gute Ideen zu bekommen. Tom ist sofort Feuer und Flamme. Er stellt seine Idee für den Film bei einer Crowdfunding-Plattform ein. Kurz danach überschlagen sich die Antworten. Alle lieben seine Idee! Innerhalb von 20 Tagen hat er das Geld zusammen und kann den Film produzieren. Er ist so dankbar, dass er allen Spendern eine Karte zur Premiere schenkt.

So einfach kann Crowdfunding sein. Wir schweifen ab. Nun zurück zum Crowdinvesting in Immobilien.

Unterschied Crowdinvesting und Crowdfunding

Was ist nun der Unterschied zwischen Crowdfunding und Crowdinvesting? Grob unterscheiden sie sich kaum. Aber: Wenn Sie auf die Details schauen, gibt es doch einen kleinen Unterschied.

Es ist der Fokus der Masse.

Beim Crowdfunding konzentriert sich die Masse auf das Projekt. Das Projekt soll umgesetzt werden. Der Künstler, Unternehmer soll damit Erfolg haben. Das ist der Masse wichtig! Wenn die Spender ein kleines Geschenk bekommen, ist das super. Aber das Projekt an sich ist für sie das Ziel.

Ganz anders sieht das beim Crowdinvesting aus. Schon alleine aufgrund des Begriffs »Investing«, also investieren, liegt der Fokus hier woanders. Die Rendite ist den Investoren wichtig. Nichts anderes! Oft können sie sich auch mit dem Projekt identifizieren, aber wenn es keine Rendite abwirft, wird nicht investiert. Hier wird strikt auf die Zahlen geguckt.

Was Sie sich unter dem Crowdinvesting in Immobilien vorstellen können

Nun wissen Sie, woher das Crowdinvesting stammt und was die Unterschiede zum Crowdfunding sind. Aber wie können Sie sich nun das Crowdinvesting vorstellen?

Sie haben einen Projektleiter, der ein Immobilienprojekt verwirklichen möchte. Da er den Leverage-Effekt nutzen will, braucht er einen Kredit. Damit er aber bessere Konditionen bei der Bank bekommt, möchte er etwas mehr Eigenkapital vorweisen können. Dazu meldet er sich bei einer Crowdinvesting-Plattform an und bietet sein Projekt dort an, um Mezzanine-Kapital zu erhalten.

Bei *Mezzanine-Kapital* handelt es sich um eine Mischform zwischen Eigen- und Fremdkapital. So ist die Bezeichnung für das Geld, das hier in das Projekt investiert wird. Obwohl geliehen, kann der Projektleiter das Mezzanine-Kapital als Eigenkapital vor der Bank angeben.

Wenn es genügend Investoren gibt, wird das Projekt realisiert. Der Projektleiter bekommt das Geld, kann somit zur Bank und das Projekt umsetzen. Das ist die einfache Darstellung eines Crowdinvesting-Projektes.

Ein gelungenes Crowdinvesting-Projekt

Frank hat schon mehrere große Immobilienvorhaben begleitet und möchte nun ein eigenes Projekt verwirklichen. Es geht um ein Mehrfamilienhaus, das er kaufen und vollkommen neu gestalten möchte. Das alles wird aber über eine Million Euro kosten. Als Eigenkapital hat er nur 50.000,- Euro. Aufgrund der Größe des Projektes und der Komplexität möchte die Bank aber mindestens 200.000,- Euro Eigenkapital sehen. Da Frank nicht so einfach aufgibt, informiert er sich im Internet und findet die Crowdinvesting-Lösung. So könnte er sich zusätzliches Kapital beschaffen und seinen Plan verwirklichen. Nach einiger Einarbeitung hat er sein Projekt eingestellt und nach einer Woche ist es finanziert. Wow. Nun kann er es endlich in die Tat umsetzen.

Michael freut sich. Nachdem er schon öfter etwas über Crowdinvesting gehört hat, wollte er es selber einmal ausprobieren. Als er sich auf der Plattform angemeldet hat, sticht ihm auch gleich das Projekt von Frank ins Auge. Denn das Mehrfamilienhaus, in das investiert werden soll, kennt Michael. Es liegt genau neben dem Haus seiner Eltern. Die Lage ist top, nur das Haus selber muss hergerichtet werden. Er ist sofort von dem Projekt angetan und investiert 1.000,- Euro. Dafür bekommt er nun 7 % Verzinsung.

Sicher ist sicher: Die Absicherung

Wie sind Crowdinvesting-Projekte abgesichert? Eine gute Frage. Hier haben sich bisher zwei Modelle durchgesetzt.

1. Das Nachrangdarlehen

2. Das besicherte Bankdarlehen

Bei Immobilien ist es grundsätzlich so, dass Kredite über das Grundbuch der Immobilie besichert werden. Was im Grundbuch steht, das hat gegenüber der Allgemeinheit Gültigkeit.

Damit bei einem Verkauf der Immobilie in einer Notlage nicht alle Kreditgeber gleichzeitig »Hier!« schreien, gibt es im Grundbuch die sogenannten Ränge. Diese werden bei einem Zwangsverkauf der Reihe nach abgearbeitet. Im ersten Rang steht meistens die Bank mit der Hauptfinanzierung. Die weiteren Ränge mit den jeweiligen Kreditgebern werden dann nach und nach bedacht.

Diese Reihenfolge spielt auch bei der Auflösung eines Unternehmens eine Rolle, bei der Sie als Crowdinvestor mitfinanzieren. Denn als Crowdinvestor geben Sie einem anderen Unternehmen ein Darlehen, das für die Realisierung des Immobilienvorhabens verwendet wird.

Bei der Auflösung eines Unternehmens gibt es eine bestimmte Reihenfolge:

1. Bankdarlehen, die im Grundbuch stehen
2. Besichertes Bankdarlehen
3. Normale Verbindlichkeiten
4. Nachrangiges Fremdkapital
5. Eigenkapital

Für das Crowdinvesting werden das besicherte Bankdarlehen und das Nachrangdarlehen (nachrangiges Fremdkapital) als Sicherheit angeboten. Was es damit genau auf sich hat, schauen wir uns jetzt an.

Das Nachrangdarlehen

Wie der Name schon sagt, handelt es sich hier um ein nachrangiges Darlehen. Aber was bedeutet das? Ihr Anspruch auf Zinszahlungen oder die Rückzahlung des Darlehens erhalten Sie erst nach allen anderen Gläubigern (Banken, Lieferanten und so weiter), aber noch vor den Gesellschaftern.

 Beim nachrangigen Darlehen tritt Ihr Anspruch im Insolvenzfall hinter den Rang der anderen Gläubiger. Und es findet keine Grundbucheintragung statt.

Besichertes Bankdarlehen

Das besicherte Bankdarlehen wird oft wie ein normales Darlehen angesehen. Es kann deshalb auch in das Grundbuch eingetragen werden und wird im Rang an zweiter Stelle befriedigt. Sprich, Sie bekommen Ihr Geld relativ schnell zurück und müssen im Insolvenzfall nicht erst hoffen, dass für Sie noch etwas übrig bleibt.

 Besicherte Bankdarlehen sind also oft sicherer als Nachrangdarlehen. Sie werden aber von weniger Crowdinvesting-Plattformen angeboten, weil sie teurer und damit für die Projektanbieter oft uninteressanter sind.

Vorteile des Crowdinvesting

Jetzt wollen wir uns mal anschauen, welche Vorteile Ihnen das Crowdinvesting bietet.

Schon ab kleinem Geld möglich

Wenn Sie eine kleine Eigentumswohnung kaufen, wie viel müssen Sie für diese bezahlen? Das kommt natürlich auf verschiedene Faktoren an:

- ✔ Lage
- ✔ Zustand
- ✔ Größe
- ✔ und so weiter

Aber mit 50.000,- Euro können Sie meistens rechnen. Auch wenn Sie nur mit 10 % Eigenkapital kalkulieren, benötigen Sie 5.000,- Euro, um die Wohnung zu kaufen. Das ist eine ganze Menge Geld.

Schon ab 10,- Euro können Sie beim Crowdinvesting starten.

 Die Höhe des Einstiegsbetrags hängt von der jeweiligen Plattform ab.

Risikobegrenzung

Sie kaufen als Crowdinvestor keine ganze Immobilie, Sie investieren einen kleinen Betrag in ein Immobilienprojekt. Dadurch gehen Sie kein Risiko von 500.000, - Euro für eine ganze Immobilie ein, sondern nehmen als Risiko lediglich die von Ihnen eingesetzten 500,- Euro für das Projekt auf sich. Wenn das Projekt scheitern sollte, haben Sie nicht die 500.000,- Euro verloren, sondern nur die 500,- Euro.

Keine Diskussion mit der Bank

Damit Sie als Bauherr den Leverage-Effekt nutzen können, benötigen Sie eine Finanzierung. Nur müssen Sie sich dann mit den Banken auseinandersetzen. Sie brauchen dann viele Unterlagen und Vermögensaufstellungen. Und ach, da war mal ein schlechter SCHUFA-Eintrag. Alles ziemlich aufwendig! Beim Crowdinvestment in Immobilien sparen Sie sich den ganzen Aufwand. Hier investieren Sie Ihr eigenes Geld.

Nachteile des Crowdinvesting

Jetzt haben wir die schöne Seite gesehen, nun wollen wir uns auch mit der schlechteren Seite beschäftigen. Welche Nachteile hat das Crowdinvesting denn für Sie als Geldgeber?

Kein vorzeitiger Rückkauf möglich

Ein Crowdinvesting-Projekt hat eine gewisse Laufzeit. Diese wird Ihnen von Anfang an mitgeteilt, und diese Laufzeit ist fest. Da können Sie nichts dran machen. Sollten Sie also vorher Ihr Geld benötigen, haben Sie Pech gehabt. Denn Sie kommen an dieses Geld erst mal nicht ran.

 Investieren Sie nur Geld, auf das Sie während der Laufzeit verzichten können.

Kein Mitspracherecht

Als Crowdinvesting-Investor geben Sie einem Projektleiter Geld. Dadurch erwerben Sie keine Rechte an dem Unternehmen oder an der Immobilie an sich. Sie können deshalb leider nicht mitreden, was mit der Immobilie passieren soll. Sollte also etwas entschieden werden, was Ihnen nicht passt, dann können Sie nichts dagegen tun.

 Sie sind Beifahrer beim Crowdinvesting, Sie können zuschauen, aber nichts unternehmen.

Oft ist der Gewinn gedeckelt

Sie erhalten beim Crowdinvesting eine feste Verzinsung für Ihr Geld. Bei einigen Projekten erhalten Sie noch eine größere Abschlagszahlung. Mehr aber nicht. Sollte das Projekt größere Gewinne erwirtschaften, haben Sie daran keinen Anteil.

 Otto investiert über eine Crowdinvesting-Plattform in ein Immobilienprojekt in seiner Stadt. Es soll ein Wohnhaus renoviert werden und im Anschluss eine Neuvermietung stattfinden. Otto bekommt den Zuschlag für das Projekt und es läuft alles klasse. Die Zinsen fließen und es wurde sogar angekündigt, dass das Geld vorzeitig zurückgezahlt wird, weil der Projektleiter sich nun spontan entschlossen hat, das Objekt zu verkaufen. Der Projektleiter verkauft das Haus für das Doppelte des Einkaufspreises, er macht also einen satten Gewinn. Otto bekommt von diesem Gewinn nichts ab, er bekommt die vereinbarten Zinsen, und das war's.

Sie gehen mit Crowdinvesting oft ein geringeres Risiko ein als beim direkten Investieren, aber Sie deckeln gleichzeitig Ihren Gewinn. Vor- und Nachteile des Crowdinvesting zeigt Tabelle 16.1.

Vorteile	Nachteile
Schon mit kleinem Geld möglich	Kein vorzeitiger Rückkauf möglich
Risikobegrenzung	Kein Mitspracherecht
Verfügbare Informationen über die Immobilie	Oft ist der Gewinn gedeckelt
Keine Diskussion mit der Bank	

Tabelle 16.1: Vor- und Nachteile des Crowdinvesting

> **IN DIESEM KAPITEL**
>
> Fragen, die Sie vor dem Investieren klären sollten
>
> Fünf konkrete Schritte

Kapitel 17
Beim Crowdinvesting mitmachen

Wenn Sie sich für ein Investment in Crowdinvesting-Projekte entschieden haben, kommt hier nun die Anleitung, wie Sie vorgehen sollten.

Fragen, die Sie sich vorher stellen sollten

Bevor Sie Ihr Geld in ein Projekt investieren, sollten Sie sich ein paar Gedanken machen. Denn auch wenn Sie mit wenig Geld in Immobilien einsteigen können, muss es ja nicht leichtfertig angelegt werden. Stellen Sie sich folgende Fragen zum Projekt:

- ✔ Wer ist der Projektleiter?
- ✔ Wie viel Eigenkapital wird gegeben?
- ✔ Wie ist Ihre Anlage abgesichert?
- ✔ Gibt es einen Sekundärmarkt?
- ✔ Sag mir quando, sag mir wann: Zinserträge

Wer ist der Projektleiter?

Da Sie einem Projektleiter Ihr Geld leihen, ist es für Sie natürlich besonders interessant, viel über diesen herauszufinden:

- ✔ Wie viele Projekte hat er schon durchgeführt?
- ✔ Wie viele waren davon erfolgreich?

- ✔ Gab es irgendwo schlechte Kritiken?
- ✔ Musste er ein Projekt schon einmal abbrechen?

Das sind Fragen, die Sie sich vorab über den Projektleiter stellen und natürlich auch beantworten sollten.

Das Projekt steht und fällt mit dem Leiter. Daher sollten Sie so viel wie möglich über diesen in Erfahrung bringen.

Wie viel Eigenkapital wird gegeben?

Das mag wahrscheinlich erst einmal etwas komisch klingen, aber es ist eine wichtige Frage. Denn wenn das Projekt scheitert, bekommt der Leiter als Allerletzter sein Eigenkapital wieder. Sprich, er geht immer das größte Risiko ein.

Für ein Crowdinvesting-Projekt von 1,5 Millionen Euro gibt der Leiter einmal 100.000,- Euro Eigenkapital hinzu und einmal gar nichts. Sollte das Projekt nun scheitern und der Auflösungserlös wäre 1 Million Euro, dann würden zuerst die Kreditnehmer befriedigt werden und erst als Letzter der Leiter. Sprich, er würde bei der ersten Variante 100.000,- Euro verlieren, weil der Erlös von 1 Million Euro nicht ausreicht (1,0 Million − 1,5 Millionen = − 0,5 Millionen Euro). Bei der zweiten Variante verliert der Leiter gar nichts, weil er kein Geld investiert hat.

Wenn der Leiter kein Eigenkapital zur Verfügung stellt, sollten Sie sich fragen, ob er kein Vertrauen in das Projekt hat, und wenn doch, warum er es dann selber nicht fördert?

Wie hoch ist Ihre Motivation, ein Projekt zum Laufen zu bringen, wenn Sie rein gar nichts verlieren können? Eher gering.

Achten Sie bei Ihren Investments darauf, dass der Leiter Eigenkapital investiert. Sollte das nicht der Fall sein, prüfen Sie das Projekt lieber noch mal etwas genauer.

Wie ist Ihre Anlage abgesichert?

Beim Crowdinvesting gibt es zwei Möglichkeiten der Plattform, Ihr Investment abzusichern:

- ✔ Über ein Nachrangdarlehen
- ✔ Über ein besichertes Bankdarlehen

Diese beiden Formen haben Sie bereits in Kapitel 16 unter dem Punkt »Sicher ist sicher: Die Absicherung« kennengelernt. Nun, da Sie sich konkreter mit einem Projekt auseinandersetzen, sollten Sie herausfinden, welches Sicherungsverfahren der Projektleiter gewählt hat.

Gibt es einen Sekundärmarkt?

Mit einem Sekundärmarkt ist gemeint, dass es einen Handelsplatz für Ihre Crowdinvesting-Anteile gibt. Einige Crowdinvesting-Plattformen bieten solche Handelsplätze an. Hier können Sie Ihre Anteile am Projekt verkaufen oder sich in ein laufendes Projekt einkaufen, möglicherweise sogar günstiger.

Aber warum ist es wichtig, einen Sekundärmarkt zu haben? Manchmal hat man sich verkalkuliert oder ein Projekt entwickelt sich anders als gedacht. In solchen Situationen kann ein Sekundärmarkt eine interessante Möglichkeit sein, um sich von einem »faulen« Projekt zu trennen. Er ist aber kein Muss.

Sie haben sich für ein Crowdinvesting-Projekt in Hamburg entschieden. Der Stadtteil, in dem das Investment stattfinden soll, wird seit Monaten als Geheimtipp gehandelt. Also investieren Sie Ihr Geld. Leider war der ganze Hype übertrieben. Zwei Monate nach Ihrem Investment kommt nämlich heraus, dass mitten im Stadtteil ein neues Gewerbegebiet mit vielen Fabriken geplant ist. Somit stinken, Entschuldigung, Freud'scher Versprecher, sinken die Kaufpreise und das Projekt stürzt ab. Zum Glück bietet Ihre Crowdinvesting-Plattform einen Sekundärmarkt an. Hier können Sie Ihre Beteiligung an diesem ärgerlichen Projekt an einen echten Hamburger verkaufen, der anscheinend irgendwelche Insider-Informationen besitzt oder von der Mülldeponie noch nichts gehört hat. Egal, Sie sind Ihre Beteiligung los und können Ihr Geld wieder in das nächste Projekt investieren.

Den Sekundärmarkt können Sie sich wie eine Börse für Anteile an Crowdinvesting-Projekten vorstellen.

Sag mir quando, sag mir wann: Zinserträge

Beim Crowdinvesting leihen Sie einem Projektleiter Ihr Geld, damit dieser sein Projekt finanzieren kann. Das machen Sie selbstverständlich nicht nur, weil Sie ein netter Mensch sind. Sie möchten für Ihren Kapitaleinsatz natürlich auch eine Entlohnung haben. Sonst wäre das ja kein Investment für Sie. Beim Crowdinvesting erhalten Sie eine Zinszahlung. Allerdings unterscheidet sich die Häufigkeit von Projekt zu Projekt und von Plattform zu Plattform. Daher ist es ratsam, sich vorab zu informieren, wie die Zinszahlungen ausfallen. Aktuell sind folgende Varianten üblich:

- ✓ **Endfälligkeit:** Die Zinsen kommen erst am Ende des Projektes.
- ✓ **Jährliche Auszahlung:** Am Ende eines jeden Jahres werden die Zinsen gezahlt.
- ✓ **Halbjährliche Auszahlung:** Jedes halbe Jahr kommen Ihre Zinsen.
- ✓ **Monatliche Auszahlung:** Jeden Monat erhalten Sie Ihre Zinsen.

Um sich ein passives Einkommen aufzubauen, sind die monatlichen Zinszahlungen natürlich am praktischsten. Leider bieten die wenigsten Anbieter diese Variante an. Jedoch können Sie sich mit einer Excel-Tabelle eine Aufstellung machen. In diese tragen Sie ein, in welchen Monaten Sie Zinszahlungen erhalten. So sehen Sie immer, wann eine Zinszahlung kommt und in welchem Monat noch eine Zahlung fehlt (für zukünftige Investments).

Fünf Schritte zum Investment

Nun kommen wir zu den einzelnen Schritten auf dem Weg zum Crowdinvesting. Es handelt sich dabei um die folgenden fünf:

1. Legen Sie den Betrag fest, den Sie investieren möchten.
2. Suchen Sie die Plattform aus.
3. Begutachten Sie die Projekte.
4. Entscheiden Sie sich für ein Projekt.
5. Investieren Sie Ihr Geld.

Betrag festlegen, der investiert werden soll

Wie viel Geld wollen Sie investieren? Es ist wichtig, dass Sie sich diese Frage direkt am Anfang stellen, denn nach Ihrem Anlagebetrag richtet sich oft die Auswahl der Plattformen, auf denen Sie investieren können. Bei einigen Plattformen können Sie schon ab 10,- Euro starten, andere Plattformen verlangen dagegen 500,- Euro oder mehr für ein Investment.

Seit Neuestem bieten einige Plattformen eine Art »Sparplan« an. Hierbei investiert ein Computer einen festgelegten Betrag in die jeweils neuesten Projekte. So verpassen Sie kein Investment mehr und Sie können mit kleineren Beträgen starten.

Plattform aussuchen

Den Betrag haben Sie nun festgelegt. Jetzt ist es an der Zeit, sich den für Sie richtigen Anbieter herauszusuchen. Dabei sind folgende Dinge wichtig:

✔ Welchen Mindestanlagebetrag müssen Sie leisten?

✔ Welches Absicherungsverfahren bietet die Plattform an?

✔ Wie viele erfolgreiche Projekte hat die Plattform schon begleitet?

✔ Wie lange existiert die Plattform bereits?

✔ Ist es eine deutsche oder eine ausländische Plattform?

Das sind alles wichtige Punkte, die Sie beachten müssen, damit Sie nicht in ein Projekt investieren, bei dem es im nächsten Monat die Plattform nicht mehr gibt. Schauen Sie hier also genau hin.

 Lassen Sie sich bitte nicht nur vom Zinssatz beeindrucken. Denn ein hoher Zinssatz heißt nicht unbedingt, dass die Plattform die beste ist. Das Gesamtkonzept muss stimmen.

Projekte begutachten

Sie haben Ihre Plattform gewählt. Jetzt geht es darum, sich ein Projekt auszusuchen. Informieren Sie sich auf der Plattform, für die Sie sich entschieden haben, welche Projekte sie anbietet. Sollten Sie auf ein interessantes Projekt stoßen, können Sie die genauere Prüfung starten. Dazu können Ihnen die Fragen vom Anfang dieses Kapitels helfen. Am Ende dieses Schrittes sollten Sie so ein paar Projekte gefunden haben, die für Sie infrage kommen.

Für ein Projekt entscheiden

Nun gilt es, sich abschließend für ein Projekt zu entscheiden.

✔ Welches Projekt passt am besten in Ihre Strategie?

✔ Womit fühlen Sie sich wohl?

Hier gibt es enorm viele Fragen, die Sie sich stellen können, um herauszufinden, welches Projekt das richtige ist. Wichtig ist, dass Sie sich damit auch wohlfühlen. Es bringt Ihnen rein gar nichts, wenn Sie in ein Projekt investieren, das zwar von den Fakten her passt, Sie aber nachts nicht schlafen lässt. Daher wählen Sie das Projekt aus, mit dem Sie sich wohlfühlen und bei dem die Zahlen stimmen.

Damit Sie eine bessere Entscheidung treffen können, bekommen Sie in Tabelle 17.1 eine Checkliste mit den Fragen von oben und beispielhaften Antworten.

 Als Hilfestellung für Ihre Entscheidung finden Sie die Tabelle unter www.downloads.fuer-dummies.de.

Fragen	Bedingungen	Erfüllt?
Wer ist der Projektleiter?	Muss mehrere Projekte erfolgreich beendet haben Sollte ein paar Jahre am Markt sein Hat Erfahrung	
Wie viel Eigenkapital wird gegeben?	Es muss Eigenkapital eingebracht werden Mindestens 10 % Eigenkapital vom Projektleiter	
Wie ist Ihre Anlage abgesichert?	Nur bankbesicherte Darlehen	

Fragen	Bedingungen	Erfüllt?
Gibt es einen Sekundärmarkt?	Ist mir nicht so wichtig	
Sag mir quando, sag mir wann: Zinserträge	Am liebsten monatliche Zinserträge Sollte das nicht funktionieren, würden aber auch jährliche Zahlungen akzeptiert	

Tabelle 17.1 Checkliste Crowdinvesting

Geld investieren

Nachdem Sie sich nun für ein Projekt entschieden haben, kommt der letzte Schritt: Sie investieren Ihr Geld in das Projekt.

Wie das genau funktioniert, hängt immer von der jeweiligen Plattform ab. Meistens gibt es aber bei jedem Projekt den Button »Jetzt investieren«. Dort geben Sie dann den gewünschten Betrag ein und schon kann das Investment losgehen.

Bei einigen Plattformen müssen Sie das Geld, das Sie investieren möchten, vorab auf das Investmentkonto überweisen. Diesen Hinweis bekommen Sie aber automatisch bei jeder Plattform, bei der das notwendig ist.

Sie haben nun in Ihr erstes Crowdinvesting-Projekt investiert und bekommen je nach Zinsvereinbarung bald Ihre ersten Zinserträge. Herzlichen Glückwunsch.

Teil V
Top Ten

 Unter www.downloads.fuer-dummies.de finden Sie die Checklisten und Übersichten, die mit einem entsprechenden Symbol gekennzeichnet sind, zum Download.

IN DIESEM TEIL...

In diesem Teil des Buches erwarten Sie Informationen zu den häufigsten Fragen und Fehlern eines Investors. Zusätzlich bekommen Sie einen Überblick über die Vorteile von Immobilien und Tipps, wie Sie Ihr Netzwerk aufbauen können.

> **IN DIESEM KAPITEL**
>
> Welche zehn Vorteile Immobilien haben
>
> Wieso Immobilien Sie schneller reich werden lassen

Kapitel 18
Zehn große Vorteile von Immobilieninvestments

Kennen Sie diese Situation: Sie möchten in Immobilien investieren und ein Bekannter fragt Sie, warum Sie das tun? Und Ihnen fallen die wichtigsten Vorteile nicht ein? Das sollte Ihnen nicht passieren! In diesem Kapitel lernen Sie die großen Vorteile von Immobilien kennen.

Immobilien sind Sachwerte und schützen Sie daher vor der Inflation

Anders als Ihr Vermögen auf dem Sparkonto handelt es sich bei Immobilien um Sachwerte. Der große Unterschied zwischen einem Geld- und einem Sachwert ist folgender:

- ✔ Beim Sachwert steckt ein realer Wert dahinter, zum Beispiel Aktien oder Immobilien.
- ✔ Dieser reale Wert fehlt beim Geldwert.

Sachwerte haben für Sie als Investor einige Vorteile:

- ✔ Sie sind beleihbar.
- ✔ Sie schützen vor der Inflation.
- ✔ Sie können den Wert sehen (eine Immobilie steht irgendwo, eine Aktie ist ein Anteil an einem realen Unternehmen).

Aber Immobilien können Sie sogar doppelt vor der Inflation schützen. Denn für ein Investment in Immobilien nehmen Sie oft einen Kredit auf. Der Kredit ist ein Geldwert. Bei einer Inflation wird dem Geldwert die Kaufkraft entzogen.

BEISPIEL Früher konnten Sie für 1,- Euro eine Kugel Eis kaufen. Durch die Inflation müssen Sie für die Kugel nun 1,50 Euro bezahlen. Ihrem Geld wurde Kaufkraft entzogen, die Kugel Eis wird teurer.

Nun haben Sie bei der Immobilie folgende Situation:

✔ Sie besitzen einen Sachwert (die Immobilie), der nicht von der Inflation getroffen wird.

✔ Sie haben einen Kredit (einen Geldwert) für diese Immobilie aufgenommen.

✔ Die Kaufkraft dieses Geldwertes wird von der Inflation gemindert.

Durch diese Konstellation haben Sie einen Wert, der konstant bleibt (oder eventuell steigt), und einen Wert, der sinkt. Sie haben zwar im Kreditvertrag noch die gleiche Summe stehen, allerdings sinkt die Kaufkraft hinter der Summe mit der Zeit.

Sie brauchen »wenig« Eigenkapital

Bei Kosten, die gerne bei 50.000,- Euro starten und nach oben hin keine Grenze kennen, ist das schwierig zu glauben, oder? Aber es ist so, für Immobilien brauchen Sie im Vergleich zum Kaufbetrag recht wenig Eigenkapital.

Das liegt am Sachwert an sich. Dadurch, dass sie einen realen Wert haben, können Sie diesen beleihen lassen. Sie brauchen somit nicht die 50.000,- Euro bar zu besitzen, sondern nur einen gewissen Teil des Kaufpreises.

Meist handelt es sich um eine Beleihung von 70–90 %, in Ausnahmefällen sogar von mehr als 100 %.

Für die 50.000,- Euro-Immobilie brauchen Sie somit lediglich:

✔ Bei 10 % Eigenkapital: 5.000,- Euro

✔ Bei 20 % Eigenkapital: 10.000,- Euro

Also deutlich weniger, als wenn Sie den ganzen Kaufpreis aus eigener Tasche bezahlen würden.

BEISPIEL Sie möchten eine Immobilie für 200.000,- Euro kaufen. Da Sie nicht so viel Eigenkapital haben und hörten, dass man Immobilien beleihen kann, möchten Sie ein Darlehen aufnehmen. Die Bank verlangt, dass Sie 20 % Eigenkapital einbringen. Dann würde die Rechnung wie folgt aussehen:

200.000,- Euro × 20 % = 40.000,- Euro

Für Ihre 200.000,- Euro-Immobilie benötigen Sie somit lediglich 40.000,- Euro an Eigenkapital. Ich finde, das ist relativ wenig im Vergleich zum Kaufpreis.

Ihr Nettovermögen steigt schneller

Mit Nettovermögen ist Ihr komplettes Vermögen minus Ihrer gesamten Schulden gemeint.

Nettovermögen: ein Beispiel

Ihr Vermögen:

- ✔ Sparkonto 20.000,- Euro
- ✔ Depot 40.000,- Euro
- ✔ Eine Eigentumswohnung im Wert von 100.000,- Euro.

Ihr gesamtes Vermögen (Bruttovermögen) beläuft sich somit auf:

20.000,- Euro + 40.000,- Euro + 100.000,- Euro = 160.000,- Euro

Ihre Schulden:

- ✔ 80.000,- Euro Darlehen für Ihre Eigentumswohnung
- ✔ 10.000,- Euro Kredit für Ihr Auto

Somit betragen Ihre gesamten Schulden:

80.000,- Euro + 10.000,- Euro = 90.000,- Euro

Um nun Ihr Nettovermögen zu berechnen, ziehen Sie die Schulden von Ihrem gesamten Vermögen ab:

160.000,- Euro − 90.000,- Euro = 70.000,- Euro

Damit haben Sie ein Nettovermögen von 70.000,- Euro.

Wie eine Immobilie Ihr Nettovermögen steigen lassen kann, ist ebenfalls leicht erklärt:

Für die Immobilie nehmen Sie einen Kredit auf. Dieser Kredit wird regelmäßig zurückgezahlt. Dadurch steigt Ihr Nettovermögen. Bleiben wir bei unserem Beispiel:

Sie haben eine Wohnung, die 100.000,- Euro wert ist, und haben damals 80.000,- Euro an Kredit aufgenommen. Gehen wir davon aus, dass Sie einen Tilgungssatz von 2 % haben. Dann würden Sie jedes Jahr 1.600,- Euro vom Kredit tilgen. Somit würde nach dem ersten Jahr noch folgende Kreditsumme übrig bleiben:

80.000,- Euro − 1.600,- Euro = 78.400,- Euro

Sie hätten Ihren Kredit somit reduziert. Ihr Bruttovermögen ist dagegen konstant geblieben. Somit würde die Rechnung für Ihr Nettovermögen wie folgt aussehen:

160.000,- Euro − 88.400,- Euro = 71.600,- Euro

Dadurch, dass Sie den Kredit getilgt haben, haben Sie Ihr Nettovermögen gesteigert.

Diese Rechnung gilt natürlich nur, wenn Sie die erworbene Immobilie vermieten und nicht selber bewohnen. Denn nur so zahlt Ihr Mieter den Kapitaldienst an die Bank.

In diesem Beispiel habe ich zur Vereinfachung die stetige Steigerung des Tilgungssatzes, wie sie bei einem normalen Annuitätendarlehen üblich ist, weggelassen.

Ein zusätzlicher Pluspunkt ist, dass Sie die Tilgung des Krediteszustand nicht selbst bezahlen müssen. Diese Zahlung ist schon in der Miete, die Ihr Mieter zahlt, mit eingerechnet. Also zahlt Ihr Mieter Ihr Darlehen für Sie ab.

Sie kreieren einen zusätzlichen Einkommensstrom

Wie viele Einkommensströme haben Sie? Bestimmt, wie die meisten Menschen, einen: Ihren Hauptjob. Immobilien bieten Ihnen hier eine schöne Möglichkeit, einen weiteren Einkommensstrom aufzubauen. Das hat wiederum mehrere Vorteile für Sie:

✔ Sie können sich mehr leisten.

✔ Sie machen sich ein wenig unabhängiger von Ihrem Hauptjob.

✔ Sie können eventuell im Job kürzertreten.

Sie benutzen einen Hebel

Wie im Punkt »Sie brauchen wenig Eigenkapital« erwähnt, können Sie Ihre Immobilie beleihen. Das hat nicht nur den Vorteil, dass Sie weniger Eigenkapital benötigen, sondern es steigert zusätzlich noch Ihre Rendite.

Die gehebelte Rendite

Die Rendite, die Sie hebeln können, ist die Eigenkapitalrendite. Um diese zu berechnen, gibt es die folgende Formel:

Eigenkapitalrendite = Netto-Miete × 100 / Kaufpreis

Nehmen wir für unser Beispiel folgende Daten an:

- ✔ Kaufpreis: 300.000,- Euro
- ✔ Netto-Miete 20.000,- Euro

Somit sieht Ihre Rechnung wie folgt aus:

20.000 × 100 / 300.000 = 6,6 %

Sie würden eine Eigenkapitalrendite von 6,6 % bekommen, wenn Sie den vollen Kaufpreis bezahlen. Wie sieht das nun aus, wenn Sie den Hebel verwenden und nur 20 %, also 60.000,- Euro, des Kaufpreises bezahlen? Sie zahlen für den aufgenommenen Kredit einen Kapitaldienst von 4 %, also 9.600,- Euro.

Um die Eigenkapitalrendite zu berechnen, müssen wir die Formel ein wenig anpassen:

Eigenkapitalrendite = (Netto-Miete − Kapitaldienst) / Eigenkapital

(20.000 − 9.600) × 100 / 60.000 = 17 %

Die Rendite konnten Sie somit fast verdreifachen.

Allerdings müssen Sie immer bedenken, dass diese schönen Renditezahlen immer mit dem Risiko eines Darlehens einhergehen.

Oft haben Immobilien hohe Optimierungspotenziale

Bei einer Immobilie ist immer etwas zu tun. Jeder, der sich mit dem Thema Immobilie beschäftigt hat, weiß das. Das können Sachen sein wie zum Beispiel:

- ✔ Ein Fenster, durch das es zieht, muss repariert werden.
- ✔ Eine Heizungsanlage muss modernisiert oder ausgetauscht werden.
- ✔ Das Badezimmer muss erneuert werden.

Diese Maßnahmen sind auf den ersten Blick nicht schön. Trotzdem können sie ein Vorteil für Sie sein. Wenn Sie Ihre Immobilie optimieren, kann ihr Wert steigen. Dadurch können Sie eine höhere Miete verlangen oder später beim Verkauf einen höheren Preis aushandeln. Einige Investoren nutzen diesen erhöhten Wert, um ein höheres Darlehen auf die Immobilie aufzunehmen.

Das froschgrüne Badezimner

Sie erwerben eine Wohnung, in der das Badezimmer noch aus den 1980er-Jahren stammt. Alles ist in einem gruseligen Grün. Aktuell wohnt noch ein Mieter in dem Apartment, dessen Lieblingsfarbe Grün ist, und der es mit seiner heißgeliebten Froschsammlung dekoriert hat. Also alles paletti. Und durch das hässliche Badezimmer konnten Sie den Kaufpreis um 10 % reduzieren.

Nach fünf Jahren zieht der Mieter aus. Nun haben Sie die Chance, das Badezimmer zu renovieren. Statt in grünen Fliesen steht nun ein modernes, in schlichten Farben gehaltenes Badezimmer da. Haben die Mietinteressenten früher die Nase gerümpft, wollen nun viele die Wohnung allein schon aufgrund des schicken neuen Bades haben. Und Ihre Bank schätzt die Wohnung nun auch höher ein. Also alles richtig gemacht.

Optimierungspotenziale können für Sie als Investor echte Goldgruben sein.

Immobilien sind immer im Trend

Jeder Mensch möchte ein Dach über dem Kopf haben. Sei es eine Wohnung, ein Haus oder ein Zelt. Jeder möchte irgendwo wohnen können. Der Wohnraum ist eines der wichtigsten Bedürfnisse eines Menschen. Als Investor bedienen Sie genau dieses Bedürfnis, und viele Investoren setzen dieses Modell seit Jahren erfolgreich um.

Das Thema Immobilieninvestment bleibt ein Dauerthema. Sie müssen also keine Angst haben, dass morgen keine Immobilien mehr gebraucht werden könnten.

Echte Steuervorteile durch Immobilien

Ihre Einnahmen aus Vermietung und Verpachtung müssen Sie als Investor versteuern, da führt kein Weg dran vorbei. Allerdings haben Sie als Investor auch viele Steuervorteile (siehe dazu Kapitel 3). Beispiele für diese Vorteile sind:

- ✔ Die Aufwertung der Immobilie können Sie geltend machen.
- ✔ Den jährlichen Verfall können Sie steuerlich absetzen.
- ✔ Die gezahlten Zinsen für das Darlehen können Sie ebenfalls von der Steuer absetzen.

Bitte erwerben Sie eine Immobilie nicht nur wegen der steuerlichen Vorteile. Diese sollten immer nur die Kirsche auf dem Eisbecher sein. Das Objekt sollte sich auch ohne diese Vorteile tragen.

Sie haben das Steuer in der Hand

Als Investor sagen Sie, wo es langgeht. Nehmen wir als Beispiel die Aktie. Haben Sie einen Einfluss auf den Kurs, den das Unternehmen einschlägt? Ja, Sie können an der Hauptversammlung teilnehmen und mit Ihrem Stimmrecht versuchen, den Kurs zu lenken. Aber wie viele Aktien müssen Sie von einem Unternehmen haben, damit Sie auch wirklich etwas mitentscheiden können? Ziemlich viele! Sie sind also eher Beifahrer und müssen zusehen, was der Fahrer macht.

Bei Ihrer Immobilie ist das anders. Hier haben Sie die Zügel in der Hand. Natürlich alles im gesetzlichen Rahmen, aber Sie können den Kurs festlegen. Wenn Sie ein neues Badezimmer wollen, dann wird das gemacht. So können Sie zu einem großen Teil Ihre Rendite selbst gestalten.

Unterschätzen Sie diesen Punkt bitte nicht. Als Fahrer haben Sie das Steuer in der Hand. Sie müssen nur die gesetzlichen Bestimmungen beachten. Kein Management kann Ihnen reinreden. Sollte zum Beispiel ein Handwerker nicht die gewünschten Leistungen erbringen, können Sie ihn wechseln. Das muss keiner über Ihnen absegnen.

Es ist Ihr Team

Damit Ihr Immobilienbestand gut betreut ist, benötigen Sie viele helfende Hände:

- ✔ Handwerker und Gutachter, um die Immobilie in Schuss zu halten,
- ✔ eine Verwaltung, damit bei der Immobilie alles glattläuft und die Mieter nicht alle bei Ihnen anrufen, wenn mal die Toilette nicht funktioniert und
- ✔ einen Steuerberater für die Steuererklärung und die Entwicklung einer Steuerstrategie.

Diese Personen gehören alle zu Ihrem Immobilienteam. Daher kennen Sie die meisten Personen, denn Sie haben sie selbst ausgesucht.

> **IN DIESEM KAPITEL**
>
> Acht Fallstricke, die Sie vermeiden sollten
>
> Was passiert, wenn Sie nur auf Experten hören?
>
> Wieso sollten die Steuern nicht das Einzige sein, worauf Sie schauen?

Kapitel 19
Zehn Fehler, die Sie nicht machen sollten

Ja, Sie haben recht, eigentlich sollte man seine Fehler selbst machen und dann daraus lernen. Vielleicht aber kann ich Sie mit den folgenden Tipps vor ein paar Fehlern bewahren, die richtig teuer werden können.

Kaufen Sie Immobilien nicht nur wegen der Steuer

»Mit Immobilien können Sie Ihre Steuerlast massiv senken.« »Sie bekommen sogar Geld vom Staat zurück!« Das sind nur zwei Versprechungen, die Sie hören, wenn es um das Thema Steuern geht. Natürlich genießen Immobilienbesitzer steuerliche Vorteile, aber wenn Sie Ihre ganze Strategie nur auf den steuerlichen Vorteilen aufbauen, steht Ihr Gerüst auf ziemlich wackeligen Beinen. Warum ist das so?

Teurer Denkmalschutz

Udo kauft eine denkmalgeschützte Immobilie, da diese besondere steuerliche Vorteile genießt. Er darf nämlich bis zu 2,5 % des Gebäudeteils plus 9 % für Modernisierungen abschreiben. Wow, was für ein Gewinn, denkt sich Udo, und ist seinem Freund und Berater sehr dankbar für diesen Tipp. Nach einem Jahr lässt er seinen Steuerberater seine Steuererklärung machen und ist begeistert. Er kriegt wirklich Geld zurück, und das nicht zu wenig. Für ihn steht eindeutig fest: Das war die beste Entscheidung. Doch im zweiten Jahr wird Udo langsam stutzig. Er sollte aufgrund der Steuerrückerstattung ein Plus mit der Immobilie erwirtschaften. Trotzdem muss er jeden Monat Geld von seinem Girokonto nachschießen, da sonst das Konto der Immobilie im Minus wäre. Komisch, aber er schenkt dem erst mal keine Beachtung.

Im dritten Jahr wird nun eine Änderung des Steuersystems vorgenommen. Nun dürfen die Immobilienbesitzer nicht mehr die 2,5 % abschreiben, sondern nur den normalen Satz von 2 %. Und auch die Abschreibung auf Modernisierungen wird gekürzt. Für Udo ein Graus. Er muss nun jeden Monat schon 500,- Euro in die Immobilie reinstecken, obwohl diese sich selber tragen soll, und nun fällt auch noch die Rückerstattung kleiner aus? Nein, das war's, ohne Udo. Er geht zum nächsten Makler und möchte die Immobilie verkaufen. Das bekommt nun auch die Bank mit und erinnert Udo an seinen Darlehensvertrag, der zehn Jahre läuft und der nur mit Einverständnis der Bank gekündigt werden darf. Jetzt steckt Udo richtig in Schwierigkeiten. Er muss ständig Geld nachschießen, bekommt weniger Geld zurück, und nun kann er die Immobilie nicht mal einfach so verkaufen. Jetzt steht es eindeutig fest: Es war die schlimmste Entscheidung seines Lebens, nie wieder Immobilien!

Dieses Beispiel zeigt gut, warum Sie nicht nur auf die Steuern setzen sollten.

Steuerregelungen können sich ändern, und zwar zu jeder Zeit! Denn Steuern werden über Gesetze festgelegt und diese ändern sich gefühlt alle naslang wieder. Sie steigen also in ein ziemlich wackeliges Boot ein, wenn Sie nur auf die Steuern setzen.

Außerdem wird Ihnen die Immobilie, die ja so steueroptimiert ist, oft schöngerechnet. Am Ende kommt immer ein dickes Plus raus. Und nachher stellt sich heraus, dass Sie in der Realität oft Geld nachschießen müssen. Das liegt daran, dass das vermeintliche »Plus« nur aus der Steuerrückzahlung resultiert. Diese kommt erstens nur einmal im Jahr und zweitens werden da alle Aufwendungen (somit auch Ihr nachgezahltes Geld) berücksichtigt. Eine Minusrechnung. Daher hören Sie auf meinen Rat:

 Steuern sparen ist gut, aber richten Sie Ihre Strategie nie komplett auf das Einsparen von Steuern aus.

Lassen Sie sich nicht von »Experten« bequatschen

Wer kennt sie nicht: Die »Experten« mit ihren schicken Anzügen und dem gepflegten Ausdruck. Wenn die einem einen Tipp geben oder sagen, wie der Hase läuft, ja dann, dann muss das ja richtig sein. So ist die Reaktion der meisten Menschen.

Doch woher wissen Sie, ob die Person, die vor Ihnen steht, nun wirklich ein Experte ist oder nicht? Oft reicht schon der schöne Schein, und die Menschen sind geblendet. Aber was sagt ein schicker Anzug über die Qualifikation des Beraters?

Was ist daran so gefährlich? Dass Sie vertrauen, ohne genau hinzuschauen. Wie sagt man so schön: »Vertrauen ist gut, Kontrolle ist besser.« Wenn Experten Ihnen raten, irgendwelche Immobilien zu kaufen, sind diese Immobilien oft schöngerechnet und reißen nur ein tiefes Loch in Ihre Geldtasche.

Wenn Sie auf Experten treffen, seien Sie vorsichtig. Nehmen Sie nicht jeden Rat einfach so an, sondern überlegen Sie in Ruhe, rechnen Sie nach und informieren Sie sich.

Lassen Sie sich nicht unter Druck setzen

»Wenn Sie jetzt nicht kaufen, dann ist die Immobilie bis heute Abend bestimmt weg!« Einen solchen Satz werden Sie in Ihrer Karriere als Immobilieninvestor mehr als einmal hören. Und dann sollten Sie hellhörig werden. Hier versucht Sie jemand unter Druck zu setzen. Lassen Sie das nicht zu. Entscheidungen, die unter Druck getroffen werden, sind häufig Fehlentscheidungen.

Zu schnell entschieden

Anton möchte endlich in Immobilien investieren. Er schaut sich ein wunderschönes Mehrfamilienhaus an. Die Wohnungen sehen gut intakt aus, der Hof ist gepflegt und auch die Fassade macht einen tadellosen Eindruck. Trotzdem möchte er noch eine zweite Besichtigung mit einem Bausachverständigen machen, nur um sicherzugehen. Als der Makler das hört, wird er auf einmal ganz aufgeregt und redet auf Anton ein. Das sei ein Top-Investment, so ein Angebot bekomme er nur sehr selten auf den Tisch, und da müsse sich Anton schnell entscheiden, sonst wäre es weg. Eine zweite Besichtigung kommt für den Makler absolut nicht infrage, entweder Anton sagt jetzt zu oder er kann die Immobilie abschreiben. Was ist nun die richtige Entscheidung? Da Anton endlich beginnen möchte und das Haus einen guten Eindruck macht, willigt er in den Kauf ein. Nachdem der Kaufvertrag

> unterzeichnet ist, lässt Anton nun seinen Bausachverständigen durch das Haus gehen und dieser kommt mit einer langen Liste an. Das Haus ist in einem soliden Grundzustand, aber es muss einiges gemacht werden:
>
> ✔ Die Stromleitungen müssen erneuert werden.
>
> ✔ Die Heizung muss ausgetauscht werden.
>
> ✔ In einer Wohnung ist ein nicht richtig beseitigter Schimmelbefall.
>
> ✔ Und die Balkone sollten auch demnächst renoviert werden.
>
> Diese Kosten hatte Anton nicht in seiner Renditeberechnung berücksichtigt. Nun wirft die Immobilie kein Geld ab, sondern er muss jeden Monat 100,- Euro draufzahlen!

Oft ist etwas im Busch, wenn Sie jemand zu einer schnellen Entscheidung drängen möchte. Es muss nicht immer so drastisch sein wie in unserem Beispiel. Dennoch kann eine zu schnell getroffene Entscheidung ganz schnell ins Geld gehen.

Lassen Sie sich nicht unter Druck setzen. Gehen Sie lieber das Risiko ein, dass die Immobilie weg ist, als dass Sie Geld verlieren. Es wird immer wieder ein anderes gutes Angebot geben.

Rechnen Sie die Geldanlage in eine Immobilie sorgfältig durch

Bei der Prüfung einer Immobilie kann so einiges schieflaufen, und das kann ganz schön ins Geld gehen. Da haben Sie nicht 100,- Euro monatlich übrig, sondern müssen 200,- Euro jeden Monat draufzahlen. Daher ist es enorm wichtig, die Immobilie gründlich zu prüfen, um spätere Überraschungen zu vermeiden.

Prüfen Sie lieber zweimal, bevor Sie zu wenig hingeschaut haben und dadurch ein irreparabler Schaden entstanden ist.

Diesen Fehler kann ich irgendwie nicht verstehen, aber er wird erstaunlich oft gemacht. Es wird eine Immobilie gekauft, die der Käufer gar nicht selber durchgerechnet hat. Er weiß also gar nicht, ob er einen Gewinn oder einen Verlust erwirtschaftet.

Wie geht denn so was? Oft werden solche Immobilien von »Experten« angeboten und diese haben ja die ganze Berechnung schon für Sie durchgeführt. Also warum das Ganze dann nochmals wiederholen? Hinterfragen Sie solche Rechnungen der selbst erklärten Experten. Damit Sie wissen, ob der »Experte« Sie über den Tisch ziehen möchte, und um zu wissen, ob sich die Immobilie trägt.

Manche Investoren lassen auch Bekannte für sich rechnen, die dann eventuell einen Fehler einbauen. Alles schon passiert.

 Merken Sie sich bitte diese Grundregel: Kalkulieren Sie jede, wirklich jede Immobilie selbst. Kaufen Sie keine Immobilie, ohne diese durchgerechnet zu haben.

Die Berechnung ist kein Hexenwerk. In Kapitel 6, Teil »Die Objektkalkulation«, gehe ich genauer auf die Berechnung ein.

Besichtigen Sie die Immobilie

Dieser Fehler unterläuft manchmal selbst erfahrenen Profis. Aber auch Anfänger lassen sich gerne dazu verleiten: Eine Immobilie kaufen, ohne diese jemals gesehen zu haben. Für mich persönlich schwer nachzuvollziehen. Was kann passieren, wenn Sie die Immobilie nicht besichtigt haben? Ein Beispiel bringt Licht ins Dunkle:

 ### Besichtigung: Mit eigenen Augen statt 3D

Susan hat auf Immobilienscout24.de eine wunderschöne Zweizimmerwohnung gefunden. Die Fotos sehen toll aus und es ist sogar eine 3D-Besichtigung am Computer möglich. Wow, da kann sie ja die ganze Wohnung sehen. Für sie steht nun fest, die Wohnung soll es werden. Warum sollte sie eine Besichtigung machen? Sie hat ja online bereits alles gesehen, und die Wohnung ist 30 Minuten mit dem Auto entfernt. Da hat sie Besseres zu tun, als eine Stunde allein für die Fahrerei zu verbrauchen. Sie erzählt einem Freund davon und dieser rät ihr, die Besichtigung doch zu machen. Damit ihr Freund Ruhe gibt, sieht sie sich die Wohnung schließlich an. Die absolut richtige Entscheidung! Was nicht in der 3D-Besichtigung und auch nicht auf den Fotos zu sehen war: Es handelt sich um eine Raucherwohnung, die komplett vergilbt ist, und zwei Schimmelflecken hat Susan ebenfalls entdeckt. In diese Wohnung investiert sie natürlich nicht!

Auf Fotos und auch in den modernen 3D-Besichtigungen sieht man schon enorm viel. Aber leider noch nicht alles. Daher ist es enorm wichtig, die Immobilie zu besichtigen, und zwar immer. Es kann immer etwas geben, was Sie nicht auf Fotos sehen. Und eine Immobilie kaufen Sie wie gesehen. Das ist nicht ohne Grund so geregelt.

 Sie müssen die Immobilie nicht zwangsweise selber besichtigen. Es gibt mittlerweile Firmen, die professionelle Checks anbieten.

Bilden Sie Rücklagen

Kennen Sie die ganz harten Kerle? Die, die die Eier noch mit Schale essen? Investoren mit diesen Eigenschaften machen oft einen großen Fehler: Sie sorgen nicht vor! Sie haben den Glaubenssatz, dass Rücklagen etwas für Feiglinge sind und dass, wenn man alles richtig macht, schon alles laufen wird. Aber es läuft NIE alles richtig! Es geht immer mal etwas schief oder Sie treffen eine Fehlentscheidung. Wir sind alle Menschen und auch Maschinen werden (noch) von Menschen programmiert. Es kann sich überall ein Fehler einschleichen.

Rücklagen sind nicht etwas für Feiglinge, sondern für diejenigen, die weiterdenken.

Alles, was wir gebrauchen, geht irgendwann mal kaputt. Nur wer über den Tellerrand hinaussieht, bildet Rücklagen und kann somit dem Unvorhergesehenen vorbereitet entgegentreten.

Verwenden Sie niemals Geld, das Sie zum Leben brauchen

Ein riesengroßer Fehler, der vor allem von Anfängern gemacht wird. Sie verwenden Geld für Investments, das sie eigentlich zum Leben brauchen, also das eigentlich nicht frei ist. Denn wann haben Sie mal Geld übrig?

Warum es so enorm wichtig ist, dass Sie nur Geld verwenden, das Sie für einen längeren Zeitraum nicht benötigen? Dazu möchte ich Ihnen ein Beispiel aufzeigen:

Entspanntes Investment dank Rücklage

Wir haben Anton und Bernd, beide sind angehende Investoren. Anton legt schon seit über zwei Jahren Geld zur Seite, das er gerne gewinnbringend investieren möchte. Bernd dagegen hat keine Ersparnisse, die er für Investments verwenden könnte. Er möchte aber trotzdem mit seinem Geld eine gute Anlage tätigen. Beide finden jeweils eine schicke Eigentumswohnung. Beide Wohnungen liegen zufällig nebeneinander im gleichen Objekt. Kaufpreis bei beiden 100.000,- Euro. Anton verwendet für seine Finanzierung 15.000,- Euro Eigenkapital, wodurch er einen guten Zinssatz von 1 % erhält. Bernd muss dagegen alles finanzieren, weil er keine Rücklagen hat. Der Zinssatz ist daher mit 1,8 % höher. Die Nebenkosten kratzt er mühselig von seinen Sparkonten zusammen. Nach einem Jahr steht eine größere Haussanierung an. Diese müssen beide zu gleichen Teilen mitbezahlen. Zum Glück hat Anton noch etwas Geld übrig, das er verwenden kann. Bernd dagegen muss seinen Kredit noch mal aufstocken, sein Cashflow steht bei 0,- Euro. Nun geht bei Anton das Auto kaputt und Bernd braucht eine neue Waschmaschine. Anton hat neben seinen Ersparnissen für Investments eine Rücklage für solche Fälle und kann so das neue Auto ohne große Probleme finanzieren. Bei Bernd sieht das Ganze ziemlich düster aus. Das Geld, das er für die Nebenkosten verwendet hat, war eigentlich als Rücklage für solche Fälle gedacht. Was macht er nun? Er muss sich entweder Geld leihen, auf die Waschmaschine verzichten oder seine Immobilie doch wieder verkaufen. Er sitzt in der Zwickmühle.

Sehen Sie den Unterschied? Anton hat Geld zur Seite gelegt, um Rücklagen zu haben. Bernd dagegen wollte einfach loslegen, ohne Geld frei zu haben. Bei dem einen ist das Leben entspannter als bei dem anderen.

Verwenden Sie nur Geld, das Sie in naher Zukunft nicht brauchen, und vor allem: Fangen Sie an, Geld zu sparen, damit Sie es später investieren können.

Handeln Sie nicht, ohne das große Ganze der Immobilienanlage im Blick zu haben

Vielleicht begegnen Ihnen die folgenden Sätze auch so oft wie mir?

✔ Einfach starten und machen.

✔ Endlich ins Handeln kommen.

Diese Sätze höre ich immer häufiger. Ja, es ist richtig: Viele Menschen vergeuden gute Chancen und ihre Lebenszeit damit, über alles nachzudenken, anstatt einfach mal zu starten und etwas auszuprobieren. Allerdings brauchen diese Aussagen noch einen Zusatz: »nicht ins Blaue hinein«.

Informieren Sie sich vorab über das Thema und starten dann durch. Aber verlieren Sie sich nicht in den Informationen, lernen Sie die Grundlagen, und dann handeln Sie.

Denn wenn Sie einfach starten, ohne einen Plan zu haben, kann das ganz schön ins Auge gehen. So wie bei Uwe.

Kaufvertrag ohne fertige Finanzierung

Uwe hat sich in den Kopf gesetzt, in Immobilien zu investieren. Er schaut sich eine schöne Wohnung an und möchte sie nun kaufen. Über Renditeberechnungen und Finanzierungen hat er sich noch gar nicht informiert und denkt, das wird schon laufen. Nachdem er den Kaufvertrag unterzeichnet hat, möchte er nun eine Finanzierung für das Ganze bekommen. Aber jede Bank möchte nur die Hälfte übernehmen oder blockt ihn gleich, weil die Wohnung zwar ganz nett, der Kaufpreis jedoch viel zu hoch ist. Nun steht er vor einem gewaltigen Problem: Wie bekommt er das nötige Geld für seine Immobilie?

Was Uwe da gemacht hat, ist mehr als fahrlässig. Das gibt es allerdings immer wieder. Sie müssen kein Wissensjunkie werden und Unmengen von Informationen anhäufen. Allerdings brauchen Sie für die ersten Handlungen ein Grundgerüst an Wissen. Daher gilt: Verschaffen Sie sich einen Überblick über das Thema. Zum Beispiel mit diesem Buch. Und dann fangen Sie klein an und wachsen allmählich mit Ihren Investments.

Wenn Sie Hilfe brauchen, suchen Sie sich welche!

Sind Sie auch jemand, der gerne alles alleine macht? Ihre vermietete Wohnung braucht einen neuen Boden? Ach, das kann ich schnell selber machen. Ist doch viel günstiger. Das denken viele Investoren, vor allem am Anfang. Aber ist das so?

Manchmal ist selber machen teurer

Oft wollen junge Investoren Geld sparen und machen daher vieles selber.

- ✔ Sie verwalten die Immobilie selbst.
- ✔ Sie erledigen kleinere Reparaturen selbst.
- ✔ Sie schätzen Objekte, ohne Fachkenntnis zu besitzen, um die Kosten zu sparen.

Das ist alles schön und gut und spart auf den ersten Blick Geld. Doch wie sieht es tatsächlich aus? Können Sie wirklich so viel Geld mit dieser Methode sparen? Hier einmal ein Beispiel, weshalb es sich manchmal lohnt, Hilfe zu »kaufen«.

Mehrfamilienhaus mit Tücken

Michael hat sich seit Längerem dafür entschieden, in Immobilien zu investieren. Wohnungen sind ihm zu »klein«, daher möchte er gleich mit ganzen Mehrfamilienhäusern anfangen, am besten mit 20 oder mehr Wohneinheiten. (Mit Wohneinheiten wird die Anzahl von Wohnungen in einem Mehrfamilienhaus bezeichnet oder die Anzahl an Wohnungen, die ein Investor im Bestand hat.)

Er geht auf die Suche. Nach einiger Zeit findet er ein Schmuckstück. Ein Mehrfamilienhaus mit 15 Wohneinheiten. Davon sind alle vermietet, und der Kaufpreis ist für die Lage in Ordnung. Er bekommt für das Mehrfamilienhaus eine Kaltmiete von 6.750,- Euro im Monat. Von diesen Einnahmen gehen folgende Ausgaben ab:

✔ Betriebskosten: 1.710,- Euro

✔ Zins- und Tilgung: 3.600,- Euro

Somit bliebt ihm ein Cashflow von:

6.750,- Euro – 3.600,- Euro – 1.710,- Euro = 1.440,- Euro

Wow, 1.440,- Euro im Monat, denkt sich Michael und vereinbart gleich einen Besichtigungstermin. Das Haus macht einen soliden Eindruck. Hier und da blättert ein wenig die Farbe ab und es gibt ein paar kleine Risse. Aber das ist nicht so schlimm, denkt er sich. Der Makler versichert ihm, dass es nur kleine »Absenkrisse« sind. Diese kämen immer mal wieder vor und seien nichts Schlimmes.

Mit den neuen Erkenntnissen berechnet Michael die Immobilie erneut. Er setzt 70.000,- Euro für Reparaturen an. Das sollte reichen, denkt er. Für diese Summe muss Michael wieder einen Kredit aufnehmen, wodurch seine monatlichen Ausgaben um 270,- Euro steigen.

6.750,- Euro – 3.600,- Euro – 1.710,- Euro – 270,- Euro = 1.170,- Euro

Somit bleibt am Ende noch ein Cashflow von 1.170,- Euro übrig. Das reicht ihm vollkommen aus und das Mehrfamilienhaus wird gekauft. Zwei Monate später kann er sich Eigentümer eines Mehrfamilienhauses nennen. Sogleich lässt er die geplanten Reparaturen durchführen. Auf einmal erhält er von seinem Handwerker einen Anruf. Er solle schnellstmöglich zum Haus kommen. Dort angekommen, zeigt ihm der Handwerker, dass das Mauerwerk langsam nachgibt. Anscheinend wurde keine anständige Wasserabdichtung von außen vorgenommen, und nun saugt sich das Mauerwerk immer wieder voll mit Wasser. Dieses gefriert im Winter und »sprengt« das Fundament Stückchen für Stückchen weg. Michael muss sofort etwas dagegen unternehmen. Es muss eine anständige Wasserdämmung von außen her, und das Mauerwerk muss trockengelegt werden. Zusätzliche Kosten ca. 150.000,- Euro. Michael hat das

> Geld gerade nicht. Daher muss er nun einen zusätzlichen Kredit aufnehmen, wofür wieder Kosten in Höhe von 570,- Euro entstehen:
>
> 6.750,- Euro – 3.600,- Euro – 1.710,- Euro – 270,- Euro – 570,- Euro = 600,- Euro
>
> Damit sinkt der Cashflow weiter auf 600,- Euro. Nach diesem Schock lässt Michael einen Sachverständigen kommen, der das Haus einmal von oben bis unten durchleuchten soll. Nicht, dass woanders noch irgendetwas gemacht werden muss. Und als hätte er es geahnt, die Dachziegel sind in einem maroden Zustand. Das Dach muss komplett neu gedeckt werden. Zusätzlich müssen die Wasserrohre ausgetauscht werden, weil diese noch aus Blei sind und das gesetzlich problematisch ist. Weitere Kosten, die auf ihn zukommen und die seinen Cashflow auf –100,- Euro reduzieren. Nun muss Michael also Geld in das Haus stecken, statt Geld zu bekommen.
>
> Hätte er den Gutachter nur schon vor dem Kauf in Anspruch genommen! Dann hätte Michael vorab gewusst, welche Renovierungskosten ihn erwarten. Blöd gelaufen. Große Lektion für Michael: Mehrfamilienhäuser einzuschätzen, das ist etwas für Profis. Lieber die 800–1.000,- Euro einmalig für die Begutachtung ausgeben, anstatt monatlich 100,- Euro draufzuzahlen.

Das ist ein wunderbares Beispiel, warum es nicht immer ratsam ist, professionelle Hilfe abzulehnen. Die Profis kosten nicht ohne Grund ihr Geld. Und in vielen Sachen ist ein Profi oft günstiger oder schneller. Nehmen wir zum Beispiel das Verlegen eines neuen Bodens in einer Wohnung. Viele Vermieter machen das selber, um die Kosten für die Handwerker zu sparen. Aber ist das wirklich günstiger? Machen Sie den Test! Lassen Sie sich für eine Wohnung einen Kostenvoranschlag geben und dann rechnen Sie Ihre Kosten dagegen. Zu Ihren Kosten zählen:

- Materialkosten (Bodenbelag, Werkzeuge)
- Ihr Stundenlohn (ja, Ihre Zeit ist auch kostbar)
- Ihr Stresspegel (manche Menschen hassen handwerkliche Arbeit)

Oft kommen Sie zu dem Ergebnis, dass ein Handwerker deutlich günstiger ist.

Hilfe erspart Ihnen Zeit

Hilfe anzunehmen, kann nicht nur aus Kostengründen vorteilhaft sein. Auch vom Zeitaufwand sind Ihnen die Profis meist weit voraus. Bleiben wir beim Bodenverlegen: Wie lange brauchen Sie, um eine 40-Quadratmeter-Wohnung mit einem Parkettboden zu versehen? Ich habe mal mit einem Freund 40 Quadratmeter Boden verlegt und wir haben dafür zu zweit zwei Wochenenden gebraucht! Ein anständiger Parkettleger macht das Ganze in der Hälfte der Zeit. Für mich eine klare Lektion:

Lassen Sie Profis ran. Sie können es oft nicht nur günstiger, sondern auch schneller.

Ihre Nerven werden es Ihnen danken

Ein weiterer wichtiger Punkt, warum ich gerne Aufgaben abgebe: meine Nerven. Eben habe ich erzählt, dass ich mit einem Freund 40 Quadratmeter Boden verlegt habe. Einmal und nie wieder. Es hat mich am Ende einfach nur noch genervt. In dieser Zeit hätte ich so viel Wichtigeres machen können.

Es muss nicht für jeden so sein. Vielleicht sind Sie begeisterter Handwerker und verlegen Ihren Bodenbelag gerne selbst. Überlegen Sie sich vorher, ob und was Sie wirklich alleine machen wollen. Denn manches kann ziemlich stressig sein.

Leon hat sich eine kleine Eigentumswohnung gekauft, die bereits an ein nettes Rentnerpaar vermietet ist. Da Leon einen möglichst hohen Cashflow haben möchte, übernahm er die Verwaltung der Immobilie komplett selbst. Wenn Reparaturen anstanden, kümmerte er sich sofort darum. Er wollte ja nicht, dass seine Mieter unzufrieden mit ihrem Vermieter sind.

Nach einem Jahr, in dem alles gut gelaufen ist, meldet sich das Paar das erste Mal. Sie finden die Nebenkostenabrechnung zu hoch. Das kann nicht angehen. Irgendetwas muss da schiefgelaufen sein. Leon überprüft natürlich alles. Als er gerade dabei ist, meldet sich das Paar wieder. Nun ist die Heizung auf einmal kaputt, mitten im Winter. Also muss sich Leon nun auch um einen Sanitärmann kümmern. Da klingelt das Telefon schon wieder. Nun haben sie es auch geschafft, dass der Herd in der Küche nicht funktioniert, und noch weitere Dinge seien nicht in Ordnung. Leon verliert so langsam den Überblick. Was war nun alles noch zu tun?

Das geht ein Jahr so, dann kapituliert Leon. Er hält es nicht mehr aus. Ständig klingelt sein Telefon und es liegt irgendetwas an. Er will und kann nicht mehr. Ein halbes Jahr später erzählt Leon diese Story einem guten Freund und erfolgreichen Investor. Dieser ist total verdutzt und fragt Leon, warum er denn keine Mietverwaltung für seine Wohnung engagiert hat. Die muss ja nicht alles übernehmen, aber die Kommunikation mit den Mietern hätte er zum Beispiel abgeben können. Die Verwaltung kostet zwar Geld, aber Leon hätte sich Nerven gespart.

Oft kann es für Sie sogar eine Bereicherung sein, einige Dinge selber zu machen. Jedenfalls die ersten ein, zwei Male. Aber Sie sollten sich als Investor auf die Kernaufgaben konzentrieren und auch mal andere die Arbeit machen lassen.

Andere die Arbeit machen lassen, kostet Sie zwar Geld, aber es bringt Ihnen mehr Zeit, Sie schonen Ihre Nerven, und oft ist es immer noch günstiger, als wenn Sie es selber machen.

Machen Sie nicht zu viel auf einmal

Ein weiterer Fallstrick ist, dass sich viele Anfänger zu viel auf einmal vornehmen. Sie wollen

- ✔ gleich das Mehrfamilienhaus mit 50 Wohneinheiten
- ✔ drei einzelne Wohnungen
- ✔ nicht nur Buy-&-Hold-Immobilien kaufen, sondern auch Fix-&-Flip-Objekte
- ✔ am besten auch noch ein paar Gewerbeimmobilien im Bestand haben

Und das alles auf einmal.

Mit *Buy-&-Hold-Immobilien* ist gemeint, dass Sie eine Immobilie kaufen, um Sie zu vermieten und dadurch dauerhaft einen Cashflow zu generieren.

Mit *Fix-&-Flip-Objekten* ist gemeint, dass Sie diese Immobilie kaufen, sie renovieren und schnellstmöglich wieder verkaufen. Diese Strategie zielt auf schnelles Geldverdienen und erfordert spezielles Wissen und ein gutes Netzwerk.

Aber ist das ratsam? Sollten Sie alles auf einmal machen? Oder sollten Sie sich lieber auf eine Sache konzentrieren und dann die nächste angehen?

Wie in der Schule

Woher kommt das eigentlich? Dass wir immer alles auf einmal machen wollen? Wahrscheinlich haben wir das aus unserer Schulzeit. Hier mussten wir alle Fächer beherrschen.

- ✔ Mathe
- ✔ Englisch
- ✔ Deutsch
- ✔ Musik
- ✔ Geografie
- ✔ Physik
- ✔ Chemie

Alle diese Fächer standen auf dem Plan und überall wurden Hausaufgaben aufgegeben und Arbeiten geschrieben. Und jedes Fach mussten Sie können. Daher übernehmen wir das oft in unser Leben und versuchen das auch in neuen Bereichen. Dabei ist es häufig einfacher, einen Schritt nach dem anderen zu machen. Wie haben Sie zum Beispiel als Kind das Gehen gelernt?

1. Lernen zu stehen (mit Festhalten an Möbelstücken oder Ähnlichem)
2. Freies Stehen lernen

3. An der Hand der Eltern gehen

4. An etwas festhalten und gehen

5. Die ersten wackeligen Schritte wagen

6. Weiter üben

7. Versuchen, alleine zu laufen

Natürlich versuchen Kinder oft, einen Schritt zu überspringen, aber grundsätzlich konzentrieren sie sich auf eine Sache.

Wie Sie sich auf eine Sache konzentrieren

Aber wie vermeiden Sie den Fehler und konzentrieren sich auf die wichtigste Sache? Der Weg ist ganz einfach: Finden Sie heraus, was Ihnen gerade am meisten weiterhilft, und dann konzentrieren Sie sich darauf. Bei Immobilien könnte das zum Beispiel so aussehen:

Michael möchte in Immobilien investieren. Am liebsten würde er all die schönen Strategien auf einmal anwenden. Aber er hat einmal gehört, dass er sich auf eine Sache konzentrieren soll, bis er diese beherrscht, und erst dann zum Nächsten wechseln soll. Also informiert er sich über Immobilien und mögliche Strategien noch genauer. Er möchte mit den Immobilien ein monatliches Einkommen aufbauen, also fällt Fix & Flip schon mal raus. Er möchte sich jedoch nicht mit den ganzen rechtlichen Fragen rumquälen, und auch soll die Immobilie nicht dauernd umgebaut werden. Damit fallen alle Gewerbeimmobilien auch gleich weg. Bleiben noch die Wohnimmobilien mit der Buy-&-Hold-Strategie. Da er erst mal klein anfangen möchte, entscheidet sich Michael dafür, in Eigentumswohnungen zu investieren. Darauf möchte er sich konzentrieren. Nun muss er nur noch die einzelnen Schritte für eine Eigentumswohnung nacheinander abarbeiten.

An sich ganz einfach.

Daher mein Tipp: Machen Sie nicht alles auf einmal. Seien Sie schlau und konzentrieren Sie sich jeweils auf eine Sache. Sie werden sehen, es bringt Sie viel weiter.

> **IN DIESEM KAPITEL**
>
> Fragen, die immer wieder vorkommen

Kapitel 20
Zehn Fragen, die oft aufkommen

Wenn es um Immobilieninvestments geht, kommen immer wieder die gleichen Fragen auf. Hier sind zehn der am häufigsten gestellten Fragen.

Müssen Sie Millionär sein, um in Immobilien zu investieren?

Viele reiche Menschen besitzen Immobilien. Da liegt die Vermutung nahe, dass Sie reich sein müssen. Aber dieser Gedanke ist komplett falsch. Viele reiche Menschen haben es geschafft, vermögend zu werden, weil sie in Immobilien investiert haben. Immobilien können reich machen. Eben nur nicht so schnell, wie viele Menschen es sich erhoffen. Es dauert seine Zeit. Sie müssen sich das ganze Wissen aneignen und dann in die Umsetzung kommen.

Aber was Sie nicht müssen, ist bereits reich zu sein, bevor Sie ins Immobiliengeschäft einsteigen. Denn auch die Millionäre beleihen ihre Immobilien meist, um eine bessere Rendite herauszubekommen. So machen sie das meiste aus ihrem Geld.

Eine oder fünf?

Uwe hat 50.000,- Euro Eigenkapital und möchte Immobilien kaufen. Nun könnte er eine Immobilie im Wert von 50.000,- Euro erwerben. Diese erwirtschaftet ihm 500,- Euro plus. Oder er kauft sich fünf Eigentumswohnungen im Wert von 50.000,- Euro, nimmt jeweils 10.000,- Euro Eigenkapital und finanziert den Rest. Am Ende des Monats hat er nun 600,- Euro plus, und

> er baut nebenbei noch sein Vermögen aus. Denn die Rückzahlung des Darlehens ist für Uwe ein Vermögensaufbau, den er selber nicht zahlen muss.
>
> Welche Variante wäre Ihre?

In unserem Beispiel sehen Sie auch, Sie brauchen keine 50.000,- Euro. Sie können auch mit 10.000,- Euro schon beginnen. Die Gewinne sparen Sie an und investieren dann in die nächste Immobilie.

Wollen Sie ständig die Klos reparieren?

Wenn ich von Immobilieninvestments spreche, denken andere Menschen oft an nörgelnde Mieter und Toiletten und Waschmaschinen, die immer kaputt sind. Warum auch immer sie an die defekten Toiletten denken: Es kommt oft die Frage, ob ich denn Lust hätte, immer den Dreck meiner Mieter zu beseitigen und immer etwas reparieren zu müssen. Oder ob es so toll ist, am Sonntagmorgen um 5:00 Uhr aus dem Bett geklingelt zu werden, wenn die Heizung nicht funktioniert.

Ehrlich gesagt, habe ich auf diese Aufgaben auch keine Lust und könnte auch gar keine Heizung reparieren. Deshalb gebe ich solche Aufgaben lieber gleich an Handwerker ab. Ich muss mich da nicht großartig drum kümmern und der Mieter ist glücklich. Oft rufen die Mieter auch selber einen Handwerker, um Dinge zu klären. Oder sie haben schon eine kleine Liste an guten Handwerkern.

Wenn Sie die komplette Kommunikation mit den Mietern auslagern wollen, geht das natürlich auch. Dafür können Sie nämlich eine Hausverwaltung einschalten. Diese kümmert sich um Ihre Immobilie und, wenn Sie es wünschen, auch um die Kommunikation mit dem Mieter. Damit haben Sie mit den Wehwehchen der Mieter nichts mehr am Hut.

Wie vermeiden Sie, dass ein Mietnomade Ihre Wohnung mietet?

Es ist irgendwie witzig. Eine der größten Ängste von deutschen zukünftigen Vermietern ist der gute, alte Mietnomade. Diese Frage kommt immer wieder, und die Sorge, ein schwarzes Schaf als Mieter zu erwischen, ist groß.

Wenn es nach den Medien geht, sind sie überall, und gefühlt ist jeder zweite Mieter ein Mietnomade. Dabei sind nach einer Studie nur 1 % der deutschen Mietverträge mit Mietnomaden abgeschlossen. Es sind also 99 % vollkommen in Ordnung. Das sind normale Mieter, die einfach nur einen schönen Ort zum Wohnen suchen.

Also besteht absolut keine Gefahr für Sie und es ist alles nur viel Lärm um nichts?

So können Sie es dann doch nicht sehen. Natürlich gibt es Mietnomaden, und wenn Sie einen in Ihrer Immobilie haben, dann ist das absolut nicht lustig. So ein Mietnomade kann Ihnen nämlich das gesamte Investment ziemlich zerstören – von der Immobilie ganz abgesehen.

Uwe und die Mietnomaden

Uwe hat seit Jahren eine schöne Eigentumswohnung an ein älteres Ehepaar vermietet. Nun müssen die beiden aber altersbedingt die Wohnung verlassen und Uwe sucht neue Mieter. Ein junges Paar hat großes Interesse. Nach einem kurzen Plausch und ein paar Recherchen ist Uwe überzeugt, dass das seine neuen Mieter sind. Der Mietvertrag wird aufgesetzt und das Paar zieht ein. Die ersten zwei Monate läuft auch alles super. Die Miete wird gezahlt und es klappt alles reibungslos. Im dritten Monat kommt auf einmal keine Miete mehr, auch nach einer Erinnerung bleibt diese aus. Im vierten Monat bleibt die Miete ebenfalls aus und es kommen nun langsam Beschwerden über enormen Lärm und einen unerträglichen Geruch.

Da Uwe ein Mann der Tat ist, will er nun persönlich mit seinen Mietern sprechen. Er schickt ein Schreiben los, dass er in einer Woche zu Besuch kommt, und da keine Reaktion erfolgt, steht er nun auch vor der Haustür. Aber egal, wie oft er klingelt, die Tür bleibt verschlossen. Auch als er schließlich doch in den Hausflur gelangt und gegen die Tür klopft, kommt keine Reaktion. Der Geruch, den er aber im Flur wahrnimmt, ist bestialisch.

Da nun zwei Mieten ausgeblieben sind und absolut keine Reaktion von den Mietern kommt, geht er zum Anwalt und lässt die Mieter rausklagen.

Nach fünf Monaten sind die Mieter nach einer angedrohten Zwangsräumung über Nacht verschwunden.

In der Wohnung ist keine Tapete mehr an der Wand, es riecht nach Urin und Verwesung und im Badezimmer sitzt ein freundlicher Schimmelpilz an der Decke. Kurz, die Wohnung muss komplett saniert werden. Das wird mehrere Tausend Euro kosten, die Uwe nicht mehr aufbringen kann. Denn da die Monatsmiete nun siebenmal ausgefallen ist, musste er den Kapitaldienst aus der eigenen Tasche zahlen. Dadurch sind all seine Ersparnisse aufgebraucht.

Sie sehen: So ein Mietnomade kann einen enormen Schaden anrichten und Sie finanziell ziemlich in Mitleidenschaft ziehen. Deshalb ist es enorm wichtig, diese Mietnomaden aus Ihren Immobilien fernzuhalten. Nur wie?

Leider gibt es kein Rezept, das Sie zu 100 % schützt. Aber Sie können das Risiko bereits drastisch reduzieren, indem Sie Ihre zukünftigen Mieter genau prüfen. Das soll nicht dazu dienen, den Mieter auszuspionieren oder nur die Crème de la Crème zu bekommen. Es dient einzig und allein dem Aussortieren der faulen Eier.

Wichtige Punkte bei der Prüfung sind zum Beispiel:

✔ Die SCHUFA-Auskunft

✔ Die letzten drei Gehaltsnachweise

✔ Eine Altvermieterauskunft oder zumindest die Genehmigung, sich mit dem alten Vermieter in Verbindung zu setzen

Egal, wie nett der Mietinteressent ist, führen Sie immer eine strukturierte Mieterprüfung durch. Nur so können Sie sich vor Mietnomaden schützen. Und sollte es ein Mietinteressent ernst meinen und hat nichts zu verbergen, dann ist so eine Prüfung auch kein Problem für ihn.

Womit sollten Sie starten – Eigentumswohnungen oder Mehrfamilienhaus?

Womit sollten Sie als Anfänger starten? Mit der kleinen Eigentumswohnung oder dem großen Mehrfamilienhaus? Beide haben ihre Vor- und Nachteile. Die Antwort lautet also: »Es kommt drauf an.« Grundsätzlich ist eine Eigentumswohnung ein guter Start.

✔ Sie sind nicht für ein ganzes Haus verantwortlich.

✔ Sie müssen nur mit einem Mieter Kontakt halten.

✔ Eine Eigentumswohnung ist erschwinglicher.

✔ Sie können erst mal klein anfangen und üben.

Deswegen empfehlen viele Experten die Eigentumswohnung als Start. Allerdings gibt es auch ein paar Kritikpunkte zur Eigentumswohnung.

✔ Auf den Quadratmeterpreis gerechnet, sind Mehrfamilienhäuser oft günstiger.

✔ Die Rendite ist bei einem Mehrfamilienhaus oft höher (logisch, es gibt ja mehr Mieter).

Nun kommt es auf Sie an. Wo liegt Ihr Fokus?

✔ Wollen Sie erst mal reinschnuppern und etwas üben? Dann ist eine Eigentumswohnung ein guter Start.

✔ Wollen Sie dagegen gleich groß rauskommen und viel zu tun haben, dann ist wohl eher das Mehrfamilienhaus die bessere Wahl.

Beim Mehrfamilienhaus benötigen Sie viel mehr Eigenkapital und das Risiko steigt enorm an. Bitte denken Sie daran, wenn Sie sich für diesen Weg entscheiden!

 Am besten starten Sie klein, mit einer Eigentumswohnung. So können Sie in Ruhe überprüfen, ob Ihre Strategie funktioniert.

Wie finden Sie interessante Objekte?

In Zeiten von niedrigen Zinsen, zu denen viele Menschen Immobilien suchen, kann es oft ziemlich anstrengend sein, ein gutes Investment zu finden. Die Makler können sich ihre Käufer aussuchen, und auch die Immobilienportale sind überlaufen. Wie finden Sie nun ein interessantes Objekt? Dafür gibt es eine einfache Regel: Seien Sie kreativ! Mit Kreativität kommen Sie am weitesten.

Sie haben keine Idee? Hier ein kleines Beispiel:

Kreative Immobiliensuche

Albert hat langsam die Nase voll. Seit über einem Jahr möchte er in Immobilien investieren, aber er findet auf den Onlineplattformen kein einziges Objekt, das ihm zusagt. Auch die Immobilienmakler, die er angeschrieben hat, melden sich nicht. Was soll er nun anfangen? Er weiß, dass sein Onkel ebenfalls in Immobilien investiert und fragt ihn um Rat. Seine einfache und knappe Antwort: »Sei kreativ und gehe neue Wege!«

Ein toller Vorschlag – nur wie? Albert überlegt, doch es kommt und kommt keine Idee.

Eine Woche später fährt Albert über die Autobahn. Sein Urlaub ist vorbei und er muss zur Arbeit. Da sieht er ein Schild, das ihm vorher nie aufgefallen ist. Dort wird ganz groß für ein Möbelhaus in der Nähe geworben. Auf dem Schild steht auch die Nummer der zuständigen Werbeagentur. Das ist die Idee, denkt sich Albert. Er ruft die Werbeagentur an und möchte eine Anzeige starten, dass er Immobilien sucht. Eine Woche später gibt es ein Schild mit einer tollen Anzeige. Drei Tage später meldet sich eine ältere Dame. Ihre Enkelin hätte das Schild an der Autobahn gesehen und ihr die Nummer gegeben. Sie muss bald ins Pflegeheim und möchte ihre kleine Wohnung in guten Händen wissen. Aber sie will die Wohnung nicht über einen Makler (solche Halsabschneider) oder ein Onlineportal (bleiben Sie mir bloß weg mit dem neumodischen Kram) verkaufen. Lieber möchte sie mit Albert darüber sprechen. Eine weitere Woche später sind sich die beiden einig und Albert hat seine erste Wohnung gefunden.

Das wäre ein Beispiel, wie Sie kreativ eine Immobilie finden können. Und von solchen Möglichkeiten gibt es eine Menge. Weitere Anregungen finden Sie im Kapitel 5.

 Es ist kein Hexenwerk, interessante Objekte zu finden, nur kann es sehr mühselig sein. Entwickeln Sie ein paar kreative Ideen, dann entdecken Sie bestimmt ein gutes Objekt.

Wie viel Eigenkapital brauchen Sie?

Sie müssen kein Millionär sein, um in Immobilien zu investieren. Aber wie viel Eigenkapital brauchen Sie denn nun, um zu starten? Eine berechtigte Frage! Hier kommt es nun auf Ihre Risikobereitschaft an. Gehen Sie gerne größere Risiken ein oder wollen Sie eher alles ganz sicher haben?

Ihr Eigenkapitalbedarf richtet sich nach den folgenden drei Punkten:

- ✔ Ihr Risikoprofil
- ✔ Ihre aktuelle Vermögenslage
- ✔ Der gewünschte Zinssatz bei der Bank

Gehen wir die drei Punkte einmal kurz durch:

Risikoprofil

Je mehr Eigenkapital Sie verwenden, desto sicherer wird Ihr Investment. Daher müssen Sie erst einmal für sich selber festlegen, wie viel Risiko Sie eingehen wollen. Natürlich dient das Fremdkapital dazu, Ihre Rendite zu hebeln. Aber was nützt Ihnen eine astronomische Rendite, wenn Sie nachts nicht schlafen können? Rein gar nichts. Daher überlegen Sie sich in Ruhe, wie viel Eigenkapital Sie brauchen, um ruhig schlafen zu können.

Aktuelle Vermögenslage

Banken reduzieren ihr Risiko, wenn der Kreditnehmer mehr Eigenkapital vorzuweisen hat. Daher schaut die Bank auch auf Ihre finanzielle Lage. Wenn Sie aktuell eher Schulden als Vermögen haben, wird sie auf mehr Eigenkapital drängen. Sonst bekommen Sie vielleicht gar keinen Kredit.

Gewünschter Zinssatz bei der Bank

Das Eigenkapital ist ein Sicherheitsventil für die Banken, aber auch für Sie. Deshalb richtet sich der Zinssatz, den Ihnen die Bank anbietet, nach dem Eigenkapital, das Sie einsetzen. Je weniger Eigenkapital, desto höher der Zins. Klar! Dementsprechend können Sie oft den Zinssatz verbessern, indem Sie etwas mehr Eigenkapital mitbringen.

Ist die Lage wirklich so entscheidend?

Jeder, der sich mit Immobilien beschäftigt hat, kennt die Aussage, dass bei Immobilien drei Faktoren wichtig sind:

1. Die Lage
2. Die Lage
3. Wieder die Lage

Aber stimmt das wirklich? Ist die Lage wirklich der absolut entscheidende Faktor? Diese Frage wird mir oft gestellt, und sie ist relativ simpel zu beantworten: Ja, der Standort ist ein sehr entscheidender Faktor, aber er ist nicht der alles entscheidende Faktor. Sie können die beste Lage haben und trotzdem Ihre Immobilie nicht vermietet bekommen. Zum Beispiel, wenn sie nicht bewohnbar oder zu teuer ist. Bei Immobilieninvestments gibt es einen entscheidenden Faktor, und der sind Sie. Nichts ist wichtiger.

✔ Sie können aus einer schlechten Lage mit der richtigen Strategie doch noch ein gutes Investment machen.

✔ Sie können schlechte Investments aufpolieren und dadurch doch Geld verdienen.

✔ Sie entscheiden, wann Sie aussteigen.

Solange Sie mit Feuer und Flamme dabei sind und sich immer weiterbilden, haben Sie den wichtigsten Erfolgsfaktor bei sich selbst.

Die Lage ist wichtig, aber nicht das Wichtigste. Das sind nämlich Sie!

Aber warum wird die Lage dann immer so in den Himmel gelobt? Weil sie wirklich von Bedeutung ist. Oft wird auch einfach verschwiegen, dass mit Lage, Lage, Lage auch wirklich drei verschiedene Lagen gemeint sind. Dazu erfahren Sie mehr im Kapitel 4.

Was ist mit der Streuung des Kapitals?

Wenn ich mein ganzes Geld in Immobilien stecke, dann streue ich mein Vermögen und mein Risiko gar nicht. Kennen Sie diese Aussage?

Es wird immer von Diversifikation gesprochen. Mit Diversifikation ist gemeint, dass Sie Ihr Vermögen auf mehrere Anlageklassen verteilen. Dadurch soll sich Ihr Risiko reduzieren, denn wenn eine Anlageklasse einbricht, können die anderen Klassen diesen Verlust wieder auffangen. Oder einfach gesagt: Legen Sie nie alle Eier in einen Korb. Der Gedanke dahinter ist auch vollkommen richtig. Wenn etwas mit dem Korb schiefgeht, dann sind nicht alle Eier kaputt. So weit, so gut, aber wie sieht es denn nun mit Immobilien und dem sogenannten *Klumpenrisiko* aus?

Mit dem *Klumpenrisiko* ist gemeint, dass Sie zu viele Eier in einem Korb haben. Ein Korb ist schwerer als die anderen, weil er den Großteil Ihres Kapitals enthält, und ist somit ein Klumpen.

Da Immobilien sehr teuer sind und deshalb viel Kapital binden, stellen sie selbstverständlich ein Klumpenrisiko dar. Dagegen kann ich leider nichts sagen. Und weil Immobilien sehr teuer sind, besteht die Gefahr, dass Sie daneben nicht mehr so viel Geld für andere Formen der Geldanlage übrig haben, Immobilien also einen Großteil Ihres Vermögens binden. Ist das jetzt gut oder schlecht? Denn Sie verteilen ja Ihr Risiko nicht.

Stimmt, Sie konzentrieren Ihr Vermögen bewusst auf einen Korb und das kann, wenn es gewollt ist, auch positiv sein.

Wenn Sie in einem Projekt erfolgreich sein wollen, ein Produkt entwickeln oder auch wenn Sie ein Buch schreiben wollen (ich weiß das, nachdem ich dieses geschrieben habe, aus eigener Erfahrung), was wird Ihnen immer geraten? Sich auf eine Zielgruppe zu fokussieren! Statt ihre Aktivitäten zu streuen, sollten Sie sich voll und ganz auf eine Gruppe konzentrieren. Warum? Weil Sie so die eine Person am besten ansprechen können und die Wahrscheinlichkeit steigt, dass diese Person Ihr Buch liest oder Ihr Produkt kauft.

Warum sollen Sie sich dann nicht auch beim Vermögensaufbau auf ein Segment fokussieren, damit Sie schneller mehr Vermögen aufbauen?

Damit das Risiko nicht zu hoch wird, können Sie auch innerhalb der Anlageklasse Immobilien diversifizieren. Sie können zum Beispiel an verschiedenen Standorten investieren:

Was Ihnen das bringt? Wenn in einer der Städte irgendetwas passiert und Sie keine Wohnung mehr vermieten können, dann haben Sie noch Ihre anderen Wohnungen. Sie haben Ihr Risiko damit aufgeteilt.

Lohnt es sich überhaupt noch, in Immobilien zu investieren?

In Zeiten von steigenden Kaufpreisen und schrumpfenden Renditen wird oft die Frage laut, ob es sich denn noch lohnt, in Immobilien zu investieren. Kann man mit Immobilien noch Geld verdienen und schnell reich werden? Einfache Antwort:

1. Nein, Sie können nicht schnell reich werden.

2. Ja, Sie können mit Immobilien immer noch Geld verdienen.

Wichtig ist immer, dass Sie nicht unüberlegt handeln. Es ist schwieriger geworden, an interessante Objekte und damit an lohnenswerte Investments heranzukommen.

Werden Sie kreativ. Dann findet sich das ein oder andere interessante Investment. Geben Sie nicht auf! Bei Immobilieninvestments gilt es, eine hohe Toleranz zu entwickeln. Denn oft heißt es auch, Nein zu einem Investment zu sagen.

Lassen Sie sich nicht unterkriegen, es gibt immer noch tolle Investments. Es ist nur schwieriger geworden, sie zu finden.

Wie viele Immobilien brauchen Sie, um reich zu werden?

Ein Klassiker. Dicht gefolgt von:

✔ Wann sind Sie finanziell frei?

✔ Wie lange braucht es mit Immobilien?

Die Frage ist gerechtfertigt, da wir alle ja nur eine beschränkte Zeit auf dieser Welt verbringen. Aber leider kann diese Frage nicht pauschal beantwortet werden. Denn es kommt wie immer im Leben darauf an. Worauf genau? Auf SIE!

✔ Wie hoch sind Ihre Lebenshaltungskosten?

✔ Wollen Sie eher ein luxuriöses Leben führen?

✔ Reicht Ihnen nur das Nötigste?

✔ Haben Sie Kinder?

✔ Oder leben Sie allein?

Das sind nur ein paar Fragen, um die Antwort zu finden. Dazu kommt noch die wichtigste Frage:

Was bedeutet Reichtum für Sie?

Bei diesem Thema denkt jeder Mensch anders. Für einige Menschen besteht Reichtum nur aus Besitztümern und für andere beinhaltet Reichtum immaterielle Dinge.

 Jeder Mensch ist anders und daher definiert auch jeder Mensch Reichtum anders. Wie definieren Sie das Wort für sich?

Aber kommen wir zurück zur Frage. Wie können Sie herausfinden, wie viele Immobilien Sie benötigen, damit Sie »reich« sind? Um diese Frage zu beantworten, gibt es viele Wege. Hier zeige ich Ihnen einen.

Beantworten Sie die grundsätzlichen Fragen

Eben habe ich es ja bereits erwähnt: Die Antworten auf die Frage, wie viele Immobilien Sie brauchen, fallen sehr individuell aus. Daher müssen Sie sich zuerst einmal selbst im Klaren sein:

Wie »luxuriös« möchten Sie leben?

Mit luxuriös meine ich nichts weiter als Ihren Lebensstandard.

- ✔ Wollen Sie einen gebrauchten Wagen kaufen oder muss es der neue Lamborghini sein? Muss es überhaupt ein Auto sein?
- ✔ Reicht Ihnen die gute alte Hausmannskost oder muss es das Fünf-Sterne-Nobelrestaurant sein?
- ✔ Secondhand oder Luxusklamotten?

Diese Liste kann unendlich weitergeführt werden. Wichtig ist, dass Sie für sich festlegen, was Sie im Leben haben möchten.

 Definieren Sie Ihren Lebensstandard.

Sind Sie alleine oder haben Sie Familie?

Wenn Sie Ihr Leben alleine bestreiten, ist das natürlich günstiger. Aber ob das ein Grund ist, für immer alleine zu bleiben, sei jedem selbst überlassen. Wenn Sie aber aktuell Single sind, bleibt die Frage, ob Sie später Familie haben wollen. Dann müssen Sie nämlich die Kosten ebenfalls berücksichtigen.

Was bedeutet Reichtum für Sie?

Für jeden bedeutet Reichtum etwas anderes. Was verstehen Sie unter Reichtum?

- ✔ Wollen Sie jedes Jahr in den Urlaub?
- ✔ Wollen Sie nie wieder »arbeiten« gehen?
- ✔ Ist es für Sie Reichtum, mehr Zeit mit Ihrer Familie zu haben?

Für mich ist zum Beispiel wahrer Reichtum, wenn ich meine Zeit frei einteilen kann, und das ohne Zeitdruck oder irgendjemanden, der mir vorgibt, wann etwas erledigt sein soll. Dadurch habe ich die Zeit für meine Familie.

 Fragen Sie sich: Was ist Reichtum für Sie?

Wie viel Kapital bringen Sie mit?

Mit Ihrem Eigenkapital steht und fällt Ihre Finanzierung. Denn ohne Eigenkapital gibt Ihnen keine Bank einen Cent.

Daher schauen Sie sich Ihre Finanzen an und machen sich eine Liste:

- ✔ Was haben Sie an Vermögen?
- ✔ Welchen Teil des Vermögens benötigen Sie nicht zum Leben und auch nicht in naher Zukunft?

Jetzt kommen die Immobilien

Nachdem Sie nun die privaten Fragen geklärt haben, kommen Sie zu den Immobilien. Von diesen hängt es nämlich ebenfalls ab, wie viel Sie benötigen.

Welchen Immobilientyp wählen Sie?

In Kapitel 3 haben Sie die verschiedenen Immobilientypen kennengelernt. Nun ist die Frage: Welcher sagt Ihnen zu?

- ✔ eine Gewerbeimmobilie?
- ✔ ein Mehrfamilienhaus?
- ✔ eine Eigentumswohnung?

Je nach Immobilientyp und Standort der Immobilie können Sie unterschiedliche Renditen erwarten. Daher müssen Sie sich vorher entscheiden, welchen Typ Sie bevorzugen.

Selbstverständlich können Sie auch mehrere Typen bedienen, nur fangen Sie bitte immer zuerst mit einem an und beginnen dann, sich den anderen zu widmen.

Wie viel Cashflow erwarten Sie?

Diese Frage hängt eng mit Ihrem Immobilientyp zusammen. Mehrfamilienhäuser werfen bekanntlich mehr Rendite ab als eine Eigentumswohnung. Dafür sind aber auch Kapitalbedarf und Risiko entsprechend höher.

Sie sollten sich fragen, ab wann eine Immobilie für Sie interessant ist. Hier gibt es kein Richtig oder Falsch, nur Ihre Entscheidung zählt.

Bei Eigentumswohnungen ist es mir zum Beispiel wichtig, dass die Wohnung mindestens 100,- Euro monatlich an freiem Cashflow abwirft.

Die Höhe des monatlichen Cashflows spielt eine große Rolle bei der Beantwortung der Frage.

Nun fügen wir alles zusammen

Nachdem Sie die Fragen beantwortet haben, setzen Sie alle Antworten zusammen und können so ausrechnen, wie viele Immobilien Sie brauchen.

Leon möchte mit Immobilien reich werden. Er weiß aber nicht, wie viele Immobilien er braucht, um das Ziel zu erreichen. Also setzt er sich hin und beantwortet die Fragen. Aktuell lebt er eher bescheiden. Seine Zweizimmerwohnung reicht ihm vollkommen aus und auch großartig in den Fernurlaub möchte er nicht. Aber er will einmal im Jahr mit seinen Kumpels nach Dänemark. Eine Familie hat er noch nicht. Aber mit seiner Freundin ist er bereits seit Längerem zusammen. Die Hochzeit soll in den nächsten Jahren stattfinden und sie wollen zusammen drei Kinder. Wahrer Reichtum bedeutet für Leon, seine Zeit mit seinen Liebsten verbringen zu können, ohne darauf zu achten, was andere von ihm wollen. Seine aktuellen Lebenshaltungskosten belaufen sich auf 1.000,- Euro im Monat. Wenn er die mit den Immobilien abdecken könnte, würde er sich schon reich fühlen.

Da Immobilien für ihn Neuland sind, startet er mit der guten alten Eigentumswohnung. Er denkt, hier kann er nicht so viel falsch machen, und sollte ihm doch ein Fehler unterlaufen, hat dieser nicht so schwere Auswirkungen. Die Wohnungen, die er kaufen möchte, müssen für ihn mindestens 100,- Euro im Monat abwerfen. Da er jetzt alle wichtigen Daten hat, berechnet er seinen Wohnungsbedarf:

1.000,- Euro / 100,- Euro = 10 Immobilien

Damit er seinen »Reichtumstatus« erreicht, braucht Leon zehn Wohnungen. Wow, denkt er sich, das ist machbar. Er beginnt direkt mit der Suche.

So einfach können Sie sich die Frage beantworten, wie viele Immobilien Sie brauchen, um sich »reich« zu fühlen. Natürlich gibt es selten einen geraden Weg. Mal machen Sie einen Fehlkauf, manchmal bekommen Sie mehr Cashflow. Aber diese Rechnung gibt Ihnen schon mal einen guten Anhaltspunkt. Nutzen Sie Tabelle 20.1, um Ihre eigene Rechnung aufzustellen.

Wie viele Immobilien Sie brauchen, ist gar nicht so schwer zu berechnen. Sie müssen nur Ihre individuellen Stellschrauben kennen und definieren.

Tabelle 20.1 fasst die grundsätzlichen Fragen, die Sie sich stellen sollten, noch einmal zusammen. Damit Sie sie auf Ihre eigene Situation anpassen können, finden Sie die Tabelle unter www.downloads.fuer-dummies.de.

Grundsätzliche Fragen beantworten
Wie »luxuriös« möchten Sie leben?
Sind Sie allein oder haben Sie Familie?
Was bedeutet für Sie Reichtum?
Wie viel Kapital bringen Sie mit?
Immobilienfragen beantworten
Welchen Immobilientyp wählen Sie?
Wie viel Cashflow erwarten Sie?
Alles zusammenfügen

Tabelle 20.1: Checkliste Wie viele Immobilien brauchen Sie?

IN DIESEM KAPITEL

Zehn Tipps, wie Sie Ihr Netzwerk aufbauen

Wie Sie Ihr Netzwerk pflegen

Kapitel 21
Zehn Ideen, um Ihr Immobiliennetzwerk aufzubauen

Um an interessante Immobilien heranzukommen, ist ein Netzwerk unausweichlich. Aber ein Netzwerk aufzubauen braucht Zeit, und vielleicht haben Sie auch noch keine rechte Idee, wie Sie ein solches Netzwerk errichten können. In diesem Kapitel bekommen Sie daher zehn Tipps, wie Sie Ihr Netzwerk aufbauen können.

Erzählen Sie Ihren Bekannten davon

Wer aus Ihrem Bekanntenkreis weiß, dass Sie in Immobilien investieren? Kaum einer? Dann sollten Sie das schnell ändern. Denn wer kann besser für Sie Werbung machen als Ihre Bekannten, Freunde und Verwandten? Auch wenn diese selbst keine Immobilien besitzen, so haben sie doch ebenfalls Freunde und Bekannte. Vielleicht erbt einer eine Immobilie oder sein Nachbar zieht aus oder sein Fußballkumpel spielt mit dem Gedanken, sein Haus zu verkaufen. Sie kennen das: Jemand kennt jemanden, der jemanden kennt. Es gibt viele Wege, wie Sie über Ihren Bekanntenkreis an Immobilien herankommen können. Aber nicht nur Immobilien finden Sie über Ihren Bekanntenkreis. Auch wenn Sie Empfehlungen für gute Handwerker, Notare, Steuerberater oder Anwälte suchen, kann Ihnen Ihr Bekanntenkreis weiterhelfen.

 Ihr Bekanntenkreis ist ein mächtiges Werkzeug. Da er sich auch immer weiter ausdehnt, wird er immer effizienter.

Stellen Sie sich Ihren Bekanntenkreis mal als Dominosteine vor. Wenn keiner von Ihren Zielen weiß, dann sind alle Steine wild verteilt. Wenn Sie nun Ihren Bekannten von Ihren Zielen erzählen, dann stellen sich die Steine langsam auf und bilden eine Reihe. Wenn nun der erste Stein fällt, stößt dieser den nächsten um. Das kann ein weiterer Bekannter des

Bekannten sein. Und so geht es weiter. Irgendwann fällt der Stein bei dem Richtigen um und Sie bekommen einen heißen Tipp. Aber es kann Ihnen niemand sagen, wie lange das dauert. Mal geht so eine Suche schnell, mal dauert sie länger. Daher:

Starten Sie früh damit, Ihren Bekanntenkreis über Ihr Vorhaben zu informieren. Vielleicht kennt ja jemand jemanden.

Gehen Sie auf Immobilienkongresse

In Deutschland ist ein regelrechter Immobilienboom ausgebrochen. Da es keine Zinsen auf dem Sparkonto gibt und nicht jeder der Börse traut, wollen viele in Betongold investieren. Aus diesem Grund werden Immobilienkongresse immer beliebter. Hier treffen sich Immobilieninvestoren und Menschen, die Investor werden wollen. Die erfahrenen Investoren halten Vorträge und die Anfänger können davon lernen. Zusätzlich lässt sich diese Gelegenheit wunderbar nutzen, um Kontakte zu anderen Investoren zu knüpfen. Zwischen den Vorträgen ist oft eine kurze Pause, in der Sie mit den anderen Investoren ins Gespräch kommen können. Bei dieser Gelegenheit können Sie auch die Kontaktdaten austauschen und haben schon mal einen neuen Kontakt in Ihrem Netzwerk.

Bitte fangen Sie aber nicht an, willkürlich Kontaktdaten zu sammeln, Sie müssen sich auch um Ihre Kontakte kümmern können.

Durch das gleiche Interesse an Immobilien lässt sich leicht ein Gespräch beginnen und vielleicht kommt aus diesem Kontakt ja sogar ein gemeinsames Projekt heraus.

Die meisten Kongresse kosten Geld. Überlegen Sie sich also vorher, welche Kongresse sich für Sie lohnen.

Verteilen Sie Ihre Visitenkarten bei jeder Gelegenheit

In einigen Berufen gehören Sie zum guten Ton: Visitenkarten! Einige schmücken irgendwelche hochtrabenden Titel und andere sind eher schlicht gehalten. Manche Leute sagen wiederum, dass die Visitenkarte ausstirbt, da alles immer digitaler wird. So oder so, als guter Investor brauchen Sie eine Visitenkarte.

Was auf die Karte sollte

Dass Sie eine Visitenkarte brauchen, steht fest. Aber was soll denn auf diese schöne kleine Karte drauf?

Sollte sie eher edel oder eher dezent gehalten sein? Soll vielleicht ein wohlklingender Titel mit drauf? Bei diesem Thema gibt es Fragen über Fragen.

Frank war auf einem Immobilienkongress. Dort hat er sich mit mehreren Immobilieninvestoren unterhalten und auch ein paar Visitenkarten bekommen. Da er sich nun selbst eine erstellen möchte, schaut er sich das mal genauer an. Ein bunt gemixter Haufen. Einige Visitenkarten sind dezent und elegant, andere eher pompös und wieder andere einfach nur überladen. Er kann sich nicht entscheiden. Daher nimmt er fünf der Karten mit und fragt seinen Freund Paul, welche Visitenkarte er am schönsten findet und warum. Paul legt direkt eine Karte zur Seite, die für ihn sofort ausscheidet. Sie ist von oben bis unten bedruckt und Paul weiß gar nicht, wo er was finden soll. Die nächsten zwei Karten sind das genaue Gegenteil. Hier stehen nur die Namen und die Telefonnummern drauf, ansonsten sind sie leer. Zwei Karten findet Paul gut. Auf der einen stehen der Name, die Telefonnummer und eine Website. Zusätzlich ist auf der Rückseite noch ein Foto vom Investor. Das findet er sehr schön. Die zweite Karte enthält ebenfalls den Namen, eine Telefonnummer und die Website. Zusätzlich enthält die Karte noch eine E-Mail-Adresse den Begriff »Immobilieninvestor«, und vorne ist ein Logo abgebildet. Die Rückseite ist dafür leer. Paul findet diese Karten aus folgenden Gründen am besten:

- ✔ Sie sind aufgeräumt (es steht nicht so viel drauf).
- ✔ Er kann auf einen Blick erkennen, worum es geht.
- ✔ Die Karten enthalten einen Namen und eine Kontaktmöglichkeit.
- ✔ Sie sehen professionell aus und nicht wie selbst gemacht.

Aus diesem Beispiel können Sie ein paar Regeln für eine Visitenkarte ableiten. Sie sollte:

- ✔ den Namen enthalten,
- ✔ mindestens eine Kontaktmöglichkeit beinhalten
- ✔ am besten Ihre Website nennen,
- ✔ nicht von oben bis unten voll bedruckt sein,
- ✔ ein Bild von Ihnen oder ein kleines Logo zeigen,
- ✔ zu verstehen geben, worum es geht (durch Logo, Titel oder Website),
- ✔ den Titel »Immobilieninvestor« oder »privater Immobilieninvestor« enthalten,
- ✔ nicht aus herkömmlichem Druckpapier bestehen.

Bei jeder Gelegenheit

Wenn Sie Ihre Visitenkarte frisch gedruckt in Ihrer Hand haben, fragen Sie sich vielleicht, an wen Sie sie nun verteilen sollen. Die Antwort ist sehr simpel: An jeden. Denn jeder könnte Ihnen einen guten Kontakt herstellen.

Jeder, der Ihre Visitenkarte hat, kann Ihnen die Möglichkeit bescheren, an einen Deal zu kommen.

Natürlich sollten Sie jetzt nicht jedem Menschen hinterherlaufen und ihm Ihre Visitenkarte aufzwingen. Gehen Sie geschickt vor. Führen Sie ein kleines Gespräch mit ihm, und wenn sich die Gelegenheit ergibt, überreichen Sie wie nebenbei Ihre Visitenkarte.

Bitte verteilen Sie Ihre Visitenkarte nicht wie die Flyerverteiler in der Fußgängerzone. Oft werden die Visitenkarten dann einfach nur in die Ablage »P« geworfen.

Besuchen Sie Immobilienstammtische

Jede größere Stadt hat sie: Immobilienstammtische. Hier treffen sich Immobilieninteressierte und tauschen ihre Erfahrungen miteinander aus. Bei einigen Stammtischen halten Spezialisten auch ab und zu einen Vortrag. Dies könnten sein:

- ✔ Steuerberater
- ✔ Rechtsanwälte
- ✔ Spezial-Investoren
- ✔ Gutachter
- ✔ Hausverwalter

Hier können Sie in Hülle und Fülle Informationen zum Thema Immobilieninvestments erhalten. Aber auch das Netzwerken kommt nicht zu kurz. Denn die Stammtische sind oft dynamisch, es kommen immer wieder neue Personen hinzu. Das bietet Ihnen die Möglichkeit, Menschen kennenzulernen und eventuell Ihr Netzwerk zu erweitern. Hier eignet sich eine Visitenkarte prima, um Ihre Kontaktdaten weiterzugeben.

Bitte gehen Sie nicht nur zum Stammtisch, um wildfremde Menschen anzuquatschen und zu verlangen, dass diese Ihnen dann helfen. Es ist immer ein Geben und ein Nehmen. Aus solchen Besuchen kann ein guter Deal herauskommen oder nicht. Genießen Sie den Stammtisch, sprechen Sie mit den Menschen und seien Sie selbst hilfsbereit, wo Sie können. Denn niemand mag Menschen, die immer nur verlangen.

Besuchen Sie Messen

Immobilienkongresse hatten wir bereits. Aber es gibt auch passende Messen. Das müssen nicht unbedingt nur Messen rund um das Thema Immobilieninvestments sein. Auch eine allgemeine Hausmesse kann für Sie interessant werden. Denn hier laufen viele Hausbesitzer rum. Einige davon Investoren, aber größtenteils Selbstnutzer. Mit den richtigen Worten und einer schicken Visitenkarte kann sich einiges ergeben.

Messen, die passen könnten:

- ✔ Hausmessen
- ✔ Handwerkermessen
- ✔ Gartenmessen
- ✔ Einrichtungsmessen

Interessant sind alle Messen, auf denen potenzielle Kontakte für Sie herumlaufen könnten.

Gustav investiert in Pflegeimmobilien. Weil es deshalb wichtig ist, dass zu seinem Netzwerk viele Menschen aus Pflegeberufen gehören, sucht er im Internet nach Messen für Altenpflege oder Pflegeberufen allgemein. Er wird fündig. In drei Monaten findet in seinem Nachbarort eine solche Messe statt.

Wenn Sie Ihren Zielmieter und Ihr Suchprofil (siehe Kapitel 4 »Suchprofil«) definiert haben, können Sie anhand dieser Informationen überlegen, welche Messen für Sie interessant sind.

Ein weiterer kleiner Vorteil von Messen: Viele sind kostenlos oder günstiger als Immobilienkongresse. Deshalb sind Messen für den Anfang oft gut geeignet.

Gehen Sie zur Eigentümerversammlung

Wenn Sie in Eigentumswohnungen investieren, steht einmal im Jahr die Eigentümerversammlung an. Diese können Sie selbst besuchen oder einem Verwalter eine Vollmacht erteilen. Der Verwalter wird dann Ihr Stimmrecht in Ihrem Sinne verwenden.

Für den Verwalter spricht natürlich die Zeitersparnis. Sie müssen nicht zur Versammlung fahren und auch nicht die Zeit absitzen.

Exkurs Eigentümerversammlung

Der Eigentümerversammlung obliegt die zentrale Steuerung des Gemeinschaftseigentums. Alle Eigentümer treffen sich einmal im Jahr und fällen wichtige Entscheidungen:

- ✔ Wer ist der Verwalter der Wohnungseigentümergemeinschaft (WEG)?
- ✔ Hat der WEG-Verwalter seine Sache gut gemacht und soll bleiben?
- ✔ Gibt es Maßnahmen am Gemeinschaftseigentum, die durchgeführt werden müssen?
- ✔ Wie setzen sich die Kosten zusammen, kann irgendwo eingespart werden?
- ✔ Streitigkeiten zwischen den Eigentümern
- ✔ Beantwortung spezieller Fragen von einzelnen Eigentümern
- ✔ Die Erstellung eines Wirtschaftsplans
- ✔ und vieles mehr

Kurzum: Die Eigentümerversammlung dient zur Verwaltung des Gemeinschaftseigentums. Die Entscheidungen werden bei der Eigentümerversammlung meist per Mehrheitsbeschluss getroffen. Sprich, die Alternative mit den meisten Stimmen gewinnt. Der aktuelle WEG-Verwalter lädt einmal im Jahr zur Versammlung ein. Er leitet die Versammlung und erstellt am Ende ein Protokoll, das er den Eigentümern dann zuschickt.

Mehr zum Thema WEG erfahren Sie in *Wohnungseigentumsrecht für Dummies*.

Um Ihr Netzwerk aufzubauen und vielen Menschen mitzuteilen, dass Sie auf der Suche sind, ist die Versammlung genau die richtige Adresse. Denn Sie kennen das Objekt bereits, und eventuell ist ein anderer Eigentümer daran interessiert, seine Wohnung zu verkaufen. In der Eigentümerversammlung sitzen meist Selbstnutzer, aber auch Investoren.

Und ganz nebenbei erhalten Sie die wichtigsten und neuesten Informationen rund um das Haus.

Gründen Sie einen eigenen Stammtisch

Wenn Ihnen der Immobilienstammtisch nicht gefällt oder die Zeiten nicht passen, warum gründen Sie dann nicht Ihren eigenen Stammtisch? Es sagt ja keiner, dass Sie der größte

Investor sein müssen, um einen Stammtisch ins Leben zu rufen. Außerdem muss es ja nicht von Anfang an ein Immobilienstammtisch werden. Wenn Sie Ihr Netzwerk erweitern wollen, können auch andere Stammtischkonstellationen sehr interessant sein.

✔ ein Handwerkerstammtisch

✔ ein Rechtsanwaltstammtisch (Thema Mietrecht)

✔ ein Steuerberaterstammtisch

✔ ein Dienstleisterstammtisch

Hier sind Ihrer Fantasie keine Grenzen gesetzt. Aber wie können Sie das umsetzen?

Der Handwerkerstammtisch

Frank möchte gerne über Handwerker an neue Immobilien gelangen. Über die Internetportale kommt irgendwie nichts rein. Er besucht regelmäßig den Immobilienstammtisch in seiner Gegend. Da kommt ihm die Idee: Warum nicht einen Stammtisch für Handwerker ins Leben rufen? Es sagt ja keiner, dass er dafür selbst ein Handwerker sein muss! Also macht sich Frank Gedanken. Die passende Location hat er schnell gefunden. Ein ruhiges Lokal, in dem er einen Nebenraum mieten könnte, sollten es mal mehr Menschen werden. Dann macht er sich eine Liste von allen Handwerkern in seiner Gegend und fängt an, sie abzutelefonieren. Die Reaktionen könnten unterschiedlicher nicht sein. Einige denken, er möchte ihnen nur etwas verkaufen und legen auf. Andere finden die Idee interessant, können sich aber nichts darunter vorstellen. Wieder andere finden, dass es totaler Mist ist. Nach gefühlt 300 Telefonaten hat Frank 20 Handwerker gefunden, die gerne am Stammtisch teilnehmen möchten. Somit reserviert er den Raum und legt einen Termin fest.

Nach dem ersten Stammtisch sind die Teilnehmer begeistert. Vom Fliesenleger über den Dachdecker bis zum Zimmermann war alles dabei. Alle haben sich ausgetauscht und ein paar neue Erfahrungen und Ideen mitgenommen. Frank bekommt viele Danke-E-Mails und legt damit gleich den nächsten Termin fest. Diesmal melden sich ein paar neue Handwerker von selbst an, die von der Begeisterung der anderen angesteckt wurden. Nach fünf weiteren Treffen lädt Frank einen »Verkaufsexperten« ein, der den Handwerkern ein paar Tipps an die Hand gibt, wie sie ihren Kunden noch besser dienen und so den ein oder anderen Euro mehr verdienen können. Die Handwerker freuen sich über diesen Vortrag und der Stammtisch wird für die meisten ein fester Termin im Kalender.

Nach ein paar weiteren Treffen beschließt Frank, dass nun der richtige Zeitpunkt gekommen ist. Beim nächsten Stammtisch hält er eine kleine Rede. In dieser erzählt er über den Werdegang des Stammtisches und dass er sich freut, dass der Stammtisch den Handwerkern so viel Freude bereitet und einen

> Mehrwert bietet. Er selbst hat auch eine Bitte: Sollten die Handwerker mitbekommen, dass einer ihrer Kunden eine Immobilie verkaufen möchte, sollen sie ihm doch seine Visitenkarte geben oder fragen, ob Frank den Kunden anrufen darf.
>
> Einen Monat später kommt dann endlich der Erfolg. Frank wird von einem älteren Herrn angerufen, der sein Mehrfamilienhaus verkaufen möchte. Er ist mittlerweile zu alt und hat keine Lust mehr auf die Vermietung. Von seinem Malerfreund hat er die Visitenkarte von Frank bekommen.

Wie Sie an dem Beispiel sehen, bedeutet ein Stammtisch Arbeit und die Ergebnisse kommen nicht sofort. Trotzdem kann er eine interessante Netzwerk- und Informationsquelle sein, denn viele scheuen die Arbeit.

Achten Sie darauf, dass Sie einen Stammtisch mit Mehrwert bieten. Sonst sind nicht nur die Teilnehmer enttäuscht, sondern auch Sie, da Sie keine Rückmeldung bekommen.

Werden Sie sozial

Fast jeder hat irgendein Profil auf einer Social-Media-Plattform. Sei es Facebook, Xing oder Instagram. Sie auch? Viele nutzen diese Plattform rein für private Zwecke, was auch vollkommen in Ordnung ist. Dabei vergessen sie nur, dass solche Plattformen auch zur Immobiliengewinnung oder zum Netzwerkaufbau genutzt werden können. Ganz klassische Beispiele hierfür sind die Business-Netzwerke Xing und LinkedIn. Hier liegt der Fokus eher auf der beruflichen Ebene. Bei Facebook, Instagram und Co. können zwar auch professionelle Kontakte bestehen, aber der Schwerpunkt liegt eher auf dem Thema Freizeit. Sie können sich bei Xing oder LinkedIn mit anderen Immobilieninvestoren verbinden. Das geht ganz einfach per Kontaktanfrage.

Bitte verschicken Sie aber nicht an jeden Immobilieninvestor einfach eine leere Kontaktanfrage. Nehmen Sie sich die Zeit, schauen sich das Profil an und schreiben einen netten Text. Erstens erhöhen Sie so die Wahrscheinlichkeit einer Annahme, zweitens starten Sie so gleich ein Gespräch. Und darum geht es ja beim Netzwerken: die Kommunikation und den Wissensaustausch.

Aber auch bei den anderen Netzwerken können Sie Immobilieninvestoren anschreiben oder sich mit Dienstleistern wie Handwerkern oder Steuerberatern verbinden. Oft gibt es sogar Gruppen, in denen nur Investoren Mitglieder sind. Hier können Sie Ihr Netzwerk ganz einfach erweitern.

Wichtig ist wie immer, dass Sie die Gruppen nicht als Einbahnstraße sehen. Fordern Sie nicht nur Hilfe und neue Kontakte ein, sondern geben Sie auch Hilfe, wo Sie können, und beteiligen sich an den Diskussionen.

Führen Sie Interviews

Eine Möglichkeit, viel Fachwissen zu erhalten und dazu noch einen ersten Kontakt zu anderen Investoren oder anderen interessanten Personen für Ihr Netzwerk zu knüpfen, sind Interviews. Das basiert einfach auf dem menschlichen Verlangen, von sich zu erzählen und sich bedeutend zu fühlen. Beides bedienen Sie, indem Sie jemanden zu einem Interview einladen. Damit geben Sie demjenigen eine Bühne, um sich zu präsentieren und zu zeigen, was er kann. Wichtig beim Thema Interview: Bereiten Sie sich gut vor!

Nicht nur, dass Sie durch das Interview Ihr Wissen erweitern können, sondern Sie haben einen ersten Kontakt zu einem Experten. Wenn Sie diesen Kontakt weiterhin pflegen, kann daraus ein weiterer wichtiger Teil für Ihr Netzwerk werden, den Sie bei Fragen auch ab und zu kontaktieren können.

Vorbereitung ist das A und O

Vor jedem Interview gilt: Bereiten Sie sich gut vor. Denn nichts ist nerviger, als wenn Sie im Interview fünfmal die gleiche Frage stellen oder am besten noch gar keine Fragen vorbereitet haben. Das ist für Sie unangenehm und für Ihren Interviewgast ebenfalls.

Frank hat nach Wochen endlich einen Interviewtermin bei dem bekannten Investor Hugo. Er ist schon ganz aufgeregt und bereitet seine Fragen vor. Nun ist es so weit. Hugo steht vor ihm und Frank stellt seine erste Frage. Hugo überlegt kurz und gibt ihm eine knappe Antwort. Für Frank ein wenig zu knapp, aber da er Hugo nicht verärgern möchte, geht er zur nächsten Frage über. Nach kurzer Zeit fragt Hugo ihn auf einmal, ob er sich denn gar nicht vorbereitet hätte. Denn alle diese Fragen hätte Hugo bei jedem Interview bereits ausgiebig beantwortet. Er war daher mit der Erwartung gekommen, dass Frank ihm ein paar neue, interessante Fragen stellt.

Frank wird knallrot und sucht fieberhaft nach einer neuen Frage. Denn Hugo hat recht. Vor Aufregung ist ihm gar nicht die Idee gekommen, sich bisherige Interviews anzuschauen. Das ist unglücklich gelaufen.

Wie Sie vorgehen sollten

Eine gute Vorbereitung ist wichtig, das haben Sie verstanden. Aber wie sollen Sie das mit dem Interview angehen? Wenn Sie kein Journalist sind, machen Sie das wahrscheinlich nicht sehr häufig. Hier eine kleine Anleitung:

1. Interviewpartner heraussuchen
2. Partner nach einem Interview fragen
3. Vorbereitung auf das Interview

4. Interview führen

5. Interview zur Verfügung stellen

Schauen wir uns die einzelnen Schritte mal an.

Interviewpartner suchen

Zuerst müssen Sie natürlich einen interessanten Interviewpartner finden, der Ihre Fragen beantworten kann. Und diese Person sollte ein Interesse an dem Interview haben. Nichts ist schlimmer, als wenn Sie eine Anfrage stellen und die Person bereits auf ihrer Internetseite mitgeteilt hat, dass sie keine Interviews gibt.

Es müssen nicht immer die berühmten Personen sein. Manchmal können Ihnen auch die kleinen Leute weiterhelfen. Wichtig ist, dass diese Person ein großes Fachwissen hat und bereit ist, Ihre Fragen zu beantworten.

Interviewanfrage stellen

Nachdem Sie nun eine oder mehrere Personen gefunden haben, die Sie interviewen wollen, müssen Sie eine Anfrage stellen. In dieser sollten folgende Punkte enthalten sein:

✔ Ihr Name

✔ Warum Sie das Interview führen wollen

✔ Ob Sie das Interview veröffentlichen wollen

✔ Wie Sie auf die Person aufmerksam geworden sind

✔ Warum Sie genau diese Person interviewen wollen

✔ Wie Sie das Interview führen wollen (persönlich oder via Telefon / Videotelefonie)

Verfassen Sie bitte kein Massenschreiben, nach dem Motto: »Ich finde Sie einfach toll und deswegen möchte ich Sie interviewen.« Nehmen Sie sich die Zeit, beschäftigen Sie sich mit der Person und dann fertigen Sie ein kleines Schreiben an.

Vorbereitung auf das Interview

Sie haben nun eine Zusage für das Interview bekommen. Herzlichen Glückwunsch. Nun geht es an die wichtige Vorbereitung. Dazu zählt:

✔ Suchen Sie bereits gegebene Interviews heraus und gehen Sie sie durch.

✔ Notieren Sie Fragen, die sich von den in den bisherigen Interviews gestellten unterscheiden.

✔ Spielen Sie die festgelegten Fragen vorher immer wieder durch.

Das Üben der Fragen und geistige Durchgehen des Interviews hat folgende Gründe: Sie verinnerlichen die Fragen und werden sicherer im Interview. Falls Sie sich mal verhaspeln, bringt es Sie nicht so sehr aus der Fassung, als wenn Sie komplett unvorbereitet ins Interview gehen.

Interview führen

Nach der ganzen Vorbereitung steht nun der große Tag des Interviews an. Seien Sie auf alle Fälle pünktlich und versuchen Sie, entspannt zu bleiben. Jeder hat mal klein angefangen, daher machen Sie sich nicht zu viel Stress. Sehen Sie den Interviewpartner nicht als Gott, sondern als ganz normalen Menschen. Oft hilft das, die Nervosität ein wenig zu vertreiben.

Wenn Sie das Interview aufzeichnen wollen, holen Sie sich vorab die Genehmigung ein und bereiten alles rechtzeitig vor. Nichts ist ärgerlicher, als wenn die Aufnahme nachher nicht funktioniert hat oder Sie noch bei der Vorbereitung sind, wenn der Interviewpartner bereits da ist.

Interview zur Verfügung stellen

Nachdem Sie das Interview geführt haben und die Aufnahme im Kasten ist, melden Sie sich nochmals beim Interviewpartner. Hier können Sie sich für das schöne Interview bedanken und ihm das Ergebnis des Interviews übergeben. So kann er das Interview selbst nutzen, wenn er es möchte.

Melden Sie sich regelmäßig

Nur weil ein Mensch in Ihrem Netzwerk ist, heißt das noch lange nicht, dass er Sie kennt oder sich beim nächsten Kontakt an Sie erinnert. Dafür haben wir alle mit viel zu vielen Leuten zu tun. Daher ist es wichtig, dass Sie sich regelmäßig bei Ihrem Netzwerkpartner melden. So bleiben Sie in Erinnerung und pflegen den Kontakt. Stellen Sie sich Ihr Netzwerk wie eine Zimmerpflanze vor. Egal, welche Pflanze Sie haben, sie braucht ab und zu immer mal ein wenig Wasser. Ohne Wasser geht die Pflanze ein. Genauso geht jeder Kontakt in Ihrem Netzwerk ein, wenn Sie sich nicht regelmäßig melden.

Dabei muss es nicht immer gleich das persönliche Treffen sein. Ein Anruf wirkt oft schon Wunder, und auch eine E-Mail kann, wenn sie richtig geschrieben ist, die Beziehung pflegen.

Vor einem Jahr hatte Ben ein Coaching mit Steve. Bei diesem Coaching hat Steve erzählt, dass er gerne einen eigenen Laden eröffnen möchte. Nun hat Ben ein Interview mit einem Unternehmer geführt, der innerhalb von einem Jahr fünf Unternehmen gegründet hat. Dabei waren auch zwei Läden. Nach dem Interview fällt Ben ein, dass Steve ja genau zu diesem Thema noch Fragen hatte. Also wartet er nicht lange, er schreibt Steve eine nette E-Mail. In dieser erzählt er kurz ein paar Dinge zu aktuellen Projekten und fragt Steve, wie es bei ihm aussieht. Zusätzlich schickt Ben ihm noch den Link zu dem Interview. Steve kam bisher beim Thema »Laden eröffnen« nicht weiter und freut sich daher riesig über diese E-Mail. Er antwortet Ben zwei Tage später und erzählt ihm, was das Interview für einen »Aha-Effekt« für ihn hatte.

Beim regelmäßigen Austausch ist es wichtig, ehrlich zu sein. Es bringt rein gar nichts, wenn Sie sich aus Zwang melden. Versuchen Sie, einen Anlass zu finden. Sei es wie in unserem Beispiel ein Interview, das zu einem Problem passt, oder aber Ihr ehrliches Interesse an einem Projekt des anderen. Seien Sie kreativ.

> **IN DIESEM KAPITEL**
>
> Wie Sie den Kaufpreis verhandeln können
>
> Warum Sie nicht immer eine Kaufpreisreduzierung erzwingen müssen

Kapitel 22
Zehn Tipps zur Kaufpreisverhandlung

Oft sind die Preise für Immobilien ziemlich hoch angesetzt. Das kann verschiedene Gründe haben:

- ✔ Es handelt sich um den emotionalen Wert.
- ✔ Es wurde eine Verhandlungsbasis eingerechnet.
- ✔ Es wird gehofft, dass irgendjemand die Immobilie trotzdem kauft.

Damit Sie nicht zu viel bezahlen, sind hier zehn Tipps, um den Kaufpreis richtig zu verhandeln.

Nicht mit der Tür ins Haus fallen

Die meisten Angebote bei den Onlineportalen sind höher angesetzt als der wirkliche Marktwert oder sogar der spätere Kaufpreis. Das liegt daran, dass die meisten Immobilien über Makler verkauft werden, die meist einen kleinen Verhandlungspuffer mit einrechnen, um den gewünschten Verkaufspreis mit Sicherheit zu bekommen. Da Sie wissen, dass bei den meisten Immobilien ein Verhandlungspuffer eingerechnet ist, könnten Sie direkt zum Makler gehen und den gewünschten Kaufpreis erfragen. Das kann gut gehen, es kann aber auch sein, dass Sie sich damit selbst aus dem Rennen nehmen.

 Es gehört sich bei der Kaufpreisverhandlung nicht, nach dem gewünschten Verkaufspreis zu fragen. Spielen Sie also das Spiel mit und machen Sie ein Angebot.

Trotzdem sollten Sie sich nicht mit dem geforderten Preis zufriedengeben. Jeder Euro, den Sie beim Kaufpreis sparen, wirkt sich positiv auf Ihre Renditerechnung aus. Gehen Sie mit dem Makler oder dem Verkäufer in die Verhandlung. Bereiten Sie sich gut vor, indem Sie sich vorher ausrechnen, was für Sie ein guter Kaufpreis wäre, und dann machen Sie ein faires Angebot.

Es gibt auch andere Immobilien

Bevor Sie aber in die Kaufpreisverhandlungen gehen, machen Sie sich bitte eines bewusst:

Es gibt nicht DIE eine Immobilie. Es kommt immer ein anderer Deal!

Diese Einstellung ist enorm wichtig. Denn Sie treten damit vollkommen anders auf.

Der Besichtigungstermin

Leon und Michael sind beide zu einer Besichtigung eingeladen. Leon schaut sich die Wohnung zuerst an. Sie ist gepflegt, erfordert hier und da etwas Arbeit, aber im Großen und Ganzen ist die Wohnung gut. Er äußert seine Gedanken gegenüber dem Makler und teilt mit, dass er Interesse hätte. Er lässt sich das Ganze nochmals durch den Kopf gehen und meldet sich wieder.

Michael hat als Nächster die Besichtigung. Er ist ein wenig zu früh und sieht, dass Leon mit dem Makler gesprochen hat. Da er denkt, dass das »der« Deal des Jahres ist, kriegt er ein wenig Panik. Darum lobt er die Wohnung bei der Besichtigung in den Himmel, der Makler muss an sich gar nichts machen. Am Ende der Besichtigung äußert Michael ein sehr großes Interesse an der Wohnung und verkündet, dass er sich noch heute Abend wegen des Kaufpreises melden wird. Am selben Abend melden sich Michael und Leon beim Makler und geben folgende Kaufpreisangebote ab:

✔ Leon: 90.000,- Euro

✔ Michael 99.500,- Euro

Der von Makler aufgerufene Kaufpreis beträgt 100.000,- Euro, der aktuelle Marktwert der Immobilie liegt dagegen bei 85.000,- Euro. Michael ist also bereit, beinahe den kompletten geforderten Preis zu zahlen, der aber deutlich über dem Marktwert liegt.

Neben anderen Faktoren, wie der individuellen Renditerechnung, hat die persönliche Einstellung einen enormen Einfluss auf das Angebot. Da es für Michael »der« Deal des Jahres ist, will er ihn unbedingt abschließen. Damit ihn der andere Kaufinteressent nicht überbietet, gibt er ein sehr hohes Angebot ab. Bei Leon sieht das Ganze anders aus. Auch er sieht, dass Michael interessiert

> ist, aber für ihn ist es einfach ein ansprechender Deal. Sollte es nicht klappen, wäre es kein Beinbruch. Aus diesem Grund geht er seine Renditerechnung durch und macht dem Makler ein Angebot, das er für angemessen hält.

Mit *Marktwert* ist ein von der Bank geschätzter Wert gemeint. Er ist die Grundlage für die Berechnung, wie viel Kredit Sie bekommen. Die Bank rechnet damit, dass Sie x % dieses Betrages bei einem Zwangsverkauf erhalten würde. Daher sollten Sie nie weit über dem Marktwert einkaufen.

Lassen Sie sich von anderen Interessenten nicht aus der Ruhe bringen. Machen Sie ein Angebot, das Sie für angemessen halten.

Ihr Limit festlegen

Die Einstellung stimmt. Nun gibt es noch einen vorbereitenden Schritt:

Legen Sie fest, was Ihr maximaler Kaufpreis ist.

Oft gehen Leute in Verhandlungen und wissen gar nicht, was Sie wollen. Ein gutes Beispiel ist die Gehaltsverhandlung. Viele führen ein Gespräch mit Ihrem Vorgesetzten und möchten mehr Geld haben.

✔ Aber wie viel mehr ist für Sie in Ordnung?

✔ Und warum sollten Sie so viel bekommen?

Wer sich darüber vorab keine Gedanken macht, wird die gewünschte Gehaltserhöhung vermutlich nicht erhalten oder nicht in der erhofften Höhe.

Machen Sie bei Immobilienkäufen nicht den gleichen Fehler. Verlieren Sie über den Verkaufspreis aus dem Exposé nicht Ihre Renditerechnung aus dem Auge.

Vielleicht sieht die Rendite für diese Immobilie mit dem gewünschten Preis ja ganz nett aus. Aber durch eine Kaufpreisreduzierung wäre die Rendite eindeutig besser. Oder aber das Objekt erfüllt mit der verlangten Summe nicht Ihre Voraussetzungen, aber wenn der Preis niedriger wäre, dann schon.

Setzen Sie sich ein persönliches Limit. Legen Sie Ihren maximalen Kaufpreis fest. Und ganz wichtig: Bleiben Sie dabei! Wenn Sie ein Limit festlegen, aber im Eifer der Verhandlung doch einen höheren Preis akzeptieren, hilft Ihnen das gar nichts.

Wie würde sich die Immobilie für Sie rechnen? Wenn es mit dem aktuellen Angebot in Ordnung ist, muss die Kaufpreisreduzierung ja nicht enorm sein.

Den Verkäufer kennenlernen

Die besten Verhandlungen lassen sich führen, wenn Sie Ihr Gegenüber kennen. Denn so wissen Sie, wo der Schuh drückt.

 Bringen Sie so viel wie möglich über den Verkäufer in Erfahrung. Denn so können Sie die Verhandlungen besser führen.

Interessante Informationen sind Antworten auf die Fragen:

- ✔ Warum möchte er verkaufen?
- ✔ Hat er eventuell einen gewissen Zeitdruck?
- ✔ Gibt es Probleme mit der Immobilie, die der Verkäufer nicht lösen kann?

Schauen wir uns die Punkte mal kurz an:

Warum möchte er verkaufen?

Die Verkaufsmotivation zu kennen, kann für Sie eine mächtige Waffe im Verhandlungsringen sein. Sollte der Verkäufer irgendwelche besonderen Gründe haben zu verkaufen, kann Ihnen das in die Karten spielen.

Interessanter Deal

Karl-Heinz möchte seinen Immobilienbestand verkaufen. Er ist mittlerweile zu alt, um sich darum zu kümmern. Seinen Kindern möchte er seine Immobilien nicht vererben, denn die melden sich mittlerweile nur noch, wenn sie Geld brauchen. Karl-Heinz hat das Gefühl, dass sie nur noch warten, bis er den Löffel abgibt. Hier möchte er den Kindern einen dicken Strich durch die Rechnung machen. Trotzdem ist es ihm enorm wichtig, dass die Immobilien in gute Hände kommen und nicht von einem Miethai missbraucht werden. Da er keine große Lust hat, sich mit dem Verkauf zu beschäftigen, lässt er einen Makler die Arbeit erledigen. Dieser ruft ihn eines Tages an und möchte von ihm den wahren Verkaufsgrund wissen. Ein Käufer lasse sich mit der allgemeinen Antwort nicht abspeisen. Kurzerhand entscheidet sich Karl-Heinz dazu, selbst mit dem Käufer zu sprechen. Er legt ihm die Karten offen und ist gespannt, was kommt. Der Kaufinteressent zeigt Verständnis und bietet Karl-Heinz einen interessanten Deal an:

- ✔ Karl-Heinz geht 20 % mit seinem Kaufpreis runter.
- ✔ Der Interessent kauft den gesamten Bestand auf.
- ✔ Karl-Heinz hat für die nächsten fünf Jahre ein Vetorecht, wenn es um die Immobilien geht. Dieses beinhaltet die Mitsprache bei einer Mieterhöhung und der Auswahl der Mieter.

Dieses Angebot klingt für Karl-Heinz sehr interessant. Sein Ziel war, nicht den vollen Kaufpreis zu bekommen. Bloß so viel, dass er sich ein schönes restliches Leben gestalten kann. Dass er dann auch noch ein Vetorecht hat, gefällt ihm besonders, denn so kann er seine Mieter auch noch etwas schützen.

Da der Käufer den Grund für den Verkauf kannte, konnte er Karl-Heinz eine Lösung für sein Problem anbieten und so den Kaufpreis senken.

Eine Information über die Motivation hinter dem Verkauf kann Gold wert sein. Die Frage danach lohnt sich also immer.

Hat der Verkäufer Zeitdruck?

Diese Frage nach dem Zeitdruck geht mit der Frage nach der Motivation einher. Sollte sein Verkaufsgrund eine drohende Insolvenz sein, dann hat der Verkäufer natürlich Zeitdruck. Aber auch bei »normalen« Verkäufen kann der Immobilienbesitzer ein Interesse haben, schnell zu verkaufen. Einer Familie, die aus beruflichen Gründen in einen anderen Ort ziehen muss, ist es bestimmt wichtig, die Wohnung am alten Wohnort schnell zu verkaufen, um beide Wohnungen nur für eine möglichst kurze Zeit gleichzeitig finanzieren zu müssen.

Versuchen Sie im Gespräch mit dem Makler oder Verkäufer herauszubekommen, ob es Zeitdruck gibt. Auf direkte Nachfrage wird er es Ihnen vermutlich nicht sagen. Gehen Sie auf den Verkäufer ein.

Gibt es Probleme mit der Immobilie?

Probleme mit der Immobilie können für Sie von Vorteil sein, denn es kann sein, dass sie dadurch den Kaufpreis senken. Aber natürlich sind nur die Probleme akzeptabel, für die Sie auch eine Lösung haben. Nicht jedes Problem kann von jedem gelöst werden. Vielleicht ist der Verkäufer Mietnomaden aufgesessen und weiß nun nicht, wie er sie wieder rausbekommt. Oder er kommt mit den anderen Eigentümern nicht klar und möchte die Immobilie deshalb verkaufen. Das sind Probleme, die für den aktuellen Besitzer vielleicht extrem schlimm sind, für Sie aber vielleicht nicht. Möglicherweise sind Sie Experte darin, mit Mietnomaden umzugehen, und die anderen Eigentümer sind genau nach Ihrem Geschmack. Wenn Sie dieses Problem für den Verkäufer lösen können, kann sich das auf den Verkaufspreis auswirken.

Halten Sie Augen und Ohren immer offen, wenn Sie mit dem Verkäufer in Kontakt treten. Eventuell erhalten Sie wichtige Informationen.

Als Problemlöser handeln

Wenn Sie den Verkäufer und seine Probleme kennengelernt haben, überlegen Sie sich nun, ob Sie die Probleme des Verkäufers lösen können und es sich deshalb lohnen könnte, die Immobilie trotz dieser Probleme zu erwerben.

Michael verzweifelt. Seit nun einem halben Jahr bekommt er seine Wohnung nicht vermietet. Dabei ist sie tipptopp in Schuss, hat eine tolle Lage, und auch die verlangte Miete ist in Ordnung. Nun wird aber langsam sein Geld knapp. Deshalb muss er die Wohnung leider verkaufen und inseriert sie in einem Onlineportal.

Leon findet das Angebot von Michael und schaut sich die Wohnung an. Als er nachfragt, warum sie zum Verkauf steht, erfährt er, dass Michael sie seit einem halben Jahr nicht vermieten kann und sie daher aus finanziellen Gründen schnellstmöglich verkaufen muss. Für Leon ist klar, warum die Wohnung nicht vermietet werden kann:

- ✔ Das Badezimmer ist zwar schön, aber total altmodisch.
- ✔ Die Atmosphäre ist ziemlich erdrückend, weil die Wohnung sehr dunkel ist.
- ✔ Die Miete, die Michael verlangt, ist für diese Wohnung viel zu hoch.
- ✔ Die Küche muss ausgetauscht werden.

Leon kalkuliert für sich, was seine Lösung kosten würde. Mit den Verbesserungen wäre der Cashflow natürlich geringer, aber die Wohnung wirft trotzdem noch genug Geld ab. Daher spricht Leon mit Michael, macht ihm dann ein Angebot und erklärt, wie er dazu kommt.

Die Verhandlungen sind einfacher für Sie, wenn Sie das Problem des Verkäufers lösen können.

Ein faires Angebot machen

Wenn sich eine Immobilie für Sie rechnet, machen Sie ein Angebot. Aber zu einem Deal gehören immer zwei Parteien, und der beste Deal ist der, bei dem beide Parteien glücklich sind. Wenn Sie ein faires Angebot abgeben, das für Sie finanzierbar, aber auch nicht überzogen ist, steigt die Wahrscheinlichkeit, dass Ihr Angebot angenommen wird. Bleiben Sie bei den Angeboten immer fair. Wenn sich eine Immobilie mit einem fairen Angebot nicht rechnen würde, dann sollten Sie das Investment bleiben lassen.

Das Angebot erklären können

Sie haben nun ein Angebot gemacht. Es hilft bei den Preisverhandlungen, wenn Ihre Zahlen transparent sind.

- ✔ Wieso sind Sie genau auf diesen Kaufpreis gekommen?
- ✔ Welche Annahmen liegen dem Angebot zugrunde?
- ✔ Haben Sie irgendwo Schätzungen vorgenommen?
- ✔ Oder ist das Angebot einfach aus der Luft gegriffen?

Je genauer Sie dem Verkäufer darlegen können, warum Sie dieses Angebot abgeben, desto besser kann er Sie und Ihre Überlegungen verstehen. Er kann sich besser in Ihre Situation hineinversetzen und mit Ihren Zahlen agieren. Durch dieses bessere Verständnis füreinander kommen Sie oft schneller zu einer Übereinkunft, als wenn beide nur versuchen, den anderen auszutricksen. Auch wenn das Ergebnis unter Umständen daraus besteht, dass es keinen Deal geben wird, weil die Erwartungen zu weit auseinanderliegen. Auch das ist manchmal gut, denn so haben Sie zumindest Zeit und Energie gespart.

Wenn Sie ein Angebot machen, seien Sie darauf vorbereitet, dass Sie nach einer Begründung gefragt werden. Machen Sie nie einfach so ein Angebot, nur weil Sie in der Laune dazu sind.

Das erste Angebot machen

Wenn Sie die Möglichkeit haben, machen Sie das erste Angebot. Denn es ist Grundlage für die weiteren Verhandlungen. Aber Moment! Ist denn der Verkaufspreis im Exposé nicht das erste Angebot? Nein. Der Preis im Exposé ist die Wunschvorstellung des Verkäufers. Das heißt nicht, dass es der endgültige Kaufpreis ist. Rechnen Sie aus, was für Sie ein guter Kaufpreis wäre. Wenn Sie das Gefühl haben, dass Sie sich mit dem Verkäufer einigen können, dann machen Sie ein Angebot. Sollte Ihr Angebot noch im vertretbaren Rahmen liegen, wird der Verkäufer automatisch ein Gegenangebot unterbreiten. Durch Ihr erstes Angebot haben Sie jedoch die Basis für die weitere Verhandlung festgelegt.

Auch ohne Kaufpreisreduzierung verhandeln

Auch wenn es etwas inkonsequent wirkt: Es muss nicht immer eine Kaufpreisreduzierung sein. Es gibt auch genügend andere Wege, wie Sie und der Verkäufer sich einigen können und Sie trotzdem Geld sparen. Zum Beispiel:

✔ Der Verkäufer zahlt die Nebenkosten.

✔ Der Verkäufer erledigt Verbesserungen vorab.

✔ Der Makler kommt Ihnen entgegen

Schauen wir uns die einzelnen Wege einmal an.

Verkäufer zahlt die Nebenkosten

Manche Verkäufer wollen nicht mit dem Kaufpreis runter. Das ist der Wunschpreis und der muss es sein. Nun können Sie den Deal platzen lassen oder einen anderen Weg gehen. Denn was viele Investoren und noch weniger Selbstnutzer wissen: Es gibt die Möglichkeit, dass der Verkäufer die gesamten oder einen Teil der Nebenkosten trägt. Gesetzlich ist es vorgeschrieben, dass der Käufer die Kosten zu tragen hat. Durch die Vertragsfreiheit können Sie jedoch mit dem Verkäufer vereinbaren, dass dieser die Nebenkosten trägt.

Wichtig ist, dass Sie diese Vereinbarung im notariellen Kaufvertrag festhalten. Damit der Verkäufer nach dem Kauf nicht abstreiten kann, von dieser Vereinbarung zu wissen.

Damit würde der Verkäufer seinen Wunschpreis erhalten und Sie haben trotzdem eine Reduzierung der Investmentkosten. Auch eine leichte Erhöhung des Kaufpreises wäre denkbar.

Der Verkäufer verlangt einen Preis von 100.000,- Euro. Plus die Nebenkosten von 15 % sind das

100.000,- Euro + 15 % = 115.000,- Euro

Sie möchten allerdings nur 110.000,- Euro für das gesamte Investment bezahlen. Wenn Sie jetzt mit dem Eigentümer vereinbaren, dass er die gesamten Nebenkosten trägt, würden Sie nur die 100.000,- Euro zahlen. Nun kann der Verkäufer natürlich sagen, dass er durch die Übernahme der Nebenkosten weniger Gewinn hat. Denn von den überwiesenen 100.000,- Euro muss er ja immer noch die Nebenkosten zahlen.

Wenn Sie nun den Kaufpreis auf 110.000,- Euro erhöhen, sind Sie trotzdem noch im Rahmen, und der Verkäufer hat mehr Gewinn. Beide sind glücklich.

Verkäufer räumt auf

Der Verkäufer will nicht mit seinem Preis runter. Aber damit sich das Investment für Sie dann noch rechnet, müssen einige Arbeiten an der Immobilie durchgeführt werden. Wenn Sie die Kosten dafür auf den Kaufpreis aufschlagen, ist der für Sie zu hoch. Was tun?

Versuchen Sie es doch einmal mit folgendem Vorschlag an den Verkäufer:

✔ Kaufpreis ist der vom Verkäufer geforderte Preis.

✔ Dafür muss der Verkäufer die Arbeiten oder zumindest einen Teil davon vor dem Verkauf selbst durchführen.

Dadurch reduzieren sich für Sie die Renovierungskosten und somit die Gesamtinvestitionskosten.

Seien Sie bei den Verhandlungen kreativ. Wie Sie sehen, gibt es eine Reihe von Möglichkeiten zusammenzukommen, auch wenn der Verkäufer nicht bereit ist, Ihnen beim Preis entgegenzukommen.

Der Makler kommt Ihnen entgegen

Wenn der Verkäufer nicht mit sich verhandeln lässt und ein Verkauf der Immobilie zu scheitern droht, kommen manche Makler auf Sie zu und bieten Ihnen an, die Maklerprovision zu reduzieren.

Das hat für den Makler den Vorteil, dass er einen Verkauf abschließt und mindestens etwas verdient und nicht noch länger mit dieser Immobilie beschäftigt ist. Sie zahlen dann entweder einen Pauschalwert oder der Makler berechnet die Provision anhand Ihres letzten Angebotes.

Die Immobilie kostet 150.000,- Euro und der Makler verlangt 6 %, was 9.000,- Euro an Provision bedeuten würde. Sie haben nun ein Angebot von 135.000,- Euro gemacht. Wenn der Makler nun auf Sie zukommt und die Provision auf Ihren Angebotspreis festlegt, wären das nur noch:

135.000,- Euro × 6 % = 8.100,- Euro

Sie würden 900,- Euro sparen.

Wenn ein Makler auf Sie zukommt und die Provision reduzieren möchte, können Sie das Angebot gerne annehmen. Aber hüten Sie sich davor, den Makler selbst auf eine Reduzierung der Provision anzusprechen. Wie würden Sie reagieren, wenn Ihr Arbeitgeber Sie fragt, ob Sie diesen Monat weniger Lohn bekommen möchten?

Keine Reduzierung um jeden Preis

Zum Abschluss noch ein letzter Tipp: Erzwingen Sie nichts! Wenn ein Verkäufer nicht mit sich verhandeln lassen möchte, dann ist es so. Entweder der Deal rechnet sich trotzdem für Sie, dann können Sie ihn abschließen. Oder er rechnet sich nicht. Dann suchen Sie besser den nächsten Deal. Den wird es immer wieder geben.

 Dasselbe gilt, wenn der Verkäufer sich nur auf eine Reduzierung von 100,- Euro einlässt. Wenn sich der Deal trotzdem rechnet, dann schlagen Sie zu.

Manchmal kann eine Verhandlung auch gute Geschäfte zum Platzen bringen. Wägen Sie also ab, wie wichtig Ihnen der Deal ist.

Stichwortverzeichnis

A

Abschreibung 47
Alleskönner 136
Angebot 281
 machen 281
Annuitätendarlehen 68, 157–158
Assistent
 persönlicher 137
Auflassungsvormerkung
 im Grundbuch 164
Ausgabe 39
Ausgabeaufschlag 191
Ausschüttend 188, 203

B

Bankdarlehen
 besichertes 216
Bausachverständiger 74
Besichtigung 115, 241
 außen 118
 Beispiel 118
 Checkliste 116
 innen 119–123
 Umgebung 118
Bestellerprinzip
 für Makler 151
Betriebskosten 106
Bruttomietrendite 95, 112
Buy & Hold-Strategie 72

C

Crowdfunding 213
 Unterschied zu
  Crowdinvesting 214
Crowdinvesting 213
 Absicherung 215, 222
 Anlagebetrag 224
 Eigenkapitalanteil 222
 Nachteile 218
 Plattform 224
 Projekt 225
 Projektleiter 221
 Schritte zum 224
 Sekundärmarkt 223
 Unterschied zu
  Crowdfunding 214
 Vorteile 217
 Zinserträge 223

D

Darlehen
 Annuitätendarlehen 157
 besichertes
  Bankdarlehen 216
 Nachrangdarlehen 216
 variable 159
 Volltilgerdarlehen 158
Depotbank 208
Diversifikation 257

E

Eigenkapital 256
Eigenkapitalrendite 97, 113
Eigennutzung 59–63
Eigentümerversammlung 268
Eigentumswohnung 54–56, 78, 254
Einfamilienhaus 57, 78
Einkommen
 passives 29–31, 48–50, 70
Energieausweis 148
Energieeinsparverord-
 nung 148
Entscheidung
 treffen 128
ETF (Exchange Traded
 Funds) 193
Exposé 126
 erstellen 147

F

Finanzierung 104, 155
 110 % 102
 Finanzierungssumme 156
 Laufzeit 156
 monatliche Rate 156
 Sondertilgung 157
 Tilgung 156
 Zinsen 156
Finanzierungsmöglichkei-
 ten 157
Finanzierungsvermittler 160
Fix & Flip-Strategie 73–74, 76
Fonds 177
Fotos
 machen 147

G

Geldwert 70, 229
Gewährleistung 162
Gewerbeimmobilien 58, 78
Grundbedürfnisse 38
Grundbuch 162
Grundbuchamt
 Kosten 101
Grundbucheintragung 164
Grundpfandrecht 164
Grundriss 127
Gutachter 135

H

Haltedauer 179
Handwerker 74, 137
Hausgeld 99
Hausverwaltung 90, 134, 150
 Vermietung 151
Heizungsanlage 123

I

Immobilie
 als Steuerspar-
  modell 46–47
Immobilienart 78, 82
Immobilienfonds
 Ausrichtung 188
 ausschüttender 188
 bisherige Entwicklung 188
 geschlossener 178, 187
 Kauf 189
 Kriterien für die
  Auswahl 185
 Nachteile 181–183

offener 178, 187, 189
  selbst suchen 186–187
  Steuern 189
  thesaurierender 188
  über Bankberater 186–187
  Vorteile 180–181
Immobiliengröße 78
Immobilienhändler,
  gewerblicher 73
Immobilieninvestment
  Steuervorteil 234, 237
  Vorteile 229
Immobilienkongress 264
Immobilienmakler 75, 91,
  135, 150, 283
Immobilienstammtisch 266,
  268
Immobilienteam 133
  Mitglieder finden 139
Inflation 69
Informationsquellen 89
Instandhaltungsrücklage
  107
Internetportal 90
Investitionsschulden 41, 43
Investment
  direktes 32–34
  indirektes 34–36

K

Kalkulation 98, 240
  Beispiel 99–102, 104–110
Kapitaldienst 96
Kapitalstreuung 257
Kauf
  Ablauf 163
Kaufnebenkosten 100–102
Kaufpreis 100
  Zahlung 164
Kaufvertrag
  Notar 163
  notarieller 161
  Übergabetermin 163
  Verkaufssache 162
  Vorbereitung 161
  wichtige Punkte 161
Klumpenrisiko 257
Konsumschulden 40–41
Kredit
  Kosten 109
Kredithebel 66
Kreditvertrag 155

L

Lage 80–81, 85, 257
  Makrolage 80
  Mikrolage 81
Laufzeit 156
Leverage-Effekt 39, 44

M

Makler *siehe*
  Immobilienmakler
  Vermietung 150
Maklercourtage 100
Makrolage 80
Marktwert 277
Mehrfamilienhaus 56–57, 78,
  254
Mietausfall
  kalkulatorischer 108
Miete 48
  anpassen 167
Mieteinnahmen 105
Mieter
  Belange 166
  finden 166
  selbst suchen 143–149
  suchen lassen 150
  Zufriedenheit 166
Mieterhöhung 167
  Formulierung 169
  Höhe 168
  Zustimmung des
    Mieters 169
Mietersuche 143
Mietnomade 252
Mietpreis 105
Mikrolage 81

N

Nachbildung
  synthetische 205
Nachrangdarlehen 215–216
Nebenkosten
  abrechenbare 171
  selbst zu tragende 172
Nebenkostenabrechnung
  171
  Fristen 172
Nettomietrendite 96–97,
  112
Nettovermögen 231
Netzwerk 93

nicht umlagefähige
  Hausgeld 107
Notargebür 100

O

Objektrendite 97–98
Off-Market 76
OPM 67

P

Passives Einkommen 29–31,
  49–50

R

Rechtsanwalt 136
REIT (Real Estate Investment
  Trust) 193
  Besteuerung 200
  Börsennotierung 195
  Ertragsausschüttung 195
  Gewinnausschüttung 194
  Nachteile 198–199
  Vorteile 196–198
REIT-ETF 193
  Anbieter 203
  ausländischer 205
  ausschüttender 203
  inländischer 205
  Kauf 206–208
  Kosten 204
  Kriterien für die
    Auswahl 201–204
  Replikations-
    methode 204–205
  sparplanfähiger 203
  Suche 206
  thesaurierender 203
Rendite
  Arten 113
  Bruttomietrendite 112
  Eigenkapitalrendite 113
  Nettomietrendite 112
Renditearten 95
Renditehebel 232
Renditerechnung 112
Renovierungsbedarf 81
Renovierungskosten 103
Replikation
  physische 204
Replikationsmethode 204
Rücklage 107, 242

S

Sachwert 69, 229
Sampling 204
Schulden 40–43
  gute 41–43
  schlechte 40–41
Schuldenspirale 41
Schwarmfinanzierung 213
Sekundärmarkt 223
Selbstvermietung 143–149
Sondertilgung 157
Standort 80
steuerbefreit 189
Steuerberater 75, 90, 135
Steuern
  sparen 46–47, 70
Suchprofil 77, 82, 86, 128

T

Teilungserklärung 55, 127
Thesaurierend 188, 203
Tilgung 156
  Sondertilgung 157
Tilgungssatz
  anfänglicher 68

U

Unterlagen anfordern 125

V

Verhandeln 282
Vermietenlassen 150
Vermietung 62, 109
  Kosten 103, 105
  wichtige Schritte 152
Verwalter 107
Verwaltung
  Kosten 107
Verwertungsgesellschaft 91
Visitenkarte 264
Volltilgerdarlehen 158

W

WEG-Verwalter 106
Wohnimmobilien 53, 78
Wohnungsbaugesellschaft 92

Z

Zielmieter 79, 83–84, 129
Zinszahlungen 223
Zustand
  der Immobilie 81, 86
Zwangsversteigerung 92

www.ingramcontent.com/pod-product-compliance
Lightning Source LLC
LaVergne TN
LVHW060137080526
838202LV00049B/4008